दूरदर्शन

आधी आबादी की सशक्त गाथा

दूरदर्शन

आधी आबादी की सशक्त गाथा

संगीता अग्रवाल

वाणी प्रकाशन

प्रकाशन के उत्कृष्टतम 62 वर्ष

vaniprakashan.com

सजिल्द प्रथम संस्करण : 2025

वाणी प्रकाशन

4695, 21-ए, दरियागंज, नयी दिल्ली-110 002

फ़ोन : + 91 11 23273167, 23275710

शाखाएँ

अशोक राजपथ, पटना-800 004, बिहार

कॉफ़ी हाउस कैम्पस, महात्मा गांधी मार्ग, प्रयागराज-211 001, उत्तर प्रदेश

महात्मा गांधी अन्तरराष्ट्रीय हिन्दी विश्वविद्यालय, वर्धा-442 001, महाराष्ट्र

sales@vaniprakashan.in
vaniprakashan@gmail.com

Doordarshan : Aadhi Aabadi Ki Sashakt Gatha
by Sangeeta Aggarwal

ISBN : 978-93-6944-258-4
Interview/Memoirs/Media/Feminist Discourse

मूल्य : ₹ 695

आर. टेक ऑफ़सेट, दिल्ली-110 093 में मुद्रित

वाणी प्रकाशन का लोगो मक़बूल फ़िदा हुसैन की कूची से

अनुक्रम

आकाशवाणी

दूरदर्शन

डीडी न्यूज़

आकाशवाणी

आकाशवाणी के साथ महात्मा गांधी का पहला संवाद

राष्ट्रपिता महात्मा गांधी
12 नवम्बर 1947 को प्रसारण भवन के स्टूडियो में

'दूरदर्शन : आधी आबादी की सशक्त गाथा' के लिए जब मैं रेडियो पर शोध कर रही थी, तो मुझे प्रधान महानिदेशक समाचार शुभश्री ने बताया कि पाठकों तक 'बापू स्टूडियो' के विषय में जानकारी ज़रूर जानी चाहिए। जब देश अपनी आज़ादी की ख़ुशी के साथ-साथ विभाजन के दंश को झेल रहा था उस समय देश के नागरिकों के साथ संवाद करने के लिए आदरणीय महात्मा गांधी ने आकाशवाणी को चुना।

जी हाँ, आज भी देश के कोने-कोने से देश के शोधकर्ता, छात्र और नामचीन हस्तियाँ 'बापू स्टूडियो' को देखने आते हैं। जहाँ आकाशवाणी के साथ महात्मा गांधी की ऑल इंडिया रेडियो पर पहली और एकमात्र यात्रा के विषय में जानने को मिलता है।

आज़ादी के बाद से अब तक भारत का सबसे बड़ा सार्वजनिक सेवा प्रसारक, ऑल इंडिया रेडियो जिसे अब आकाशवाणी के नाम से जाना जाता है। देश भर के नागरिकों के लिए सही और सटीक जानकारी मुहैया करवाने का माध्यम रहा है।

महात्मा गांधी ने 12 नवम्बर 1947 को ब्रॉडकास्टिंग हाउस, नयी दिल्ली में आकाशवाणी स्टूडियो का दौरा किया। आकाशवाणी के माध्यम से उन्होंने पाकिस्तान से भागकर कुरुक्षेत्र में डेरा डाले शरणार्थियों को सम्बोधित किया।

स्टूडियो पहुँचने पर गांधी जी ने रेडियो के माध्यम से शरणार्थियों से अपील की कि वे अपनी पीड़ा का 'जितनी शक्ति और धैर्य के साथ' सामना कर सकें, उसका सामना करें।

उस दिन यानी 12 नवम्बर 1947 को दीपावली का दिन था और गांधी जी स्वयं कुरुक्षेत्र जाना चाहते थे, परन्तु दिल्ली में कांग्रेस के अधिवेशन के कारण यह सम्भव न हो सका। उस दिन उनके साथ स्वतन्त्रता सेनानी राजकुमारी अमृत कौर भी थीं। शुरुआत में गांधी जी रेडियो पर बोलने से बहुत झिझक रहे थे, क्योंकि इससे पहले वे केवल गोलमेज सम्मेलन में ही रेडियो पर बोले थे। लेकिन बाद में वह रेडियो पर सम्बोधित करने के लिए मान गये। रेडियो के स्टूडियो को बिल्कुल गांधी जी की प्रार्थना सभा की तरह व्यवस्थित किया गया था। वह प्रसारण से बेहद ख़ुश हुए और अगले दिन यानी 13 नवम्बर 1947 को हिन्दुस्तान टाइम्स ने ख़बर छापी कि महात्मा गांधी ने रेडियो को 'चमत्कारी शक्ति' कहा है।

गांधी जी के इस सम्बोधन के बाद बिड़ला भवन से गांधी जी की प्रार्थना सभाओं का प्रसारण शुरू किया गया। इन प्रार्थना सभाओं की रिकॉर्डिंग प्रसार भारती अभिलेखागार में आज भी उपलब्ध है। आकाशवाणी के विभिन्न स्टेशनों से नियमित आधार गांधी जी के दर्शन और उनके प्रिय भजनों पर आधारित कार्यक्रम प्रसारित किये जाते हैं ताकि आने वाली पीढ़ियों के बीच इस महान सन्त के मूल्यों और आदर्शों का प्रचार-प्रसार हो सके।

वर्ष 2000 में इस दिन यानी 12 नवम्बर को तत्कालीन सूचना एवं प्रसारण मंत्री ने नयी दिल्ली के आकाशवाणी केन्द्र में एक समारोह में हिस्सा लिया और समारोह के दौरान इच्छा जतायी कि अब से 12 नवम्बर लोक सेवा प्रसारण दिवस के रूप में मनाया जाये। इसके बाद, आकाशवाणी दिल्ली द्वारा इस ऐतिहासिक दिन को चिह्नित करने के लिए नियमित रूप से एक उपयुक्त समारोह का आयोजन किया जाने लगा।

इस दिन एनजीओ जन प्रसार द्वारा गांधी जी के प्रिय गीतों से युक्त 12-15 मिनट का कार्यक्रम भी आयोजित किया जाता है, जिसे स्कूली बच्चों द्वारा प्रस्तुत किया जाता है। इस समारोह में आकाशवाणी द्वारा गांधीवादी दर्शन और सार्वजनिक सेवा पर आधारित कार्यक्रमों के लिए विशेष पुरस्कार प्रदान किये जाते हैं।

दिलचस्प बात यह है कि आज के दौर में भी दुनिया के सबसे प्रभावशाली नेताओं में से एक और हमारे प्रधानमन्त्री नरेन्द्र मोदी ने भी जनता तक अपनी बात को पहुँचाने के लिए आकाशवाणी को ही चुना। प्रधानमन्त्री का 'मन की बात' मासिक कार्यक्रम है जो आकाशवाणी पर हर महीने के अन्तिम रविवार को सुबह 11:00 बजे आकाशवाणी और दूरदर्शन पर प्रसारित होता है।

जिस तरह महात्मा गांधी ने देश की जनता तक अपनी बात पहुँचाने के लिए आकाशवाणी को चुना था। वैसी ही विश्वसनीयता आकाशवाणी की आज भी है। जिसके चलते प्रधानमन्त्री का मासिक कार्यक्रम देशवासियों को जनजागृति, जनभागीदारी एवं जनकल्याण की भावना से प्रेरित करता है। वहीं प्रधानमन्त्री 'मन की बात' कार्यक्रम के ज़रिये जनभागीदारी से विकास को जन-आन्दोलन का रूप दे रहे हैं। इस कार्यक्रम का उद्‌देश्य भारतवासियों की सामूहिक चेतना को जाग्रत कर उनके अन्दर की असीमित ऊर्जा को सुप्रवाहित कर उन्हें राष्ट्र निर्माण के लिए प्रेरित करना है जिसमें आकाशवाणी उसे जन-जन तक पहुँचा महत्त्वपूर्ण भूमिका निभा रहा है।

शुभश्री

रेडियो समाचार निर्देशिका

आकाशवाणी में समाचार निदेशक शुभश्री से किताब के विषय में जब मैं साक्षात्कार के लिए पहुँची तो वो समाचार कक्ष से जुड़े कार्यों में बहुत व्यस्त थीं। इन सब व्यस्तताओं के बीच उन्होंने मुझे अपना क़ीमती समय दिया। शुभश्री बताती है कि रेडियो के बिना वो अपने जीवन की कल्पना भी नहीं कर सकतीं। इसके बाद शुभश्री ने अपने जीवन और रेडियो के बीच सम्बन्ध को विस्तार से बताना शुरू किया। वो बताती हैं कि उनका जन्म ओडिशा के पुरी में पिता डी. जी. महापात्रा और माँ सती देवी के घर में हुआ। प्राइमरी स्कूल से लेकर ग्रेजुएशन तक की पढ़ाई पुरी में ही मिली। पुरी एक छोटा-सा शान्त और प्यारा शहर है। हम लोगों का पाँच जनों का परिवार था। माता-पिता और तीन बहनें। माता-पिता ने हमेशा हमारी पढ़ाई के लिए बहुत ध्यान दिया था और जीवन में पढ़ाई के महत्त्व के बारे में बचपन में ही ख़ूब प्यार से समझाया था। जब मैं पुरी में बड़ी हो रही थी तब हमारे पास मनोरंजन के नाम पर एकमात्र साधन आकाशवाणी कटक था। वो बताती हैं कि हमारी सुबह आकाशवाणी के वन्दे मातरम् राष्ट्रीय गीत से शुरू होती थी और देश-विदेश के समाचार जानने के लिए हमारे पास रेडियो ही था।

इसलिए आप कह सकते हैं कि रेडियो से मेरा सम्बन्ध बचपन से ही है।

बचपन में हम पढ़ाई के लिए और अपने ज्ञान को बढ़ाने के लिए जिन साधनों का प्रयोग करते थे जैसे किताबें, अख़बार उसके साथ-साथ रेडियो पर ख़बरें सुनना भी सबसे महत्त्वपूर्ण होता था। रेडियो की विश्वसनीयता और ख़बरों का स्तर आज भी यही है इसलिए आज भी बड़ी-बड़ी परीक्षाओं की तैयारियों के लिए छात्र रेडियो और डीडी न्यूज़ की ख़बरों को देखते और सुनते हैं।

मुझे आज भी याद है कि यह बात उन दिनों की है जब मैं कॉलेज में पढ़ा करती थी, कि एक दिन कॉलेज की क्लास के दौरान कान पर रेडियो लगाये किसी व्यक्ति ने क्लास में प्रवेश किया और हमारी क्लास को स्थगित कर दिया गया। बाद में पता चला कि दुनिया में सबसे पहले रेडियो पर ही देश की प्रधानमन्त्री इन्दिरा गांधी को गोली मारे जाने की ख़बर को प्रसारित किया गया था।

रात को पड़ोस के घर में जाकर इन्दिरा जी की ख़बर देखी, जिसे बड़ी ही शालीनता के साथ सलमा सुल्तान जी प्रसारित कर रही थीं। तब मैंने सपने में भी नहीं सोचा था कि एक दिन मुझे उस संस्थान में काम करने का मौक़ा मिलेगा। जब मैंने 1993 में इंडियन इन्फॉर्मेशन सर्विस ज्वाइन की, तब मेरी पहली पोस्टिंग आकाशवाणी में हुई थी और मुझे यह सब सपना-सा लगता था। आज रेडियो में समाचार कक्ष की निदेशक के पद पर कार्य कर रही हूँ। माना जाता है कि रेडियो एक ऐसा माध्यम है। जिसकी विश्वसनीयता और पहुँच का आज भी कोई सानी नहीं। इसी ध्येय को लेकर रेडियो के समाचार सम्पादक अपना काम करते हैं। आकाशवाणी पर प्रसारित होने वाले बेहद लोकप्रिय कार्यक्रम जैसे–स्पॉट लाइट, सुर्ख़ियों में, चर्चा का विषय है, करंट अफेयर्स आदि बड़े आत्मीयता के साथ सुनते हैं। सुनने वाले श्रोताओं में एक बड़ा वर्ग कॉम्पिटिटिव परीक्षा देने वाले विद्यार्थियों का भी होता है, जो इन प्रोग्रामों को नियमित सुनते हैं। हमारे लिए गर्व की बात है कि देश-विदेश से जुड़ी सभी विषयों की जानकारी के लिए यूपीएससी के छात्र बड़ी संख्या में इस कार्यक्रम के नियमित श्रोता है। इसी कार्यक्रम के अन्तर्गत मुझे केन्द्रीय मन्त्रियों एस. जयशंकर और धर्मेन्द्र प्रधान का साक्षात्कार करने का मौक़ा मिला।

जैसा कि आप जानती हैं संगीता सरकार ने देश में सीएए यानी सिटीज़न अमेंडमेंट एक्ट को पास कर दिया है। जिसके तहत अब भारत में पाकिस्तान, बांग्लादेश और अफ़ग़ानिस्तान से आये बिना दस्तावेज़ वाले ग़ैर-मुस्लिम प्रवासियों को नागरिकता दी गयी है। इस क़ानून को लेकर उस समय के असम के मुख्यमन्त्री सर्बानन्द सोनोवाल से आकाशवाणी गुवाहाटी से इस क़ानून पर बात की थी जिससे क़ानून को लेकर लोगों की भ्रान्तियों को दूर किया जा सके। साथ ही मुख्यमन्त्री का भी यह प्रयास था कि देश में अन्तिम पायदान पर खड़े व्यक्ति तक सही जानकारी को पहुँचाया जा सके। इसके लिए सरकार ने सभी सार्वजनिक जगहों जैसे हवाई अड्डे, बस स्टॉप और रेलवे स्टेशनों इत्यादि जगहों पर इस साक्षात्कार का प्रसारण करवाया।

आकाशवाणी की गरिमा को बढ़ाते हुए पूर्व केन्द्रीय मन्त्री स्मृति ईरानी ने हमारे साथ एक लम्बी सीरीज़ की। इस कार्यक्रम का नाम था 'नयी सोच नयी कहानी–ए रेडियो जर्नी विद स्मृति ईरानी।' इस कार्यक्रम के एक एपिसोड में इसरो से सभी सम्मानित महिला वैज्ञानिक जैसे निगर साजी, के. कल्पना, नन्दिनी हरिनाथ आदि वैज्ञानिकों ने साक्षात्कार किया था। हमने देश के सभी न्यूज़ संस्थानों से महिला सम्पादकों पर आधारित भी एक विशेष एपिसोड 'वुमन इन इंडिया' किया था, जिसमें सलमा सुल्तान से लेकर सामुदायिक रेडियो चलाने वाली मधुबन कम्युनिटी रेडियो, माउंट आबू से भी इस कार्यक्रम में भाग लेने के लिए आकाशवाणी के स्टूडियो में आये।

इस कार्यक्रम के आख़िरी एपिसोड में देश की राष्ट्रपति द्रौपदी मुर्मु का साक्षात्कार भी प्रसारित हुआ। इस साक्षात्कार में उनके गरिमामयी जीवन वृत्तान्त का वर्णन है। उन्होंने अपने जीवन से जुड़े संघर्षों और प्रेरणा को श्रोताओं के साथ साझा किया।

लोक प्रसारक होने के नाते हम सरकार के द्वारा जनहित में चलायी जा रही योजनाओं और उनसे जुड़ी जानकारी को भी लोगों तक पहुँचाने का काम करते हैं। जिसमें तपेदिक, कैंसर के साथ-साथ लोगों को अंग दान के लिए भी हम प्रेरित करने का काम करते रहे हैं।

कोविड के बारे में जब मैंने शुभश्री से जानना चाहा, तो उन्होंने बताया कि संगीता तुम तो जानती हो कि रेडियो एक ऐसा माध्यम है, जिसमें आप घर पर बैठ कर काम नहीं कर सकते। ऐसे में कोविड काल के दौरान रोज़ समाचार कक्ष को पूरी तरह से सैनिटाइज़ किया जाता था और हम पूरे कोरोना नियमों का पालन करते हुए अपने कर्तव्य एवं अपनी ज़िम्मेदारी के निर्वहन के लिए ऑफ़िस आते थे। वैसे तो हमेशा से पता है कि हमारा काम बहुत महत्त्वपूर्ण एवं संवेदनशील है, लेकिन कोरोना ने इस एहसास को और मज़बूत कर दिया।

संगीता शायद आप या अधिकतर लोग यह नहीं जानते कि रेडियो देश में ऐसा पहला संस्थान है, जहाँ पूरी रात लाइव बुलेटिन जाता है। वो भी दो भाषाओं में अंग्रेज़ी एवं हिन्दी। इसमें सबसे दिलचस्प बात यह है कि एंकरिंग करने वाली ज़्यादातर महिलाएँ ही हैं।

समाचार निर्देशिका के नाते समाचारों से जुड़ना तो रोचक है ही सबसे रोचक कार्यों में मुझे लगता है बजट में काम करना। इसमें काम करके मुझे गौरव और रोमांच का एहसास होता है।

आसोन्यो

समाचार सम्पादक, प्रादेशिक समाचार एकांश, आकाशवाणी, कोहिमा

आकाशवाणी जिसे हम ऑल इंडिया रेडियो के नाम से भी जानते हैं। एआईआर कोहिमा की स्थापना 4 जनवरी 1963 को हुई थी। कोहिमा, भारत के उत्तर पूर्वी राज्य नागालैण्ड की राजधानी है। इस बात से आप अन्दाज़ा लगा सकते हैं कि भारत सरकार हमेशा से ही अपने नागरिकों के हितों और उनकी आवाज़ को मंच मुहैया करवाती रही है। तो इस तरह आकाशवाणी की कोहिमा में स्थापना के बाद से ही विभिन्न कार्यक्रमों के माध्यम से लोककला एवं संस्कृति को प्रोत्साहित करने के लिए स्थानीय भाषा में संगीत और मनोरंजन कार्यक्रम के साथ-साथ समाचार भी श्रोताओं तक पहुँचाने का काम किया जाता है।

देश के इस प्राकृतिक रूप से ख़ूबसूरत शहर में आकाशवाणी में कार्यरत हैं आसोन्यो, जो प्रादेशिक समाचार एकांश, आकाशवाणी, कोहिमा में समाचार सम्पादक के पद पर कार्यरत हैं।

आसोन्यो से जब मैंने 'दूरदर्शन : आधी आबादी की सशक्त गाथा' की भूमिका किताब पर साक्षात्कार किया, तो उन्होंने बताया कि रेडियो उनके जीवन का एक हिस्सा है, जिसके बिना वो अपने जीवन की कल्पना भी नहीं कर सकतीं। वो बताती हैं कि मेरे परिवार में हमेशा से समाचारों के लिए रेडियो सुना जाता रहा है। वो बताती हैं कि परिवार में अपने भाई-बहनों में वो सबसे बड़ी हैं, जिसमें उनके दो भाई एवं तीन बहनें हैं। आसोन्यो का कहना है कि वो आज जो कुछ भी हैं, उसमें उनके माता-पिता का ही आशीर्वाद है। मेरे माता-पिता ने करियर हो या शिक्षा कभी बेटा-बेटी में अन्तर नहीं किया और हम भाई-बहनों को विकास के समान अवसर दिये।

आसोन्यो बताती हैं कि नागालैण्ड में पितृसत्तात्मक समाज होते हुए भी मैंने कभी नहीं देखा कि मेरे घर में लड़के और लड़की में कोई भेदभाव किया गया हो। मेरे माता-पिता ने मुझे यह चुनने की आज़ादी दी है कि मैं क्या बनना चाहती हूँ। मेरे माता-पिता ने हमेशा जीवन के हर मोड़ पर मेरा साथ दिया और मैं आज जो कुछ भी हूँ वो अपने माता-पिता की बदौलत ही हूँ।

रेडियो से मेरा बचपन से ही नाता रहा है। हमारे घर में 24 घण्टे रेडियो पर स्थानीय बोली में समाचार सुनना विशेष रूप से अंगामी समाचार, जिसे मेरे माता-पिता सुनते थे, और पश्चिमी संगीत सुनना याद है। इसके अलावा, मेरे कॉलेज के दिनों में, मैं और मेरे हॉस्टल के साथी स्थानीय आकाशवाणी स्टेशन से प्रसारित पश्चिमी संगीत अनुरोध सुनते थे और संगीत अनुरोध के लिए सन्देश भेजना हमारा सबसे पसन्दीदा काम था।

अगर मैं यह कहूँ कि मेरा रेडियो से पहला सम्पर्क उस दिन हुआ, जिस दिन मैंने जन्म लिया था, तो यह अतिशयोक्ति नहीं होगी। मेरे माता-पिता बताते हैं कि मेरी दादी माँ मेरे पास एक रेडियो सेट रखती थीं और उसे चालू रखती थीं...जिससे, मैं पूरे दिन रेडियो कार्यक्रम सुनती रहती थी, बिना आवाज़ किये यहाँ तक कि मैं रेडियो पर कार्यक्रम सुनते हुए इतनी ख़ुश रहती थी कि रोती भी नहीं थी। इसलिए आज भी मेरे माता-पिता मज़ाक में कहते हैं कि तुम्हारा बचपन सबसे अच्छा रहा और हमें कोई परेशानी नहीं उठानी पड़ी...बस तुम्हारे पास चलता हुआ रेडियो लगा दो, फिर तुम बिल्कुल भी परेशान नहीं करती थीं। क्या पता था कि एक दिन रेडियो ही मेरी पहचान बन जायेगा।

ख़ैर मेरी रेडियो यात्रा शुरू हुई, वर्ष 2017 में जब मेरी पहली बार आकाशवाणी कोहिमा में एक समाचार सम्पादक के रूप में पोस्टिंग हुई। तब से मैं संगठन के साथ हूँ। मेरा मानना है कि संचार के माध्यम के रूप में रेडियो विभिन्न जनसंचार माध्यमों में सबसे प्रभावी माध्यम है। अधिक ग्लैमरस मीडिया के उद्‌भव के बावजूद, रेडियो आज भी उतना ही प्रासंगिक और शक्तिशाली है जितना शुरुआती वर्षों में था। आज भी रेडियो की पहुँच वहाँ तक है, जहाँ तक शायद कभी-कभी कोई भी संचार माध्यम नहीं पहुँच पाता जैसे बाढ़ या किसी भी युद्ध या कठिन परिस्थिति में। दुनिया में जनसंचार के कई नये माध्यम आ गये हैं लेकिन आज भी रेडियो की पहुँच और विश्वसनीयता सबसे ज़्यादा है।

एक अनुभव जो मैं साझा करना चाहती हूँ, वह यह है कि मुझे अक्सर कई श्रोताओं से सीधे प्रतिक्रिया मिलती है, कि वे समाचारों में सभी विषयों की विविधता

और विश्वसनीयता जैसे किसान, स्वास्थ्य, बच्चे, युवा आदि पर आधारित कार्यक्रमों की पूर्णता के कारण रेडियो सुनते हैं। हम रेडियो श्रोताओं से प्रतिक्रिया प्राप्त करते रहें कि उन्हें अन्य स्त्रोतों से समाचार पढ़ने या सुनने की आवश्यकता नहीं है, क्योंकि आकाशवाणी से प्रसारित समाचार ही एकमात्र माध्यम है जिससे उन्हें प्रामाणिक और विश्वसनीय समाचार मिलते हैं।

रेडियो का हिस्सा होने के नाते, मैंने बहुत-सी चीज़ों का अनुभव किया है, और अभी भी ऐसा करना जारी रखती हूँ, सीखती हूँ और लोगों से जुड़ती हूँ। मुझे बहुत गर्व महसूस होता है कि मैं दुनिया के सबसे बड़े प्रसारण संगठनों में से एक में काम कर सकी जहाँ इसकी उपस्थिति अभी भी ऊँची उड़ान भर रही है और करोड़ों लोगों तक पहुँचती है।

रेडियो पर काम करते हुए आपको रोज़ नयी चुनौतियों का सामना करना पड़ता है। समाचार अनुभाग में अकेली अधिकारी होने के नाते, मुझे कई अहम ज़िम्मेदारियों को निभाना होता है,...जिसमें कार्यालय के कई कामों को एक साथ करना जैसे कि प्रशासन, समाचार डेस्क को सँभालना, रिपोर्टिंग करना, मुख्यालय की समय पर माँग को पूरा करना, आकस्मिक नियुक्तियों की देखरेख करना आदि शामिल है। दिलचस्प बात यह है कि रेडियो और इसकी ज़िम्मेदारियों ने मुझे जीवन में और अधिक मजबूत एवं क़ाबिल बनाने में प्रोत्साहित किया है। जैसा कि मैंने पहले कहा है कि विभिन्न जनसंचार माध्यमों में रेडियो सबसे प्रभावी माध्यम है।

इसलिए, मुझे लगता है कि रेडियो महिलाओं के जीवन में बहुत महत्त्वपूर्ण भूमिका निभाता है। आज भी देखा जाये तो सभी संचार माध्यमों में सबसे लोकतान्त्रिक रेडियो का है,...जिसमें हर व्यक्ति को बोलने, सुनने और कार्यक्रम बनाने की पूरी छूट है। रेडियो संचार का एक ऐसा माध्यम है जिससे ग्रामीणों के विकास और सशक्तीकरण की राह खुलती है और निरक्षर भी अपनी भागीदारी निभा सकते हैं। इसके ग्रामीण न केवल श्रोता हैं, बल्कि कार्यक्रम निर्माण में भी उनकी प्रमुख भूमिका होती है। नागालैण्ड एक छोटा राज्य है, जो अपनी प्राकृतिक और सांस्कृतिक धरोहर के लिए देश-दुनिया में जाना जाता है। ऐसे में यहाँ की स्थानीय भाषा और स्थानीय समस्याओं को केन्द्र सरकार तक और केन्द्र सरकार की योजनाएँ जनता और सरकार की आवाज़ को यहाँ जन-जन तक पहुँचाने में रेडियो हमेशा से एक मज़बूत और विश्वसनीय कड़ी बना हुआ है।

चन्द्रिका जोशी

आकाशवाणी में देश की जानी-मानी
पूर्व हिन्दी समाचार वाचिका

"माँ, कह एक कहानी!"
"बेटा, समझ लिया क्या तूने
मुझको अपनी नानी?"

"कहती है मुझसे यह बेटी,
तू मेरी नानी की बेटी!
कह माँ, कह, लेटी ही लेटी
राजा था या रानी?
माँ, कह एक कहानी!"

"तू है हटी मानधन मेरे
सुन, उपवन में बड़े सबेरे,
तात भ्रमण करते थे तेरे,
यहाँ, सुरभि मनमानी।"
"जहाँ, सुरभि मनमानी?
हाँ, माँ यही कहानी!"

"वर्ण-वर्ण के फूल खिले थे
झलमल कर हिम-बिन्दु झिले थे
हलके झोंके हिले-मिले थे

लहराता था पानी।"
"लहराता था पानी?
हाँ, हाँ, यही कहानी।"

"गाते थे खग कल-कल स्वर से
सहसा एक हंस ऊपर से
गिरा, बिद्ध होकर खर-शर से
हुई पक्ष की हानी।"
"हुई पक्ष की हानी?
करुण-भरी कहानी!"

मैथिलीशरण गुप्त की बाल कविता 'माँ, कह एक कहानी' की यह पक्तियाँ ऑल इंडिया रेडियो दिल्ली की वरिष्ठ समाचार वाचिका चन्द्रिका जोशी चरितार्थ करती हैं। सुबह 6 बजे जब एक सामान्य घर परिवार में सबेरा हो रहा होता है, तो रेडियो पर चन्द्रिका जोशी अपनी कर्णप्रिय और मोतियों की तरह स्पष्ट खनकती आवाज़ में देश और दुनिया का समाचार दिया करती थी। नौकरी करने का अर्थ अमूमन लोग सुबह 9 से शाम 5 बजे तक काम करना समझते हैं। लेकिन देश और दुनिया का हाल बयाँ करने के लिए चन्द्रिका सुबह तड़के साढ़े 4 बजे आकाशवाणी कार्यालय पहुँच जाया करती थी। कड़कड़ाती ठण्ड हो, झमाझम बरसात हो या चुभती जलती गरमी। रेडियो में समय सारणी नहीं बदलती, रेडियो का अनुशासन और रेडियो की प्राथमिकताएँ हमेशा एक सी रहती हैं। जी हाँ रेडियो पर चन्द्रिका जोशी आज किसी परिचय का मोहताज नहीं...क़रीब 35 वर्षों से ज़्यादा अपनी मधुर आवाज़ और सुन्दर शब्दों की बदौलत चन्द्रिका जी ने श्रोताओं के बीच अपनी कुछ विशेष जगह बनायी है। चन्द्रिका जी बताती हैं कि बहुत कम उम्र में सिर से पिता का साया उठ गया। उनके पिता जीवन चन्द्र पन्त अल्मोड़ा के रहने वाले थे। अल्मोड़ा और प्रयागराज से ही शिक्षा ग्रहण करने के बाद उन्होंने कौसानी में अध्यापन कार्य भी किया। फिर दिल्ली में नौकरी लगी तो परिवार के साथ दिल्ली आना उनके लिए बहुत सुखद रहा, क्योंकि नाना-नानी का परिवार दिल्ली के करोल बाग के प्रतिष्ठित परिवारों में से था।

बस यहीं बचपन के दिन बिताकर स्कूल-कॉलेज से आगे बढ़े, साथ में शास्त्रीय संगीत और भरतनाट्यम की भी शिक्षा ली, ये शायद कला और संस्कार के प्रति

समर्पित पिता के ही संस्कार थे। पिता ने अपनी शिक्षा के दौरान ही गीत और कविता लिखनी शुरू कर दी थीं, सब कुछ सही सुन्दर चलते-चलते अचानक परिवार ने बहुत दर्दनाक समय का सामना किया जब महज़ 36 वर्ष की अल्पआयु में ही पिता का असामयिक निधन हो गया।

चन्द्रिका जी ने बातचीत में बताया कि उस समय दिल्ली में ही मेरे नाना-नानी का घर था जहाँ मैं माँ और अपने भाइयों के साथ भरेपूरे परिवार के साथ रही। उस समय भारत रत्न उस्ताद बिस्मिल्लाह खाँ जो पूरी दुनिया में अपनी शहनाई के लिए आज भी प्रसिद्ध हैं। जाने क्यों बचपन से ही शहनाई की सुमधुर आवाज़ नन्ही सी इस बच्ची को भी सर्दी की अँधेरे और कुहासे से भरी अलसुबह में भी रेडियो सुनने को मजबूर कर देती थी। वैसे तो कहना बिल्कुल ग़लत नहीं होगा कि देश के करोड़ों लोगों की सुबह की आकाशवाणी रेडियो पर उस्ताद बिस्मिल्लाह ख़ाँ की शहनाई सुनकर होती थी।

तो पिता की अनुपस्थिति में बचपन के दिन की शुरुआत उस्ताद बिस्मिल्लाह ख़ाँ की शहनाई से जब शुरू होती तो लगता सब सही होगा। वो सुर इत्मीनान दे जाते थे, तो वहीं नाना-नानी की धार्मिक किताबों को पढ़ने की आदत ने मुझे भी बचपन से ज्ञान अर्जित करने वाली किताबों को पढ़ने में रुचि पैदा की।

लेकिन जिस दिन नानी से सुना कि मेरे पिता जी को रेडियो बहुत आकृष्ट करता था, और वे उस समय रेडियो से प्रसारित समाचार और वार्ताएँ वग़ैरह ख़ूब सुनते थे तो मानो मन ही मन एक संकल्प सा ले ही लिया था कि रेडियो से जुड़ कर मुझे भी कुछ ना कुछ ज़रूर करना है। ये बचपने का संकल्प था, उस दौर में रेडियो पर बोलना आज जैसा नहीं, बहुत कठिन डगर जैसा था, शुद्ध भाषा, शुद्ध उच्चारण, और सुरों की समझ, उनकी साधना, ये सब में 20-21 वर्ष की आयु तक समझ चुकी थी। इसलिए माँ के पीछे पड़ कर कहा मुझे शास्त्रीय संगीत सीखना है, माँ भी मान गयी, मैं आज भी हैरान होती हूँ कि कैसे वह हर दिन मेरे साथ क्लास जाती थी, जबकि वो ख़ुद सरकारी हायर सेकेंडरी स्कूल में काम करती थी, 2 बजे स्कूल से घर आना, फिर मुझे ले कर क्लास जाना, घर वापस आ कर रात का कामकाज, फिर सुबह 3 बजे उठ कर बच्चों के काम, फिर अपना स्कूल, यही दिनचर्या मेरी माँ की रोज़ की थी। मेरे शरीर का रोम-रोम उसका क़र्ज़दार है, शायद ये भी बहुत कम होगा, उस माँ ने कभी मारा नहीं, रसोई बनाते भी कुछ न कुछ समझना जैसे हमारी आदत हो गयी थी।

सोचती हूँ हमारे बड़े बात-बात में कितने मूल्य रखते थे, जैसे हर बात पर कहना कि जो तोको काँटा बुवे, ताहि बोए तू फूल, या अपने नाम पर गर्व करो, तभी तो लोग गर्व करेंगे। संगीत और फिर भाषा पर पकड़ के लिए हिन्दी साहित्य में दिल्ली विश्वविद्यालय से हिन्दी ऑनर्स फिर हिन्दी एम.ए. किया। तो मन ही मन सोचती कि संकल्प भी किया, पढ़ाई भी उसी दिशा में है अब रेडियो में प्रवेश कैसे मिलेगा। माँ कहती कि जब दृढ़ निश्चय कर लिया है तो 50 प्रतिशत काम तो हो गया बाक़ी पचास प्रतिशत प्रभु पर भरोसा करो, हो ही जायेगा।

तो संकल्प की सिद्धि का रास्ता मानो पुरखों के आशीर्वाद से बन गया और इधर पढ़ाई ख़त्म की उधर अख़बार में देखा उद्घोषक चाहिए, भरा और नौकरी मिली लोगों के लिए, लेकिन वास्तव में मुझे पूजा करने के लिए मन्दिर मिल गया था, या कहें शौक़ को एंजॉय करने का वक़्त आ गया था। अब दिक़्क़त ये हुई कि माँ ने कहा, बेटा ये दिन-रात कैसी ड्यूटी हैं, तुम्हें तो अपने घर जाना होगा, विवाह के बाद कैसे चलेगा? ये प्रश्नचिह्न दिमाग़ में घूमने लगा कि बात तो सही है, इतने में ही न्यूज़रीडर की वो पोस्ट जिसका मुझे इन्तज़ार था, क्योंकि उद्घोषक तो मैं अनुभव बँटोरने के लिए बनी थी, या कहें उस रास्ते पर चली थी।

एक डेढ़ साल लगा सब लिखित पेपर, ऑडिशन, इंटरव्यू जैसे कामों में और उधर माँ लड़का तलाश रही थी, और जैसे पिताजी ने आशीर्वाद दिया, पहला लड़का देखा, पहली बार बात हुई, बात पक्की, विवाह और न्यूज़रीडर, ये मानो दोनों एक ही थाली में परोस के दे दिये भगवान ने। मेरी माँ ने विवाह पक्का करने से पहले ससुराल में बताया कि मेरी लड़की तो इस तरह की नौकरी कर रही है, आप देख लीजिए, लेकिन ये स्वयं बेहद अनुशासित और संस्कारी है।

रेडियो में अपने अनुभव पर बताते हुए उन्होंने कहा कि रेडियो मुझे शुरू से बहुत ही पसन्द रहा, पहले प्यार की तरह। रेडियो एक ऐसा माध्यम जिस पर आप घर पर बैठकर काम नहीं कर सकते। आकाशवाणी दुनिया का सबसे बड़ा रेडियो नेटवर्क है, और प्रसारित होने वाली भाषाओं की संख्या और सामाजिक-आर्थिक और सांस्कृतिक विविधता के मामले में दुनिया के सबसे बड़े प्रसारण संगठनों में से एक है। ऐसे संगठन में काम करना अपने आप में मुझे लगता है, गौरव की बात है। रेडियो में कुछ रोमांचक अनुभव भी रहे हैं। चन्द्रिका जी बताती हैं कि हाँ रोचक प्रसंग तो बहुत हैं, कुछ दिन ऐसे होते हैं जब आपको मालूम ही नहीं होता कि अचानक न्यूज़ कैसे बदल जाती है। जी बिल्कुल, बहुत सन्तुष्टि भी है इस काम से क्योंकि काम के साथ-साथ आकाशवाणी के अति महत्त्वपूर्ण संगीत

सम्मेलन में संगीत की दिग्गज हस्तियाँ जैसे जसराज जी, भीमसेन जोशी जी, एम बालमुरलीकृष्ण जी, किशोरी आमोनकर जी, हरिप्रसाद चौरसिया, शिव कुमार शर्मा जी ऐसे उच्च कोटि की विभूतियाँ हैं जिनके स्टेज प्रोग्राम के संचालन का काम करने का मौक़ा मुझे मिला। गणतन्त्र दिवस की कमेंट्री, या संसद भवन से और राष्ट्रपति भवन से अलंकरण समारोहों की कमेंट्री, ये सारे काम इस पद की बदौलत मुझे करने को मिले, जो कहीं और नहीं मिलता। दिन-रात सुबह-शाम की ड्यूटी के लिए मैं व्यक्तिगत तौर पर सारे परिवार जनों की तारीफ़ करूँगी कि उन्होंने मुझे और मेरे काम को समझा और उन्होंने भी एडजस्ट किया, चाहे ससुराल का घर हो या मायका। मेरे काम को समझते हुए दोनों परिवार कोई भी परेशानी होने पर सभी साथ ही दिखाई देते थे।

ये एक आशीर्वाद के रूप में साथ चला तो मैं पूरी लगन के साथ काम कर सकी।

मीडिया एक ऐसा माध्यम जिसमें हर पल कुछ ना कुछ घटित होता ही रहता है। जैसे मतदान होना, नयी सरकार बनना, देश-विदेश में आयोजित उत्सव हों, बड़े सरकारी आयोजन हों तो काम और उत्साह होता है, लेकिन कभी-कभी ऐसी भी ख़बर आती हैं जो अन्दर से आपको हिला देती हैं, भुज और उत्तरकाशी का या लातूर भूकम्प, सुनामी का समय, चक्रवात या कन्धार की घटना या युद्ध कारगिल के समय, आपदा के समय संयत हो कर समाचार देने होते हैं। लेकिन जैसे नेपाल में राजवंश हत्याकाण्ड की बात आयी तो बुलेटिन के ठीक 15 मिनट पहले ख़बर आयी या हरियाणा के डबवाली में दर्दनाक हादसे में स्कूल के बच्चे किसी आयोजन की ख़ुशियाँ मनाते हुए हादसे में गिर गये,...ऐसी घटनाओं को समाचार में पढ़ते समय आपका मन कहीं ना कहीं आपको झकझोर कर रख देता है। ऐसे ही जब अमरीका आतंकी हमले में घिरा, मैं उस समय एक इंटरव्यू ले रही थी कि हमारे एक बुज़ुर्ग एडिटर भागते से आये और बोले कि जल्दी स्टूडियो चलो लाइव चर्चा करनी है,... कुछ समझ ही नहीं आ रहा था, कि क्या हो रहा है, अब क्या होगा, ये दुनिया कहाँ जा रही है, तो आम जन की इसी भावना से चर्चा शुरू की और शाबासी मिल गयी। ऐसे समय भी आये कई बार। जब अपने काम पर गर्व होता था। अपने काम के दौरान मुझे सबसे अच्छा ये लगता था कि अगर मैं कोई और नौकरी कर रही होती तो शायद अपने-अपने क्षेत्रों के ऐसे दिग्गज लोगों से कभी मिल नहीं सकती थी, जो मैं इस पद की वजह से मिल सकी। हालाँकि ये नौकरी मेरे लिए पूजा से कम नहीं थी तो प्रसाद स्वरूप ही कह सकते हैं कि चाहे कलाकार हों, राजनीतिज्ञ हों,

स्वतन्त्रता सेनानी, लेखक, बड़े ब्यूरोक्रेट्स, नेतागण, वैज्ञानिक, देखिए कहाँ कोई मिल सकता है, लेकिन हमारे लिए ये बहुत आसान रहा हमेशा, सिर्फ़ रेडियो जैसे प्रतिष्ठित संस्थान में काम करने की वजह से।

कोरोना काल में काम करना भी अलग ही अनुभव था, हम लोगों को सन्देश देते थे कि हम आपके लिए काम कर रहे हैं, आप घरों के अन्दर रहें, सुरक्षित रहें। शायद एक भी दिन छुट्टी नहीं मिली, श्रोताओं के बराबर फ़ोन, मैसेज आते थे, वो बहुत कुछ जानना चाहते थे, हम भी लगातार डॉक्टर्स, प्रशासन से इंटरव्यू करते, वो दौर ना केवल हमारे लिए बल्कि पूरी दुनिया के लिए ही मुश्किलों से भरा था। लॉकडाउन में घर से निकलना, और फिर अपने ही घर में बुज़ुर्गों, बच्चों को समझाना कि हम क्यों जा रहे हैं, ये और भी कठिन होता था, डर भी लगता था कि मेरी वजह से सब परेशान होते हैं, क्योंकि उन्हें भी मेरी चिन्ता है। बहुत ही दिक़्क़त और असमंजस भरा समय था, लेकिन ऐसे समय में निरन्तर काम करते हुए ना जाने कहाँ से स्वंय ही सैनिकों जैसी भावना आ जाती थी। कोरोनकाल में मेरे काम के लिए ऑफ़िस की तरफ़ से प्रशस्ति-पत्र जब मिला, तो बहुत आनन्द हुआ।

रेडियो में भारत सरकार के लिए काम करने के कारण ही मुझे इतने प्रतिष्ठित काम करने को मिले,...जिनकी एक आम व्यक्ति के लिए कल्पना करना भी कठिन है। इसी कड़ी में मैं अपने परिवार के सहयोग से रेडियो जापान एनएचके में काम कर पायी,...मुझे जापान में भारत की तरफ़ से काम करने का मौक़ा मिला था। सच में विदेशी रेडियो के लिए सेवाएँ देना अदभुत आनन्द और विशेष अनुभव से भरा रहा। मैं टोक्यो में ही रहती थी। इस काम के माध्यम से मुझे विदेशों में रेडियो के कामकाज को क़रीब से करने और सीखने का अवसर मिला। मेरे माता-पिता का आशीर्वाद ही है कि मुझे आकाशवाणी का बहु-प्रतिष्ठित अवार्ड बेस्ट एडिटर अवार्ड विज्ञान भवन में दिया गया। इसके अलावा समय-समय पर अलग-अलग संस्थानों से मान-सम्मान मिलता है तो बहुत अच्छा लगता है, साथ ही और ज़िम्मेदारी महसूस होती है कि और ज़्यादा काम करते रहना है।

इन्दु पाण्डेय

ब्रॉडकास्टर और जर्नलिस्ट

...रेडियो बचपन से लुभाता रहा है। आज भी याद है संगम विविध भारती पर सुनते हुए पढ़ना जो कभी माँ को समझ नहीं आया पर गाना सुनते हुए कई लोगों ने पढ़ाई ज़रूर की होगी। रेडियो से लगाव बचपन से रहा और कॉलेज तक आते हुए आख़िर एक दिन दिल्ली के संसद मार्ग पर स्थित आकाशवाणी भवन गये और इस तरह से रेडियो काम बन गया। युववाणी पर महफ़िल किया और उसके बाद तो हिन्दी फ़िल्म संगीत की महफ़िल हमेशा हमारे साथ रही। स्नातक करने के बाद अस्थायी अनुबन्ध पर मैं एंकर बन गयी। ज़िन्दगी में बहुत उतार-चढ़ाव आये, पर ज़िन्दगी में जो कुछ भी चलता रहा पर रेडियो से रिश्ता बना रहा।

शौक़ के तौर पर शुरू हुआ रेडियो का सफ़र धीरे-धीरे रोज़ी रोटी पाने का ज़रिया हो गया। शुरुआत में रेडियो पर उद्घोषिका के तौर पर काम करने में थोड़ी घबराहट होती थी और हो भी क्यूँ ना आख़िर एफ़एम रेडियो के देशभर में 101 से अधिक शहरों और क़स्बों में 369 से अधिक परिचालन निजी रेडियो स्टेशन हैं। भारत सरकार के स्वामित्व वाला आकाशवाणी जिसके लगभग 470 एफ़एम स्टेशन हैं, जो भारत के 92% क्षेत्र और 99.19% आबादी को कवर करता है। आकाशवाणी 23 भाषाओं और 179 बोलियों में प्रोग्रामिंग करता है। देश के इतने बड़े संस्थान के साथ काम करना अपने आप में गौरव की बात थी, है और हमेशा रहेगी।

मुझे आज भी गौरव महसूस होता है कि रेडियो के मेरे इस सफ़र को 25 साल से ज़्यादा का समय हो चुका है। समय के साथ-साथ और ज़रूरत के हिसाब से

हमेशा मैंने अपने ज्ञान और काम को बेहतर बनाये रखने की कोशिश की, जो आज तक जारी है। किसी भी संस्थान में आप जाते हैं तो वहाँ कोई ना कोई आपको काम सिखाता है या यूँ कहें कि गुरु की भूमिका अदा करता है। मेरे जीवन में यह भूमिका विजय दीपक छेबार ने अदा की। शब्दों का उच्चारण, देश-विदेश के विषय में जानकारी, रेडियो पर आपकी आवाज़ ही सब कुछ है, ऐसे में आपकी आवाज़ ना केवल रोचक होनी चाहिए बल्कि आप में वो कला होनी चाहिए, जिससे आप श्रोताओं को बाँध कर रख सकें। आपको यह बात थोड़ी अनोखी लगेगी पर सच्चाई में ऐसा है फ़िल्मों और संगीत पर बोलना और वो केवल बोलना श्रोताओं को कार्यक्रम से जोड़े रखने के लिए आपके शब्दों का चयन और जानकारी एकदम पुख्ता होनी चाहिए। इसलिए फ़िल्म एवं संगीत को समझने के लिए मैं आज भी किसी भी विषय पर बोलने से पहले गहन अध्ययन करती हूँ। श्रोताओं के लिए कोई भी गाना बजाना, कौन-सा गाना कब बजाना है इसके पीछे भी पूरा विज्ञान होता है, जिसके लिए आज भी पढ़ना पढ़ता है।

रेडियो पर लोग आपको केवल और केवल आपकी आवाज़ से ही पहचानते हैं। मेरे साथ कई बार रोचक अनुभव हुए हैं। जैसे मैं जब किसी कार्यक्रम में गयी तब सामने से यही बात सामने वाला पूछता है कि...अच्छा रेडियो पर बोलती हैं आप?

तो आप बोल कर दिखाइये...

आज भी ऐसा कई बार होता है और इस प्रश्न पर आज भी हँसी आती है और यकीन मानें कई बार बोल कर भी सुनाया है तब सामने से यही जवाब आता है कि हाँ पहचान लिया...

लेकिन इस बात से इनकार नहीं किया जा सकता कि स्टूडियो से जब भी किसी से बात होती है तब काफ़ी कुछ उस इन्सान के बारे में जान जाते हैं।

बिना देखे हर तरह के लोगों से बात करना एक अलग अनुभव है क्योंकि उस तरफ़ कोई भी हो सकता है—कोई आम इन्सान, कोई फ़िल्म कलाकार, कोई प्यार में डूबा हुआ इन्सान, तो कोई ज़िन्दगी से हारा हुआ, कोई रोता हुआ, कोई अपना ज्ञान बाँटता हुआ...

एक लाइन में कहा जाये तो रेडियो पर बोलना एक अद्भुत अनुभव है। रेडियो पर मेरी आवाज़ ने ना केवल मुझे नयी पहचान दी बल्कि मुझे लोगों के दिलों तक भी पहुँचाया। जब लोग आपकी आवाज़ और आपके काम को पन्सद करते हैं, तो आपको और मेहनत करके अपने काम से और अधिक प्यार हो जाता है। इस तरह

से रेडियो का सफ़र...गीतों के साथ और लोगों के साथ चलता रहा जिसने हमको एक पहचान दी और हमें आम से ख़ास होने का अहसास कराया।

रेडियो जहाँ आपकी आवाज़ में आपकी ज़िन्दगी के संघर्ष और कठिनाइयों का कभी असर नहीं होना चाहिए। हर एक एंकर की स्टूडियो में अपनी एक अलग दुनिया होती है जहाँ सिर्फ़ क्या बोलना है ये ही याद रहता है चाहे कितनी भी परेशानी हो पर कार्यक्रम के दौरान सब भूल जाते हैं।

रेडियो ने हमें ना केवल एक आम इन्सान से ख़ास बनाया है बल्कि महिला सशक्तीकरण में भी रेडियो का महत्त्वपूर्ण योगदान है, इसमें यही ख़ास है कि आप एक-दूसरे को सुनते हैं...दिखायी नहीं देते...ये ही बात रेडियो को अन्य माध्यमों से ख़ास बनाती है। श्रोता अपनी बात हमें बिना झिझक के बता सकते हैं...कई बार यह माध्यम लोगों के लिए बहुत बड़ी सुविधा बना है।

इस काम ने शब्दों और उनके उच्चारण से एक नया परिचय कराया कि कौन-सा शब्द किस उच्चारण के साथ बोलना है, किस फ़िल्म का गाना है, उसके बारे में सब कुछ पढ़ना,...श्रोताओं को क्या बताये कि सुनने वाले को लगे कि हाँ ये गाना उसके दिल के कितने क़रीब है।

हम जब रेडियो पर बोलें तो दर्शकों को लगे कि यहीं सुनना था। रेडियो किसी जादू से कम नहीं, आज भी रेडियो के दीवाने ज़रूर होंगे। लोगों से बात करना और अच्छी लगने वाली बात करना इतना भी आसान नहीं होता है, कई ऐसे वाक़ये होते हैं जो ताउम्र याद रहते हैं।

समय बदला, समय के साथ कई चीज़ें बदल गयीं, सिर्फ़ नहीं बदलीं तो लोगों की रेडियो सुनने की दीवानगी। अब भी कई ऐसे श्रोता हैं जो पूरी शिद्दत से रेडियो सुनते हैं। यही वजह है कि हाईटेक होते इंटरटेनमेंट की दुनिया में लगातार रेडियो श्रोताओं की संख्या बढ़ती जा रही है। आलम यह है कि आज भी लोग हज़ारों की संख्या में पत्र भेजकर अपनी पसन्द के फ़रमाइशी कार्यक्रम सुनते हैं। यह हाल है आकाशवाणी सहित तमाम रेडियो चैनलों में, जो अब एफ़एम के नाम से जाने जाते हैं। शहर में कई ऐसे रेडियो श्रोता हैं, जिनके साथ रेडियो हमराह की तरह है। कुछ ऐसे हैं जिनके पास रेडियो का बेहतरीन कलेक्शन है। दौर आज ई-मेल और एसएमएस का है, लेकिन चिट्ठियों की अहमियत आकाशवाणी जैसी संस्था में अब भी बनी हुई है। इसमें प्रसारित होने वाले कार्यक्रमों के लिए सैकड़ों चिट्ठियाँ आज भी आती हैं। रेडियो और उसके श्रोताओं का जो आपसी सम्बन्ध है, वैसा अन्य माध्यमों में कम ही देखने को मिलता है। श्रोता और उद्घोषक भले ही एक-दूसरे से चेहरों से

परिचित न हों, लेकिन दोनों का बड़ा ही आत्मीय सम्बन्ध होता है।

एफ़एम गोल्ड एक ऐसा संगीत का रेडियो स्टेशन है, जहाँ आपको पुराने गानों के शब्दों, उसके अर्थ और उसके विषय में सारी सही जानकारी होना अनिवार्य है। रेडियो एक ऐसा माध्यम है जहाँ शब्दों की महक ही श्रोताओं और उद्घोषकों के बीच अटूट रिश्ता बनाती है।

प्रोफ़ेसर सुधा उपाध्याय

हिन्दी विभाग, जानकी देवी मेमोरियल कॉलेज, दिल्ली विश्वविद्यालय और रेडियो एंकर

दिल्ली विश्वविद्यालय के जानकी देवी मेमोरियल कॉलेज में प्रोफ़ेसर के तौर पर कार्यरत सुधा उपाध्याय आज हिन्दी लेखिकाओं में एक लोकप्रिय चेहरा है। बहुमुखी आयाम उनके लेखन की व्यापकता की सबसे बड़ी ख़ासियत है। लेखन के साथ-साथ सुधा जी रेडियो में भी बतौर एंकर, अतिथि और करियर विशेषज्ञ के रूप में कार्य करती आ रही हैं। जब मैंने सुधा जी से 'दूरदर्शन : आधी आबादी की सशक्त गाथा' किताब के लिए उनके साक्षात्कार की बात कही, तो उन्होंने ना केवल अपनी अति व्यस्तता के बावजूद मेरा पूरा सहयोग किया बल्कि समय पर मेरा साक्षात्कार पूरा कर दिया।

सुधा जी बताती हैं कि मेरा बचपन कोलकाता में बीता। ग़ज़ब सुहावने मनभावन दिन थे। उस समय हम संयुक्त परिवार के बारह-पन्द्रह बच्चे रात में विविध भारती के प्रसारण सुनते। 'हवामहल' और 'बिनाका गीतमाला' की सुरमयी शाम और संगीतमय रात। रेडियो उन दिनों केवल मनोरंजन का ज़रिया नहीं था। हमने अपने बचपन से ही रेडियो समाचार प्रसारण, रेडियो वार्ता, खेलकूद से जुड़े तमाम प्रसारणों से अपने को संस्कारित किया। बल्कि हम सभी भाई-बहनों को दोपहर के भोजन और रात के भोजन पर एक साथ जोड़ा जाता था। कोलकाता के घर में एक बड़ा बरामदा था जहाँ हमारे दादाजी की पाठशाला लगती थी। हर इतवार हमारी मौखिक परीक्षा ली जाती। बाक़ायदा हमारा टेलेंट हंट रखा जाता। हम सभी उम्र के बच्चों जिसमें अठारह वर्ष की दीदियाँ बारह-चौदह वर्ष के भाइयों में हम तीन-चार बाल वृन्द छह से सात साल के बच्चों में प्रतियोगिता रखी जाती। दादाजी का निर्णायक

रूप मुझे आज भी याद है। पक्षपात रहित होकर उनका प्रोत्साहित करना, कॉपी पेंसिल क़लम दवात का इनाम मिलना। 'बिनाका गीतमाला' ने साहित्य, समाज और फ़िल्मों का आंशिक प्रभाव बचपन में ही डाल दिया था। हमारा बचपन कोई अवसाद, उदासी, निराशा, ठहराव नहीं जानता। हमारे भाई काग़ज़ की गेंद बनाते, कपड़े धोने वाली डण्डी को बैट और क्रिकेट मैच से गूँज उठती पूरी छत। घर भर आनन्द उल्लास महोत्सव बनाने वाला हमारा रेडियो चुपचाप हमें देखता प्रफुल्लित होता। हम बच्चों के कान उमेठने भर से वह तरह-तरह की आवाज़ सुर ताल लय का संचार करता। वो भी क्या दिन थे संगीता। क्या-क्या बतलायें।

बिल्कुल...सोचा तो नहीं था पर सपना बड़ा पालना-पोसना अपनी उड़ान आकाश से व्यापक और समुन्दर से गहरा रुझान संस्कार में ही रच बस गये थे। सोचिए जिस घर में एक छत के नीचे पूरा उपाध्याय परिवार, उनके बारह-तेरह बच्चों में यही रेडियो केन्द्र में रहकर साहित्य वार्ता साहित्यिक गतिविधियों की जानकारी, गीत संगीत अंत्याक्षरी के खेल पहेलियों बुझौवल को खेल खेल में सिखा रहा था वही प्यारा रेडियो मेरे आचार-विचार-संस्कार भी गढ़ रहा था अभिभावक बनकर। हम खेल-खेल में जोड़-तोड़ कर गीत बनाते, कविताएँ गाते, कण्ठस्थ कर सुनाते। हमने कविता का रिदम, स्मरण वाचन, पठन-पाठन सीखा। आज जब चार किताबों के लेखक, आलोचक, साहित्यकार कवयित्री के रूप में लोग सम्मानित करते हैं तो बचपन और बचपन के बीचोंबीच बैठा वह रेडियो मेरी नॉस्टैलजिया को बढ़ा देता है। हमें पंक्ति पूरी करने, पहेली पूरी करने, रिक्त स्थान पूर्ति, बेहतरीन कविताएँ पढ़ने-सुनने-सुनाने का अवसर बचपन में ही मिल गया। मैं अपने को सौभाग्यशाली मानती हूँ कि ऐसे परिवार में मेरा पालन-पोषण हुआ। ऐसे परिवेश में मुझे संस्कारित किया गया जहाँ की सभी बेटियाँ देश भर में शैक्षिक संस्थानों में प्रोफ़ेसर, वरिष्ठ प्रोफ़ेसर और प्रवक्ता, प्रिंसिपल के पद पर प्रतिष्ठित हुईं। मैं आधा आकाश में कई बार बुलाई गयी। एक साहित्यिक साक्षात्कार में कई साहित्य सेवी समाज सेवकों के साथ मंच साझा किया। अपनी कविताओं के वाचन के लिए बुलायी गयी। तो यह रेडियो साक्षी रहा मेरी पल-प्रतिपल की साहित्यिक अभिरुचियों का।

रेडियो के अनुभव पर तो विस्तार से बता ही चुकी हूँ। पाठ्यक्रम से इतर पढ़ने सुनने की ललक बहुत पहले से ही थी फिर पारिवारिक वातावरण भी अनुकूल मिला। फिर हिन्दी साहित्य में बढ़ते रुझान और घर में हर कमरे की ही तरह एक लाइब्रेरी का होना जो दादा जी की बैठक और लाइब्रेरी दोनों था। तो किताबों से, साहित्य से समाज से ज़मीनी तौर पर जुड़ी रही। रेडियो ने उसे ऑडियो की सुविधा

दी और सब कुछ पढ़ा हुआ सुन-सुनकर विश्वसनीय लगने लगा। लोग हर तरह के हैं प्रसारण की दुनिया में, हर तरह के लोग मिले पर लक्ष्मी शंकर बाजपेयी जी का नाम बड़े आदर से लूँगी। उन्होंने कई बार सुनने-सुनाने का मौक़ा दिया और फिर कुछ लीलाधर मण्डलोई जी ने भी। बहुत आदर से स्मरण करती हूँ दोनों को।

जहाँ तक आप पूछ रही हैं कि महिला सशक्तीकरण में रेडियो की भूमिका तो तुम्हें बता दूँ संगीता...रेडियो हर स्त्री का कम्फर्ट ज़ोन है चाहे वह पढ़ी-लिखी हो या निरक्षर हो, चाहे सशक्त मुखर हो या कोमल कमज़ोर आश्रित। पर सबके मन की बात करने वाला रेडियो स्त्रियों को सशक्त साक्षर संज्ञान सचेतन करने में आवश्यक भूमिका निबाह रहा है। रेडियो है उसकी मेज़ पर, फ्रिज पर अलमारी के ऊपर किचन केबिनेट में यहाँ तक कि बालकनी बाग़ान मकान दुकान सब कहीं बिना भेदभाव के बिना छोटा बड़ा आँके जाँचे। यही ख़ूबी है रेडियो की स्त्री घरेलू है या ऑफ़िसर, स्त्री युवा है या बच्ची बुज़ुर्ग है या धरम करम पूजा पाठ वाली सबकी दुनिया आबाद है। हमारी आधी आबादी यानी हम स्त्रियों की दुनिया रेडियो से ही परिचालित संचालित होती है। हम स्त्रियों को बराबर करना, हमें संवेदनशील बनाना, हमें लड़ना-भिड़ना-जूझना सिखाना, संघर्षशील बनाना, नये-नये सपने पालना, उड़ान भरना, हमारे सुख-दुख का सचमुच सबसे सच्चा साथी ये रेडियो ही है। जिसने जीना सिखाया। हमें इंफोटेनमेंट के इस ज़माने का चलन सिखाया, देश दुनिया की रसोई हो, फ़ैशन हो, ट्रेडीशन हो, शिक्षा-फ़िल्म-गीत सब कुछ हमारी गलबहियाँ किये यह रेडियो हमें सशक्त व मुखर बनाता है। सबक़ सीख और रोमांचकारी सूचनाओं के द्वारा हमारी क़ूबत क़ाबिलियत को निखारता उभारता है।

अर्चना शर्मा

रेडियो एंकर, देहरादून

...मेरे जीवन के शुरुआती दिनों से ही रेडियो मेरी दिनचर्या का हिस्सा रहा। दिन की शुरुआत रेडियो पर विभिन्न गायकों के गाये रामचरितमानस पाठ और वन्दे मातरम् से होती थी। उसके बाद समाचार प्रभात और प्रादेशिक समाचार के दौरान घर में ऊँची आवाज़ में बोलना बिल्कुल वर्जित था। और कई बार मुख्य ख़बरें पिता जी को सुनानी भी होती थीं। तो शुरू से ही करेंट अफेयर्स और सामान्य ज्ञान बिना विशेष प्रयासों के बढ़ता गया। रेडियो ने बहुत कुछ दिया। कभी मन उदास हुआ तो रूपक और नाटिकाओं ने मनोरंजन किया तो कभी रेडियो के कविता पाठ और मुशायरों ने भाषाई तालीम में इज़ाफ़ा किया। मेरा जन्म उत्तर प्रदेश के बिजनौर ज़िले में धामपुर नामक एक छोटे से क़स्बे में हुआ। पिता योगेश कुमार सिंचाई विभाग में सरकारी सेवा में कार्यरत थे जबकि माँ मीरा शर्मा गृहिणी थीं। हालाँकि साथ ही वे आकाशवाणी नजीबाबाद की रुहेलखण्डी लोक-कलाकार भी थीं जिसे उन्होंने आज तक जारी रखा है। तो घर के हर सदस्य की दिनचर्या रेडियो के साथ ही चलती थी। सबसे अच्छी बात ये है कि रेडियो सुनते हुए आपको समय नहीं देखना पड़ा। रेडियो आपको अपडेट रखता है। घर में पढ़ाई के अतिरिक्त अन्य सांस्कृतिक क्रियाकलापों के लिए भी प्रेरित किया गया। घर में हम तीन भाई-बहन थे जिनमें मैं सबसे छोटी थी। घर में बेटा और बेटी के लिए कभी कोई भेदभाव नहीं किया गया। सबको समान अवसर और समान अधिकार मिले। धामपुर जैसे एक छोटे से क़स्बे से निकलकर बड़े मंच तक पहुँचने के सफ़र में रेडियो का भी अहम योगदान रहा। रेडियो पर अंग्रेज़ी समाचारों ने जहाँ विदेशी भाषा के ज्ञान को बढ़ाया तो वहीं

संस्कृत वार्ताओं और क्षेत्रीय भाषा की नाटिकाओं ने नींव को मज़बूत किया। रेडियो ने बहुमुखी व्यक्तित्व विकास को सुनिश्चित किया। स्कूली दिनों में ही रेडियो ने संगीत और साहित्य से एक अनोखा सम्बन्ध जोड़ दिया। हरिद्वार में उच्च शिक्षा के दौरान भी समय-समय पर रेडियो सुनना दिनचर्या का हिस्सा बना रहा। और ये रेडियो की आदत कुछ ऐसी हुई कि कार्य करने के दौरान भी सुबह थोड़ी देर रेडियो के साथ समय न बिताने पर कुछ ख़ाली-ख़ाली सा लगता था। 2023 में पिता जी की सेवानिवृत्ति के बाद स्थायी तौर पर देहरादून शिफ्ट होने पर मुझे भी आकाशवाणी देहरादून में समानुदेशिती कम्पीयर के तौर पर काम करने का मौक़ा मिला। लेकिन शायद आज अन्य कई बड़ी उपलब्धियों के बावजूद उतनी खुशी कभी नहीं हुई। बचपन से रेडियो सुनते रहने के कारण रेडियो की भाषा कभी सीखनी नहीं पड़ी। बल्कि रेडियो ने सीखने-सिखाने के मौक़े और बढ़ा दिये। लेकिन ये सब सुनने और पढ़ने में जितना आसान लग रहा है, उतना बिल्कुल नहीं था। आकाशवाणी देहरादून में चयन प्रक्रिया के दौरान पहले लिखित परीक्षा हुई और फिर स्वर परीक्षा हुई। मेरे उच्चारण में और तो कोई कमी नहीं थी, लेकिन श, ष और स का अन्तर स्पष्ट करने के लिए मैंने विशेष प्रैक्टिस और प्रयास किये थे। ये मुझे अच्छे से याद है। आज से 5 साल पहले रेडियो के श्रोताओं में रेडियो के लिए एक अलग स्तर की दीवानगी थी। आकाशवाणी नजीबाबाद से एक कार्यक्रम रविवार की रात आठ बजे प्रसारित होता था, जिसका नाम था 'आपकी फ़रमाइश'। कार्यक्रम में दो उद्घोषक होते थे। एक श्रोताओं की चिट्ठी पढ़ते और दूसरे उसका जवाब देते। अधिकतर कार्यक्रम को वरिष्ठ उद्घोषक जया रंधर और अनिल भारती प्रस्तुत करते थे। कार्यक्रम को सुनने के लिए हम अपना स्कूल होमवर्क जल्दी कर लेते थे। और चूँकि उस समय लाइट भी इतनी नहीं आती थी, तो आठ बजे तक परिवार के सभी सदस्य बिस्तर पर लेटकर ये कार्यक्रम सुना करते थे। एक अन्य कार्यक्रम जिसने अपनी अमिट छाप मन-मस्तिष्क पर छोड़ी, वो था 'हैलो नजीबाबाद'। ये कार्यक्रम एक फ़ोन-इन कार्यक्रम था। कार्यक्रम को कई उद्घोषक प्रस्तुत करते थे, लेकिन प्रेम कुमार सडाना जो प्रस्तुति देते थे उसकी बात ही कुछ और थी। वो जब श्रोताओं से बात करते तो बहुत ख़ुश होकर बात करते। उस बातचीत को सुनकर ही एक ऊर्जा का अनुभव होता। उस कार्यक्रम की रिकॉर्डिंग शुक्रवार को हुआ करती थी। हमने कई बार कार्यक्रम में फ़ोन लगाने का प्रयास किया, लेकिन कभी नहीं लगा, हमेशा फ़ोन लाइन व्यस्त आती। लेकिन सौभाग्य से मुझे माँ के साथ रेडियो स्टेशन जाने और देखने का मौक़ा मिला। वो एक सपने जैसा था। रेडियो पर सुनाई देने वाले चेहरों की कल्पना आप

केवल आवाज़ सुनकर करते हैं। और कई बार आवाज़ को सुनकर उम्र का अन्दाज़ा भी नहीं लगाया जा सकता। कुछ ऐसा ही मेरे साथ भी हुआ। मैंने जब प्रेम कुमार सडाना सर को देखा, तो उसी वर्ष उनका रिटायरमेंट था। लेकिन उनकी आवाज़ सुनकर ऐसा कभी नहीं लगा। रेडियो आपको जीवन्त रखता है। और जब आप रेडियो में काम कर रहे हों तो यही ज़िम्मेदारी आपको भी मिल जाती है। अपने सुनने वालों को जीवन्त रखने की। जिसे निभाने का मैंने भरसक प्रयास किया। मैं महिला जगत में कम्पीयर के तौर पर शामिल हुई थी। हालाँकि उम्र कम थी, तो महिलाओं के कार्यक्रम करने के लिए रिसर्च करने में काफ़ी समय जाता था। लेकिन इसने मेरे अपने व्यक्तित्व में ख़ासा परिवर्तन और सुधार किया। मुझे इस दौरान कई प्रतिष्ठित हस्तियों का साक्षात्कार करने का मौक़ा मिला। इस दौरान कार्यक्रम में लोक संगीत और सुगम संगीत को शामिल किया जाता था जिसने गढ़वाली लोकसंगीत में मेरी रुचि को और बढ़ा दिया। और मैंने उस भाषा के गीत सीखे और गाये भी। इस दौरान आकाशवाणी देहरादून में सुगम संगीत के लिए परीक्षा दी, जिसमें पास भी हो गयी। और कुछ इस तरह रेडियो से सम्बन्ध और गहरा हो गया। रेडियो एक ऐसा माध्यम है जो कभी भी, कहीं भी हम तक पहुँच सकता है, इसके लिए काम छोड़ कर बैठने की भी ज़रूरत नहीं है। सरकार के पास रेडियो के रूप में अपनी बात आमजन तक पहुँचाने का एक सशक्त माध्यम है। इसमें एक कलाकार और एक कम्पीयर के रूप में कार्य करके मुझे गर्व की अनुभूति होती है। रेडियो में काम करने का मेरा अनुभव बेहतरीन रहा। कई बार फ़ोन-इन कार्यक्रम के दौरान लोगों के फ़ोन आते और वो आवाज़ सुनते ही पहचान जाते। और एक अलग गुदगुदी सी महसूस होती, अपने विशिष्ट होने का एहसास होता। एक बार ट्रेन में सफ़र के दौरान का एक वाक़या याद आ रहा है। बरसात का मौसम था। ट्रेन उत्तर प्रदेश के एक छोटे स्टेशन भावर में रुकी। शाम का समय था। सात बजकर बीस मिनट हो रहे थे। बारिश बस होकर रुकी थी। चाय की टपरी पर रेडियो बज रहा था। प्रादेशिक समाचार शुरू हुए और चाय विक्रेता ने चाय बेचना छोड़ कर रेडियो पर कान लगा लिए। मैंने उत्सुकतावश उससे पूछा कि क्या आप हमेशा रेडियो सुनते हैं? चाय विक्रेता ने बड़े भोलेपन से जवाब दिया, मैडम परिवार गाँव में रहता है। कल मौसम कैसा रहेगा...रेडियो वाले बता देते हैं। तब एहसास हुआ कि रेडियो का महत्त्व हर किसी के लिए है। रेडियो अमीर-ग़रीब में भेदभाव नहीं करता। वो हर वर्ग के लिए कार्यक्रम सुनाता है, सबका ख़याल रखता है। साथ ही मुझे आशा है कि अपनी ज़िन्दगी का एक महत्त्वपूर्ण हिस्सा बन चुके रेडियो का मेरा यह सफ़र ताउम्र ऐसे ही चलता रहेगा।

रश्मि चौधरी

सेवानिवृत्त सहायक निदेशक,
आकाशवाणी, लखनऊ

रश्मि चौधरी, सेवानिवृत्त सहायक निदेशक, आकाशवाणी, लखनऊ से जब मैंने अपनी किताब 'दूरदर्शन : आधी आबादी की सशक्त भाषा' के लिए साक्षात्कार किया उस समय मेरे पास समय बहुत कम था, लेकिन विदेश में होते हुए भी और अपनी तमाम व्यस्तता के बावजूद रश्मि जी ने ना केवल मुझे समय दिया बल्कि पाठकों को यह जानकारी भी मुहैया करवायी कि आकाशवाणी देश के कोने-कोने में कैसे अपने कार्यक्रमों से ज्ञान का दीया प्रकाशमय कर रहा है। तो आइए जानते हैं आकाशवाणी, लखनऊ से सेवानिवृत्त सहायक निदेशक रश्मि चौधरी ज़ी के मीडिया के सफ़र के बारे में। वो बताती हैं कि मैं प्रयागराज की रहने वाली हूँ और बचपन से ही रेडियो की आवाज़ हमेशा मेरे कान में पड़ती रही क्योंकि मेरे पिताजी रेडियो सुबह से लगा लेते थे यह कहिए कि सिग्नेचर ट्यून से ही हम लोगों की सुबह होती थी। साथ-साथ शहनाई वादन यह सब सुना बहुत ही अच्छा लगता था और जब धीरे-धीरे बड़ी हुई तो रेडियो सुनने का शौक़ बढ़ता गया। जब बच्चों का प्रोग्राम हर रविवार को आता था और हम लोग सुबह से ही बच्चों के प्रोग्राम का इन्तज़ार करते थे कि आज दीदी भैया बच्चों के साथ बात करेंगे। सुनना इतना अच्छा लगता था बच्चों की तोतली बोली क्योंकि वह अपनी जो बोली में बोलते थे बहुत ही मीठी लगती थी। अचानक मेरे पिता जी ने कहा क्या तुम लोग भी कभी रेडियो में बोलोगी कुछ गाओगी? मुझे लगा कि रेडियो में कैसे बोलेंगे कैसे जायेंगे क्योंकि बाल मन को यह नहीं पता था कि रेडियो में कैसे जाते हैं और कैसे कार्यक्रम होता है और कैसे बोला जाता है। फिर क्या था माँ ने मुझे और मेरी बड़ी दीदी को एक गाना तैयार कराया, मुझे आज भी याद है 'गुड़िया को प्यार से मैं गोद में खिलाऊँगी' ये गाना मुझे गाना

था। उन दिनों गर्मी की छुट्टियाँ चल रही थीं हम लोगों के स्कूल बन्द थे और हम लोग गर्मियों में ख़ूब मस्ती करते थे यह था कि आकाशवाणी जाना है और वहाँ हम लोगों को अपना प्रोग्राम करना है। गर्मी की छुट्टी थी सभी बच्चे आकाशवाणी आये हुए थे। पहली बार आकाशवाणी गयी वहाँ पर दीदी भैया दोनों ने हम लोगों के काग़ज़ देखकर कहा कि तुम लोग क्या गाओगे, कोई कविता बोल रहा था, कोई कहानी, कोई चुटकुले, कोई पहेली। सब लोगों को देखकर बड़ा अच्छा लगा। बच्चे इतने ज़्यादा थे कि लम्बी लाइन लग गयी और उस समय जो कार्यक्रम होता था वह लाइव जाता था यानी हम रेडियो में बोल रहे होते थे और हमारे घर में मेरी दादी, बाबा और माँ सभी लोग घर में रेडियो सुन रहे होते थे।

उस समय सब कुछ लाइव जाता था पहले से रिकॉर्ड नहीं किया जाता था, तो हम भी अपनी लाइव प्रस्तुति देने के लिए लाइन में खड़े थे।

लाइन में कुछ बच्चे आगे थे कुछ पीछे और जिन बच्चों का समय हो रहा था वह आगे से हटते जा रहे थे। बच्चों की लाइन थी, आगे चलते जा रहे थे, मेरे आगे मेरी दीदी थी। उनका जैसे ही गाना हुआ वैसे दूसरी तरफ़ से जो रिकॉर्डिंग जहाँ से प्रसारण हो रहा था वहाँ से इशारा हो गया गोल-गोल हाथ घुमा दिया कि अब हमारे कार्यक्रम का समय समाप्त होने जा रहा है। बस दीदी का गाना हुआ, वहाँ से कार्यक्रम के संचालक विजय बोस जी ने कहा, बच्चो अगले हफ़्ते इसी दिन इसी समय आप लोगों से फिर मुलाक़ात होगी तब तक के लिए जय हिन्द। अब मेरा गाना तो हुआ नहीं। मैं इस समय स्टूडियो की ज़मीन पर लोट गयी। भैया ने समझाया, मेरे पिता जी ने समझाया कि अगली बार तुम्हारा गाना ज़रूर होगा और तुम ही गाओगी। वह एक यादगार दिन था कि जिस स्टूडियो में आकाशवाणी में मैं बचपन से गयी उस आकाशवाणी में मैंने लगभग 33 वर्ष काम किया।

यह तो आकाशवाणी में जाने का मेरा पहला अनुभव था। हमारी माँ को संगीत में काफ़ी रुचि थी, वह एक अच्छा सितार भी बजाती थी। वह भी चाहती थी कि मेरी बेटियाँ कुछ अच्छा गाना सीखें अच्छा काम करें। उनका प्रोत्साहन हमेशा हमको मिला। उन्होंने पास के एक संगीत विद्यालय में हमारा एडमिशन करा दिया और हम लोग वहीं पर गाना सीखने लगे। फिर बच्चों के कार्यक्रम से सिलसिला हमारा युववाणी कार्यक्रम तक पहुँचा और फिर मैं वहाँ की ग्रेडेड कलाकार के रूप में कार्यक्रम देने लगी। जब भी आकाशवाणी जाती वहाँ पर माहौल देखकर मुझे बहुत अच्छा लगता है कि कोई उद्घोषक कार्यक्रम की उद्घोषणा भी कर रहे हैं और

फ़िल्मी गाने का मज़ा भी ले रहे हैं। यह सब देखकर बड़ा अच्छा लगता था और सोचते थे देखो इनकी नौकरी कितनी अच्छी है यह काम भी करते हैं और गाना भी सुनते हैं, कितना मज़ा है इस दफ़्तर में काम करने का। रेडियो की जो समरी यानी कि कार्यक्रम विवरण वह तक भी हम लोग बहुत ध्यान से सुनते थे कि आज किसका कार्यक्रम आने वाला है, कौन-सी वार्ता आने वाली है, इस कार्यक्रम में किन-किन कलाकारों का प्रसारण होगा, यह सारी चीज़ें बड़े ध्यान से सुनते थे और समय का इन्तज़ार रहता था कि यह कार्यक्रम छूटे ना। हमको रेडियो सुनना बहुत ही अच्छा लगता है। इसके अलावा जब क्रिकेट मैच की कमेंट्री होती तब तो घर में हमारे जो भाई वग़ैरह होते थे, चाचा जी, पिता जी, बाबा लोग सब लोग रेडियो में कान लगाकर कमेंट्री सुनते थे और हर बार यह पूछा जाता था कि कितना रन बना, कौन आउट हुआ यानी कि उस समय का जो दौर था वह रेडियो के बहुत ही सुनहरे दिन थे।

मैंने अपनी पढ़ाई इलाहाबाद से ही की। बीए फिर एमए इलाहाबाद विश्वविद्यालय से किया। क्योंकि संगीत में मेरी एक विशेष रुचि थी इसलिए हमने एमए संगीत में ही किया। उस समय वहाँ के बहुत ही प्रतिष्ठित विद्वान पण्डित रामाश्रय झा और विदुषी गीता बनर्जी मैंने गाना सीखा। बीए में पण्डित रॉबिन चटर्जी और कमल बोस यह दोनों हमारे शिक्षक रहे। इलाहाबाद में प्रयाग संगीत समिति से संगीत प्रवीण ग्वालियर घराने के संगीत विद्वान पण्डित नारायण लक्ष्मण गुने जी के सान्निध्य में प्राप्त किया। इलाहाबाद से एमए करने के बाद मुझे मौक़ा मिला रामपुर सदारंग परम्परा की विख्यात गायिका विदुषी सुलोचना बृहस्पति जी से गायन सीखने का। इलाहाबाद से मेरा सफ़र फिर दिल्ली में शुरू हुआ क्योंकि सुलोचना बृहस्पति दिल्ली में रहती हैं। मैं वहाँ पर रोज़ उनके घर जाती और संगीत की शिक्षा लेती। यह शिक्षा एक गुरुकुल पद्धति के अनुसार ही थी। हम सुबह जाते थे और रात में घर वापस आते थे। सुलोचना जी मुनिरका में रहती थीं और मैं अपनी नानी, मामा-मामी के पास मयूर विहार में रहती थी। मयूर विहार से मुनिरका का सफ़र लगभग 25 से 30 किलोमीटर दूर होता था यानी मेरा रोज़ का आना-जाना लगभग 50 किलोमीटर होता था। जब संगीत की लगन हो तो दूरियाँ आड़े नहीं आतीं बस उस समय संगीत सीखने की धुन सवार थी। मुझे संगीत में एडवांस स्टडी के लिए मानव संसाधन विकास मन्त्रालय की ओर से एक छात्रवृत्ति प्रदान की गयी और मेरा संगीत का सफ़र आगे की ओर बढ़ता गया। जब मैं उनसे शिक्षा ग्रहण कर

रही थी उन्हीं दिनों आकाशवाणी में कार्यक्रम अधिशासी के पद की नियुक्ति हेतु आवेदन पत्र आमन्त्रित किये जा रहे थे। मेरी गुरु सुलोचना बृहस्पति की बड़ी बहन विदुषी शरयू कालेकर जी ने मेरा फार्म भरवाया। बड़ों के और गुरुओं के आशीर्वाद से उसमें मेरा चयन भी हो गया। घर में सभी बहुत ख़ुश थे, मेरी गुरु भी बहुत ख़ुश थीं और उन्होंने कहा कि देखो ईमानदारी और मेहनत के साथ नौकरी करना लेकिन अपना गाना कभी मत छोड़ना। मैंने नौकरी के साथ-साथ गाने को भी उतना ही महत्त्व दिया जितना दफ़्तर को देती थी। कार्यक्रम अधिशासी होने के नाते मुझे बहुत अच्छे-अच्छे कलाकारों से सम्पर्क हुआ। उस समय संगीत सम्मेलन हो या कोई कन्सर्ट हो इसमें कलाकारों को बुलाकर उनके कार्यक्रमों को कराना बहुत अच्छा अनुभव था। इसके अलावा बहुत सारे संगीत रूपक और वार्ताएँ यह सब आयोजित किया। संगीत के कार्यक्रम के अतिरिक्त महिलाओं का कार्यक्रम, बच्चों का कार्यक्रम, डॉक्टर को बुलाकर उनके इंटरव्यूज़ करने यह सारा एक अलग ही अनुभव था और लोगों से जानकारी भी मिलती थी। आकाशवाणी एक ऐसी संस्था है जहाँ पर हम अपने कार्य के साथ-साथ बहुत कुछ सीखते हैं, यहाँ से हमने अपनी ज़िन्दगी में बहुत कुछ सीखा। क्योंकि मेरी फर्स्ट पोस्टिंग अल्मोड़ा हुई थी जो आज का उत्तराखण्ड है। वहाँ के लोकगीतों को जानने और समझने का अवसर मिला। वहाँ की लोककथाएँ, वहाँ के मन्दिरों इन सबकी जानकारी मुझे हुई और फिर इन सभी विषयों पर कार्यक्रम बनाये। स्वामी विवेकानन्द जी की तीन बार अल्मोड़ा यात्रा पर कार्यक्रम तैयार किया जो प्रदेश स्तर पर प्रसारित हुआ। अल्मोड़ा में काम करते हुए मुझे यह अनुभव हुआ कि महिला सशक्तीकरण का उदाहरण पहाड़ों पर दिखता है वहाँ की महिलाएँ बहुत ही मेहनती होती हैं, घर की पूरी ज़िम्मेदारी महिलाओं की होती है क्योंकि ज़्यादातर पुरुष परिवार में से कोई ना कोई सेना में होता है। वह देश की रक्षा के लिए अपने घर से दूर रहता है। खेतों पर काम करना है इसके अलावा एक पहाड़ी से दूसरी पहाड़ी कितनी दूर पैदल चलकर आना, अपने सिर पर गठरी लिये हुए न जाने कितनी दूर का सफ़र तय करती हैं। इन सारी चीज़ों का अनुभव मुझे आकाशवाणी में रहते ही हुआ। 2006 में मेरा ट्रान्सफ़र लखनऊ से इलाहाबाद हो गया, 1991 में कार्यक्रम अधिशासी के पद पर नियुक्ति हुई किन्तु कोई प्रमोशन नहीं हुए। मुझे इलाहाबाद में केन्द्र निदेशक का कार्य सौंपा गया, उसे भी मैंने बहुत ही ज़िम्मेदारी के साथ किया। उसी दौरान 2008 में भूतपूर्व प्रधानमन्त्री विश्वनाथ प्रताप सिंह के देहान्त पर आकाशवाणी पर उनके अन्तिम संस्कार की

राष्ट्रीय स्तर पर लाइव कमेंट्री की ज़िम्मेदारी को भी बहुत अच्छे से किया। 2016 में सहायक निदेशक के पद पर एक प्रमोशन मिला और बनारस पोस्टिंग हो गयी। वहाँ पर भी कार्यक्रम निदेशक की ज़िम्मेदारी को बख़ूबी निभाया। 2019 में बनारस से लखनऊ ट्रान्सफ़र हो गया और यहाँ भी केन्द्र निदेशक की ज़िम्मेदारी मुझे सौंपी गयी। उसी समय कोरोना की बीमारी पूरे विश्व में फैली हुई थी। वह दौर बहुत ही मुश्किल का दौर था। इस दौरान मुझे लखनऊ के साथ-साथ पूरे उत्तर प्रदेश और उत्तराखण्ड के प्रसारण को देखने की ज़िम्मेदारी मिली।

यह आकाशवाणी की पूरी नौकरी में एक बहुत बड़ा ही चैलेंज का दौर था। अपने को बचाते हुए रोज़ दफ़्तर जाना और आना और प्रसारण निर्बाध रूप से सम्पन्न रखना। यह सब बहुत ही चैलेंजिंग था और कोई भी इससे अछूता नहीं था। मेरी समझ से हर कोई कोरोना से ग्रसित ज़रूर हुआ था। इस तरह कई तरह की बाधाएँ भी आयीं लेकिन ईश्वर की कृपा से दूर भी होती गयीं।

आकाशवाणी आने के पहले से ही मैं सुगम संगीत और शास्त्रीय संगीत की कलाकार थी और धीरे-धीरे करके मैंने अपने गायन का ग्रेड है भी बढ़ाया। मैं आज ए ग्रेड की कलाकार हूँ, अवधी और भोजपुरी लोकगीत गाती हूँ। मैं राष्ट्रीय और अन्तरराष्ट्रीय स्तर पर अपने शास्त्रीय संगीत के कार्यक्रम को प्रस्तुत करती हूँ। आकाशवाणी एवं दूरदर्शन के अखिल भारतीय कार्यक्रम में भी कई बार मेरा गायन प्रसारित हुआ।

आकाशवाणी में रहते बनारस, इलाहाबाद, अल्मोड़ा, लखनऊ इन जगहों पर मैंने काम किया और लखनऊ से ही सहायक निदेशक के पद से सेवानिवृत्त हुई। सेवानिवृत्ति के बाद मैं अपनी संगीत की सेवा में लगी हूँ। वर्तमान में अमेरिका के कलावन्त सेंटर फ़ॉर म्यूज़िक एंड डांस संस्था द्वारा बुलाया गया है। गुरुओं तथा बड़ों के आशीर्वाद से मुझे जो मान सम्मान-पद प्रतिष्ठा मिली है उसके कारण ही मैं ईश्वर को धन्यवाद देती हूँ। संगीता जी आप तो जानती ही हैं कि समाज में सदा कहा जाता है कि एक सफल व्यक्ति के पीछे एक महिला का हाथ होता है, पर अपने जीवन के सफ़र के विषय में मैं पाठकों को बताना चाहूँगी कि मेरा आज जो कुछ भी है वो मेरे माता-पिता एवं पति के बदौलत है। तो आप कह सकती हैं कि एक सफल महिला के पीछे भी उसका परिवार चट्टान बनकर खड़ा होता है। शादी से पहले मेरे माता-पिता और शादी के बाद मेरे पति ने हर परिस्थिति में मेरा साथ दिया। भारतीय समाज में औरत के नाम से मिली कामयाबी को तो हर कोई

इस्तेमाल करना चाहता है, पर उसका साथ बहुत कम लोग देते हैं। पर ईश्वर की कृपा से इस मामले में मैं बहुत भाग्यशाली रही, कि मेरे पति ने शादी के बाद ना केवल मेरा संगीत प्रेम देखकर रोज़ मुझे रियाज़ के लिए प्रेरित किया बल्कि उन्होंने पारिवारिक ज़िम्मेदारी को बख़ूबी निभाया। संगीता जी महिला सशक्तीकरण कोई शब्द नहीं है बल्कि यह तपस्या है और इस तपस्या में आपका परिवार, आप और आपके साथी सभी शामिल होते हैं।

डॉ. दर्शनी प्रिय

भाषा अधिकारी, आकाशवाणी, नयी दिल्ली

प्रसार भारती का एक महत्त्वपूर्ण निकाय आकाशवाणी जिसे कुछ लोग ऑल इंडिया रेडियो के नाम से भी जानते हैं। इस संस्थान का मक़सद जनता तक सूचना, शिक्षा, और मनोरंजन पहुँचाना है। आकाशवाणी के कार्यक्रमों से श्रोताओं को जागरूक किया जाता है और उन्हें उनके अधिकारों के बारे में बताया जाता है। आकाशवाणी, दिल्ली से प्रसारित होने वाले राष्ट्रीय महत्त्व के कार्यक्रम और समाचार होते हैं। अलग-अलग केन्द्रों से क्षेत्रीय सेवाएँ प्रसारित की जाती है। स्थानीय रेडियो सेवा का कार्य भी किया जाता है।

विदेशों में श्रोताओं के लिए कार्यक्रमों का विशेष प्रसारण किया जाता है। आकाशवाणी की अपनी विज्ञापन प्रसारण सेवा भी है। इतना ही नहीं देश की सबसे बड़ी संस्थाओं में से एक आकाशवाणी 23 भाषाओं और 146 बोलियों में प्रसारण करती है।

इतनी सब गम्भीर और संवेदनशील ज़िम्मेदारियों को निभाने वाला आकाशवाणी एक ऐसा संस्थान है जिसमें अलग-अलग पदों पर बड़ी संख्या में महिलाएँ कार्यरत हैं। इन महिलाओं में से एक महिला अधिकारी हैं डॉ. दर्शनी प्रिय जो आकाशवाणी, नयी दिल्ली में भाषा अधिकारी हैं। इनसे वैसे तो कई बार मुलाक़ात हुई पर जाना कि आज कल वो आकाशवाणी में एक महत्त्वपूर्ण भूमिका निभा रही हैं और अपने लेखन एवं कार्यों से देश में ज्ञान की लौ को प्रज्वलित कर रही हैं। 'दूरदर्शन : आधी आबादी की सशक्त गाथा' किताब पर लेखन कार्य करते हुए मैं ऐसी ही महिलाओं के कार्यों और संघर्षों को पाठकों तक लाना चाहती थी जिन्होंने समाज

और कठिनाइयों के सामने कभी हार नहीं मानी बल्कि मुश्किलों ने उनके साहस और मेहनत को देख अपना रास्ता बदल लिया। डॉ. दर्शनी प्रिय भी एक ऐसी ही महिला हैं, जिन्होंने पत्रकारिता और लेखन में कड़ी मेहनत से अपनी ख़ास पहचान बनायी है। तो आइये जानते हैं उन्हीं की ज़ुबानी कि कैसे उन्होंने एक छोटे से गाँव से लेकर आकाशवाणी तक का सफ़र तय किया।

मेरे सफ़र की जुस्तजू है मेरी ख़्वाहिशें
रेडियो के ज़रिये लिखी साहस और जुनून की दास्ताँ।

कहते हैं स्त्रियाँ अब तक उतारी गयीं सिर्फ़ काग़ज़ और केनवास पर, नहीं उतारी गयीं तो बस रूह में। अमृता प्रीतम की ये सुलगती पंक्तियाँ आज भी सच और साहस का आईना दिखाती हैं जब भी स्त्रियाँ अपने साहसिक फ़ैसलों से अपने पूरे अक्स के साथ शीशे में आदमकद उतर आती हैं। क्या ये गर्विता भाव उन्हें उद्वेलित भी कर पाता है जो सभ्यता के आगाज़ से ही ख़ुद को सत्तात्मकता की सबसे ऊपरी सीढ़ी पर मानते आये हैं। आबादी के उस पार की साहस, स्वाभिमान और आत्मविश्वास की कहानियाँ हमेशा से हमें प्रेरित करती रही हैं।

देश में हज़ारों लड़कियाँ जब अपने हिस्से का सुख-दुख, वरद शरद अपने मन के धागे से बुन रही थीं, ठीक उसी समय की वक़्त की रेत पर एक लड़की अपने ख़्वाबों को नया रूप रंग दे रही थी। उसके अपने हिस्से की बेइन्तहा ख़्वाबों वाली ज़िन्दगी किसी सपने से कम नहीं थी। और उन सपनों के बीच कोई तटस्थ भाव से खड़ा था तो वह था वायु तरंगों से आने वाली रेडियो की ध्वनि। धीरे-धीरे जवानी की दहलीज़ पर चढ़ती उसकी भरीपूरी आँखों ने सपने सजाने शुरू किये तो उन सपनों की आभा बनी रेडियो पर बजते तरन्नुम। अपने-अपने तरीक़े से साहस और सफलता की कहानियाँ बुन रही हज़ारों औरतों की कहानी ने उस लड़की की कहानी को प्रेरित किया जिसने आगे चलकर पत्रकारिता की राह पकड़ी, और जन्म हुआ एक मज़बूत इरादों वाली पत्रकार का। लेकिन छोटे से बड़े होने तक के उसके तमाम सफ़र का साथी कहीं न कहीं रेडियो बना रहा।

बचपन की स्वीटी और सार्वजनिक जीवन की दर्शनी अपने नाम के अनुरूप अपने कामों की सुन्दरता और दर्शनीयता के लिए जानी जाती थी। देश की लाखों-करोड़ों बेटियों में हौसले की उड़ान भरने का जज़्बा जब शिवाका जैसे रेडियो कार्यक्रमों से आया तब उस लड़की के भीतर भी कहीं ना कहीं अमीन सयानी जैसा मज़बूत रेडियो किरदार बनने की कल्पना बलवती होती रही। रफ़्ता-रफ़्ता बढ़ती

ज़िन्दगी ने दुश्वारियों के कई रंग देखे। सुख-दुख के पन्नों को अपने भीतर समेटती वो बढ़ती ही जा रही थी केवल इस उम्मीद में कि कभी न कभी उसके सपनों को भी परवान मिलेगा। उसके ख़्वाबों के भी रंग गहरे होंगे। अपने सम्बल और आत्मबल के सहारे बड़े होने पर पत्रकारिता की डिग्री हासिल की और निकल पड़ी टीवी, रेडियो, स्तम्भ लेखन और साक्षात्कार के लम्बे सफ़र पर। ये तय था कि अगर कुछ करने और कुछ बनने की चाह कहीं से उपजी तो केवल रेडियो सुनकर। एक भावुक लेखिका, अनुवादक, कवयित्री और मीडियाकर्मी जो आज अपने दम पर अपने लिए एक भरापूरा संसार बुन रही है और बन रही है दूसरों के लिए नज़ीर उसमें रेडियो की भूमिका को नकारा नहीं जा सकता।

लेकिन इन सबके बीच एक लम्बा अतीत है जिसे दोहराना ज़रूरी है ताकि दुनिया जान सके कि सपने केवल कल्पना से पूरे नहीं होते, उन्हें पूरा करने के लिए तपना होता है। कठिन सफ़र की शुरुआत के साथ सफलता की ओर क़दम बढ़ाना है तो जूझना होगा। उसके जीवन की शुरुआत होती है एक छोटे से गाँव कुड़वा से जहाँ लड़कियों का पढ़ना-लिखना उतना संस्कारी कार्य नहीं माना जाता था। लेकिन दर्शनी बचपन से ही पढ़ाई को लेकर जुनूनी रही। छुटपन से बड़े सपने देखने शुरू कर दिये थे। उसका अपनी दादी से गहरा लगाव था। वे प्राय: उसे उच्च शिक्षा हासिल करने की प्रेरणा देतीं। वो उसकी ताक़त थीं। उनके दिये मूल्य हमेशा उसके भीतर सहज भाव से सुरक्षित रहे। दसवीं तक की पढ़ाई तो गाँव के ही विद्यालय से पूरी की। पिता संस्कारगत मूल्यों वाले पारम्परिक विचारों के व्यक्ति थे। उच्च शिक्षा के पक्ष में तो थे, लेकिन सामाजिक बेड़ियाँ उन्हें ऐसा न करने पर बाध्य करती रहीं। लेकिन उसका उनके साथ वैचारिक संघर्ष चलता रहा और उसने अन्ततः उन्हें मना लिया। फिर वे गाँव छोड़ पास के शहर हाजीपुर में रहने आ गये। वहीं से उसने अपनी आगे की पढ़ाई की। वूमन कॉलेज से इंटर करने के बाद आर एन कॉलेज, हाजीपुर से अंग्रेज़ी विषय में ऑनर्स किया। ये सब तब हुआ जब लड़कियों पर ख़ूब पाबन्दियाँ लगायी जाती थीं। समाज में संकीर्णता थी। बन्दिशें इतनी कि कोई लड़की अकेले बाहर नहीं निकल सकती थी। घर से बाहर निकल कर ट्यूशन पढ़ने जाना उन दिनों बड़ी बात थी। यहाँ तक पहुँचने की उसकी इस यात्रा में तमाम ऊबड़-खाबड़ रास्ते आये, जिसे उसने अपने आत्मविश्वास से पार किया।

दिल्ली आने का रास्ता तो मिल गया था, पर असली जद्दोजहद तो अब शुरू हुई थी।

यहाँ आने के बाद सबसे बड़ी समस्या थी सर छुपाने की। पारिवारिक, आर्थिक मदद पर निर्भरता लगभग शून्य थी। अब दूसरे दौर के संघर्ष की शुरुआत हो चुकी थी। कुछेक महीनों की मदद के बाद घर से पैसे आने बन्द हो गये। फिर शुरू हुई ज़िन्दगी की अराली परीक्षा। कुछ दिनों में ट्यूशन देने शुरू कर दिये। कोचिंग क्लासेज़ तक पढ़ाई। सारे दिन शिफ्ट में होम ट्यूशन देना और रात को पढ़ाई। इसी बीच दिल्ली विश्वविद्यालय में पढ़ाई के लिए समय भी निकालना होता था। सब कुछ एक साथ चल रहा था। घर ख़र्च, ख़ुद की पढ़ाई, कुकिंग करना और बच्चों को पढ़ाना। मुश्किल राह थी पर निकल वो हिम्मत के बूते आयी। क्योंकि पिता को दिया वचन पूरा करना था। उनसे पैसे लेने नहीं थे सो कभी लिये नहीं। अजनबी शहर में परिवार से दूर अकेले अपने दम पर जूझती रही। लेकिन हौसला खोया नहीं। तीज त्योहार, होली, दिवाली, छठ सबसे दूर अकेले अपना आशियाँ बनाती रही। कभी ज़्यादा अकेलापन लगता तो चुपचाप रो लेती। फिर ख़ुद ही आँसू पोंछ कर अगले दिन एक नयी सुबह से लड़ने निकल जाती। अँधेरी रातों में ज़िन्दगी से अकेले लड़ती रही ताकि रोशनी का किनारा पा सकूँ। कई-कई दिन फाके भी रहे। कई बार वही खाकर दिन काटने पड़े। स्वाभिमान ने कभी झुकने नहीं दिया इसलिए कभी किसी के सामने हाथ नहीं फैलाया। ख़ैर किसी तरह कारवाँ आगे बढ़ता रहा। संघर्ष के साथ पढ़ाई भी जारी रही। दिल्ली यूनिवर्सिटी से शुरू हुआ सफ़र जेएनयू तक पहुँचा। डीयू से दो विषयों में एमए (हिन्दी और समाज कार्य) किया। फिर जेएनयू से एमफिल और पीएचडी किया। डीयू से ही कई भाषाओं मसलन फ्रेंच, स्पेनिश और जैपनीज में डिप्लोमा किया। दिल्ली यूनिवर्सिटी से ही पत्रकारिता किया साथ में मानवाधिकार डिप्लोमा भी किया। इन सबमें जो भी ख़र्च हुआ सब अपने ट्यूशन के इकट्ठे किये पैसों से वहन किया। साथ में प्रशासनिक सेवा की तैयारी भी। संघर्ष का पथ काँटों भरा रहा लेकिन चुभन की दंश से कभी घबराई नहीं। ये उसके भीतर का साहस था जिसने उसे लड़ने का हौसला दिया। आज भी आम मध्यमवर्गीय परिवार की मज़बूत इरादों वाली महिलाएँ तमाम आर्थिक मुश्किलों से जूझती, सम्भलती पूरी शिद्दत के साथ अपने लिए रास्ता तैयार कर रही हैं। उसने भी किया। कहते हैं अभाव और तकलीफ़ आपको फौलादी साहस देते हैं जिसके बूते आप चट्टान से भी टकराने की हिम्मत दिखा सकती हैं। उनके पंखों ने ख़ुद को घर में उड़ान भरने के लिए तैयार कर लिया है। एकदम तत्पर सक्रिय बाज की तरह। हिंसा-प्रतिहिंसा, सन्ताप, प्रहार, चुभन, अपमान, व्यंग्य और प्रताड़ना के असहनीय दंश सहने को चुपचाप सह कर वे पूरी ताक़त और जीवटता से खड़ी हो सकती हैं।

दर्शनी प्रिय ने अपने सपनों को पूरा किया। रेडियो इसमें बड़ा सहारा बना। रेडियो सुनकर बड़ी हुई। उसके प्रेरक कार्यक्रम उसे प्रत्साहित करते रहे। वो कहती हैं, चलती रहूँगी रुकूँगी नहीं। जब उन्होंने सफ़र शुरू किया था तो जेब में फूटी कौड़ी भी नहीं थी आज अपने बूते खड़ी हैं।

आई प्रायः कहती है लड़कियाँ जीवटता की तपती भट्ठी में पक कर ख़ुद को कुन्दन बना सकती हैं। वे प्रतिकूल परिस्थिति में हमेशा विजेता बनकर उभरी हैं। दुनिया उन्हें केवल करुणामयी व संवेदनशील समझने की ग़लती ना करे। धैर्य, साहस, शौर्य, सन्तोष और दृढ़ इच्छाशक्ति उनके असली शस्त्र हैं। कुदरती रूप से वे मज़बूत है। मज़बूती के साथ डटे रह कर वे कुछ सार्थक कर सकती हैं।

ओलों की चोट सह कर भी वन्दनीय बनी रहने की ताक़त है उनमें। अगर गिरे तो फौलादी इरादों के साथ चट्टान बन फिर उठ खड़ी हो। उनके साहस की चमक ने सूरज की रोशनी को भी मद्धम किया है। चाहे हालात जैसे भी हों हारे नहीं। चुनौतियों को स्वीकारे क्योंकि आप समय-काल और परिस्थितियों से परे ईश्वरीय धरोहर हैं।

वे कहती हैं, मैंने तो अभी लेश मात्र भी नहीं समेटा है। सब अनसुना, अनकहा और अनगढ़ा है मेरे आसपास। समेटने बैठूँ तो सदियाँ बीत जायें। एक ज़िन्दगी काफ़ी नहीं। अभी बहुत कुछ पढ़ना, लिखना और समझना है। समझ की पाठशाला की ये बस शुरुआत है। कुछेक किताबें आयी हैं। कई और आनी शेष हैं। रेडियो, टीवी और यू ट्यूब पर भी लागातार काम चल रहा है। पठन-पाठन और स्वाध्याय अब तक जारी है।

वे कहना नहीं भूलतीं कि अब उनके ख़्वाबों को आसमान मिला है, रेडियो के आँगन में सहारा मिला है। यहाँ बतौर अधिकारी कई कार्यक्रमों से जुड़ी हैं। 'हिन्दी टॉक', 'रेनबो', 'एफ़एम गोल्ड' और जाने कई कार्यक्रमों के साथ सरमाया रहा उनका। कई रेडियो कार्यक्रमों के ज़रिये महिलाओं में जन जागृति का स्रोत बन रही हैं। अपनी मज़बूत आवाज़ से उनके हक़ हुकूक की आवाज़ उठाती हैं। न्याय और समानता की पैरोकारी करती हैं। ये साहस और आत्म सम्बल उनके अपने आत्म संघर्ष से उपजा है।

आज बतौर भाषा अधिकारी भी कार्यक्रम को सहेजने और सँवारने में लगी हुई हैं। जिस रेडियो को अपने ख़्वाबों में सजाया था आज उन्हीं ख़्वाबों को आने वाली पीढ़ियों के लिए सँवारा। यही उनकी असल आमद है, यही उनकी उम्मीद की फ़सल। सन्तोष है कि जिन सपनो को देखकर वे बड़ी हुईं, उन्हें साकार किया। यही जीवन है, यही जीवन का चौरस्ता भी और यही मंज़िल भी।

रश्मि कुकरेती

पैक्स गोल्ड, एफ़एम आकाशवाणी

आँधी-तूफ़ान आये, बाढ़ आये, युद्ध आये लेकिन आकाशवाणी के योद्धा हमेशा डटे रहे, टिके रहे। जानकारी, जागरूकता, मनोरंजन का सिलसिला कोरोना काल में कभी थमने नहीं दिया। ऐसा ही एक नाम है रश्मि कुकरेती जी का जो दिल्ली आकाशवाणी के प्रसारण भवन में पैक्स पद पर कार्यरत हैं। रश्मि जी बताती हैं कि दिल्ली में ही मेरा जन्म हुआ। पिता घनश्याम नैथानी और माँ सरला नैथानी ने हमेशा मेहनत के साथ आगे बढ़ने की प्रेरणा दी। दिलचस्प बात यह है कि आकाशवाणी ना केवल अभी बल्कि सालों से लोगों का ना केवल मनोरंजन करता आ रहा है बल्कि ज्ञानवर्धन और देश-विदेश से जुड़ी ख़बरों को लोगों तक पहुँचाने में भी रेडियो का कोई सानी नहीं। तो भई हमारा बचपन भी आकाशवाणी पर प्रसारित उच्च कोटि के कार्यक्रमों को सुन कर परवान चढ़ा। उन दिनों रेडियो के विविध भारती कार्यक्रम और विशेषकर छुट्टी वाले दिन रविवार को नाटक सुनना मेरा सबसे पसन्दीदा काम था। रेडियो पर सदा ही भारतीय सभ्यता और संस्कृति को श्रोताओं तक अलग-अलग रूपों में प्रस्तुत किया गया है। रेडियो की ही देन है कि एक बालिका के कोमल मन पर शास्त्रीय संगीत से लेकर लेखन की समझ विकसित की।

मेरे लिए बहुत ही गौरव का पल था जब मुझे साल 1997 में यूपीएससी की परीक्षा पास करके देश के प्रतिष्ठित संस्थानों में से एक आकाशवाणी में पैक्स के रूप में काम करने का मौक़ा मिला। तो बस संगीता जी तभी से रेडियो जैसे मेरे जीवन में जीवन धारा बन गया है। आपको पता ही है कि लुटियन ज़ोन में बसे हमारे प्रसारण भवन की अपनी ऐतिहासिक पृष्ठभूमि भी है। ऐतिहासिक पृष्ठभूमि के साथ हमारा कार्यालय प्राकृतिक सुन्दरता से भी सराबोर है। महिला सशक्तीकरण

का सबसे ज्वलन्त उदाहरण आपको रेडियो में ही देखने को मिलेगा। जहाँ सम्पादन, लेखन और तकनीकी एवं सबसे महत्त्वपूर्ण वाचन का कार्य सबसे ज़्यादा महिलाएँ ही करती आ रही हैं। हमारे संस्थान में महिलाओं को उनकी प्रतिभा के हिसाब से काम करने और आगे बढ़ने का पूरा-पूरा मौक़ा दिया जाता है। इतना ही नहीं भारत सरकार ने एक अलग कमेटी का भी गठन किया है जिसमें अगर किसी महिला को किसी भी तरह की शिकायत या आपत्ति है तो वो बिना डरे शिकायक कर सकती है। आकाशवाणी एक ऐसा माध्यम है जिसमें काम करते हुए मुझे देश-विदेश के कलाकारों, साहित्यकारों और अलग-अलग क्षेत्रों की नामचीन हस्तियों का साक्षात्कार करने का मौक़ा मिला। रेडियो में विदेश प्रसारण विभाग भी है जिसमें विदेशी भाषाओं फ्रेंच, रशिया सहित कई भाषाओं में कार्यक्रमों का प्रसारण किया जाता है। मुझे यहाँ काम करते हुए पद्म पुरस्कार विजेताओं का साक्षात्कार करने का भी अवसर मिला। एक लाइन में कहें तो रेडियो मनोरंजन ही नहीं बल्कि ज्ञान अर्जित करने का अनूठा साधन है, जो आपको बाँध कर नहीं रखता, आप अपना काम करते हुए भी रेडियो सुन सकते हैं। दूसरी बात जो मैंने रेडियो में काम करते हुए महसूस की रेडियो आपकी प्रतिभा का कायल है और आपके काम के सच्चे जज आपके श्रोता ही होते हैं।

अभी मैंने 'पानी पर लिखी कहानी' जो हर शुक्रवार को 5 बजे प्रसारित होता है, 'आज के मेहमान' जो रविवार को प्रसारित किया जाता है जैसे कई महत्त्वपूर्ण कार्यक्रमों को श्रोताओं तक पहुँचाने का काम किया है। 'बहारें हमको ढूँढेंगी' कार्यक्रम में प्रसिद्ध और हर दिल अज़ीज़ अभिनेता फ़ारुख शेख़ का भी साक्षात्कार करने का मौक़ा मिला। वहीं 'रेडियो नाटक' एवं 'कहानियाँ बोलती हैं यहाँ' देश की लोकप्रिय युवा गायिका मैथिली ठाकुर के साथ झूला और कजरी कार्यक्रम किया।

देश में श्रोताओं तक एफ़एम रेडियो पहुँचाने में आकाशवाणी हमेशा बेमिसाल रहा है। समय के अनुसार अपने श्रोताओं की माँग को पूरा करने के लिए देश का पहला एफ़एम चैनल 1977 में चेन्नई में प्रायोगिक आधार पर लॉन्च किया गया था। 1984 में शुरू हुए आकाशवाणी के स्थानीय रेडियो स्टेशन सभी एफ़एम तकनीक पर आधारित थे। उस समय एफ़एम ट्रान्समीटर का उपयोग करके सामुदायिक रेडियो की अवधारणा पेश की गयी, जो स्थानीय आबादी की ज़रूरतों पर केन्द्रित स्थानीय कार्यक्रमों और कवरेज को भी प्रोत्साहित करता है। इस नये प्रयास ने श्रोताओं को पहली बार हाई-फ़िडेलिटी साउंड क्वालिटी का अनुभव कराया।

सबसे पहले पाठकों को यह जानना ज़रूरी है कि 1957 में ऑल इंडिया रेडियो का नाम बदलकर 'आकाशवाणी' रख दिया गया, जिसे प्रसारण और सूचना

मन्त्रालय देखने लगा। आकाशवाणी संस्कृत मूल का एक शब्द है जिसका अर्थ है 'आकाशीय घोषणा' या 'आकाश/स्वर्ग से आवाज़'। वहीं आकाशवाणी अंग्रेज़ी, हिन्दी के साथ-साथ कई क्षेत्रीय और स्थानीय भाषाओं में कार्यक्रम प्रदान करता है। पाठकों को एफ़एम गोल्ड चैनल की पृष्ठभूमि को जानना भी ज़रूरी है। तो आपको बताते हैं कि एफ़एम गोल्ड भारतीय रेडियो प्रसारण का एक प्रमुख चैनल है, जो आकाशवाणी द्वारा संचालित होता है। इसका उद्देश्य श्रोताओं को मुख्य रूप से समाचार, सम-सामयिक मुद्दे, और संगीत का संयोजन प्रदान करना है। दिल्ली में इसकी सफलता के बाद, इसे अन्य प्रमुख शहरों में भी विस्तार दिया गया, और धीरे-धीरे यह एक लोकप्रिय राष्ट्रीय चैनल बन गया।

एफ़एम गोल्ड आकाशवाणी के अन्य रेडियो चैनलों से इसलिए अलग और ख़ास था क्योंकि इसने एक विशेष संयोजन पेश किया था, जो अन्य चैनलों पर उतनी प्रमुखता से उपलब्ध नहीं था। एफ़एम गोल्ड का सबसे बड़ा आकर्षण है कि यह श्रोताओं को समाचार और करंट अफेयर्स के साथ-साथ मनोरंजन और संगीत भी प्रदान करता है। जहाँ अधिकतर एफ़एम चैनल मुख्य रूप से केवल संगीत पर ध्यान देते थे, एफ़एम गोल्ड ने सूचना और मनोरंजन का सन्तुलन बनाये रखा। एफ़एम गोल्ड पर श्रोताओं को कई शैक्षिक और सांस्कृतिक कार्यक्रम भी सुनने को मिलते हैं जिसमें साहित्य, इतिहास, और अन्य विषयों पर आधारित चर्चाएँ और कार्यक्रम इसे अधिक वैचारिक और सूचना-प्रधान बनाते थे। यह इसे शैक्षिक उद्देश्यों के लिए भी ख़ास बनाता है। संगीत के साथ-साथ एफ़एम गोल्ड ने कविता पाठ, नाट्य प्रस्तुतियाँ, सांस्कृतिक कार्यक्रम, और साक्षात्कार जैसे विविध कार्यक्रम भी पेश किये। यह उन श्रोताओं के लिए एक समृद्ध अनुभव प्रदान करता है, जो विविध प्रकार के कार्यक्रमों को सुनना पसन्द करते हैं। इसलिए एफ़एम गोल्ड का यह अनूठा संयोजन, सूचना और मनोरंजन की मिश्रित शैली, और ख़ासतौर पर संगीत प्रेमियों और समाचार के प्रति जागरूक लोगों के बीच इसे एक अलग और विशेष स्थान दिलाता है।

संगीता जी आपने एकदम सही शीर्षक दिया है कि रेडियो, दूरदर्शन और दूरदर्शन के अन्य निकाय चाहे वो डी डी न्यूज़ या फिर अन्य कोई चैनल सभी मिलकर ना केवल अलग-अलग विषयों पर उच्च कोटि के कार्यक्रमों को अपने दर्शकों और श्रोताओं तक पहुँचा रहे हैं बल्कि आज भी हमारा संस्थान ग्लैमर नहीं बल्कि समाज में मनोरंजन के साथ-साथ ज्ञान अर्जित करने में भी पूरा-पूरा सहयोग कर रहा है।

विनीता ठाकुर

कार्यक्रम कार्यकारी, अधिकारी एफ़एम गोल्ड

'दूरदर्शन : आधी आबादी की सशक्त गाथा' किताब पर काम करते हुए मुझे सौभाग्य से ऐसी महिलाओं से मिलने और मीडिया के तीन प्रमुख निकायों में अलग-अलग पदों पर काम करनी वाली ऐसी महिलाओं से मिलने का मौक़ा मिला। जिनसे मिलकर ना केवल मेरा ज्ञानवर्धन हुआ बल्कि मुझे यह भी पता चला कि समाज में रेडियो कितना उपयोगी है। आकाशवाणी एक ऐसा संस्थान जो समाज में उन लोगों के लिए वरदान है। जिनके पास अक्षर ज्ञान नहीं है वे अख़बार नहीं पढ़ सकते लेकिन रेडियो सुन सकते हैं। जो लोग अपनी दृष्टिहीनता के कारण न तो अख़बार पढ़ सकते हैं न टेलीविज़न देख सकते हैं, रेडियो उनका भी साथी है और पथप्रदर्शक भी। इस लिहाज से रेडियो ही एक ऐसा माध्यम है जिसे वास्तव में जनमाध्यम कहा जा सकता है।

इसके साथ ही जहाँ तक बात अपने देश की है तो यहाँ के सन्दर्भ में बहुभाषी, बहुसाँस्कृतिक और श्रोताओं की ज़रूरतों को ध्यान में रखकर रेडियो पर कार्यक्रम बनाये जाते हैं। रेडियो में मुख्य केन्द्र के अलावा सभी स्थानीय रेडियो केन्द्रों में अपार वृद्धि होने से स्थानीय लोग अपनी भाषा, रुचि, आवश्यकताओं एवं समय के अनुरूप कार्यक्रम सुन पा रहे हैं। अपनी इन विशेषताओं के कारण रेडियो आज भी श्रोताओं में पसन्द किया जाता है और पसन्द किया जाता रहेगा। दुनिया के सबसे बड़े लोकतान्त्रिक देश में रेडियो मीडिया का एक ऐसा माध्यम है, जिस पर लोग आज भी सबसे ज़्यादा भरोसा करते हैं। यह सब दिलचस्प बातें हमें बतायीं एफ़एम गोल्ड में कार्यक्रम कार्यकारी अधिकारी विनीता ठाकुर ने। उन्होंने बताया

कि रेडियो एक ऐसा माध्यम है जो श्रोताओं को बाँध कर नहीं रखता बल्कि आप अपने कार्यस्थल से लेकर विश्व के किसी भी हिस्से में घट रही घटनाओं और हो रहे परिवर्तनों की जानकारी चलते-फिरते भी प्राप्त कर सकते हैं।

रेडियो श्रोताओं को साथ लेकर चलता है और वह उनकी बुद्धि, सोच, और कल्पना शक्ति पर भरोसा करता है और उन्हें विस्तार तथा सोचने की खुराक भी देता है। कई बार हम सभी के मन के ताने-बाने के अनुरूप हमारे मिज़ाज में एक ऐसा एकाकीपन ज़रूर आता है, जब हम 'ग़ज़लों' की मखमली आवाज़ को सुनकर उसे गुनगुना कर उस वक़्त को बिताना चाहते हैं, ऐसे में रेडियो हमारा साथ निभाता है। चाहे किचन में काम करती हुई महिलाएँ, रातों में पहरा देते चौकीदार, सीमा पर देश की रखवाली करते हुए जवान या दफ़्तर से घर आने-जाने के दौरान ट्रैफ़िक में फँसे लोगों का रेडियो एक हमजोली की तरह साथ निभाता है।

क़रीब 30 साल से ज़्यादा रेडियो से जुड़ी विनीता जी बताती हैं कि मैं बिहार की रहने वाली हूँ। मेरे बचपन के समय में रेडियो का बहुत ही बोलबाला था। लोगों के घरों पर आपको उस समय तरह-तरह के सुन्दर-सुन्दर रेडियो देखने को मिलते थे। अगर यह कहाँ जाये कि रेडियो के बिना उस समय ज़िन्दगी की कल्पना भी नहीं की जा सकती थी, तो कुछ ग़लत ना होगा। तो भई समय और ज़रूरत को देखते हुए उस समय हमारे घर में भी बहुत बड़ा सा रेडियो था, जिसे हम बहुत ही सुन्दर कुशन कवर से सजा कर रखते थे। मैं जब अपने मामा-मामी के घर जाती जो ठीक रेडियो स्टेशन के पीछे था। मेरे मामा एक सरकारी अधिकारी थे और उन्हें सरकारी घर मिला हुआ था। उनके घर पर मैं जब भी फ़ोन मिलाती तो पीछे से हमेशा रेडियो पर प्रसारित कार्यक्रमों की आवाज़ आती थी। इस आवाज़ ने नन्ही विनीता के मन पर हमेशा-हमेशा के लिए एक अमिट छाप छोड़ दी थी, जिसकी बदौलत मैं बचपन से लेकर आज तक रेडियो से जुड़ी हूँ। रेडियो के प्रति मेरा लगाव बढ़ता ही जा रहा था, एक बच्ची का कोमल मन रेडियो की हसीन दुनिया को महसूस करना चाहता था, रेडियो को क़रीब से जानना चाहता था। इसी उधेड़बुन में मैंने एक दिन अपनी मामी को कहा कि हमको रेडियो स्टेशन ले चलिये तो उन्होंने वहाँ के प्रोड्यूसर से बात की। उन प्रोड्यूसर का नाम था जनार्दन राय। मेरा सौभाग्य है कि इतनी कम उम्र में ही मुझे जनार्दन राय जैसी महान हस्ती का सानिध्य मिला, उस समय जनार्दन राय आकाशवाणी, पटना के ड्रामा प्रोड्यूसर थे। उन्होंने उस समय रेडियो पर ऐसे नाटकों का मंचन किया था, जिसे आने वाली पीढ़ियाँ भी सालों तक याद रखेंगी। 'एकलव्य', 'एक नाम चाहिए', 'चमत्कार', 'काली लड़की', 'नया आकाश',

और 'रात बिक गयीं' प्रमुख नाटक है। नाट्य विद्या के विकास के लिए तत्पर रहने वाले जनार्दन राय ने नाट्य भारती नामक नाट्य संस्था स्थापित की। लेखन में गहन रुचि रखने वाले जनार्दन राय जी को लेखन और नाट्य मंचन के द्वारा साहित्य और नाटक के क्षेत्र में उत्कृष्ट योगदान के लिए कई संस्थाओं द्वारा सम्मानित और पुरस्कृत भी किया था। इसके साथ-साथ वो साल 1990-91 में राष्ट्रीय फ़िल्म फ़ेस्टिवल में जूरी पद पर भी सुशोभित रहे। आप कह सकते हैं कि मेरे बाल मन पर उनके कार्य और लेखन का बहुत गहरा प्रभाव पड़ा। ज़िन्दगी में रेडियो पर काम करने का मौक़ा मुझे इस महान हस्ती के करकमलों द्वारा मिला। उस समय मेरी उम्र मात्र 8 साल रही होगी जब मैंने रेडियो पर प्रसारित 'बाल कार्यक्रम' में भाग लिया। उस समय बाल कार्यक्रम लाइव जाता था। कार्यक्रम में भाग लेते हुए मैं बहुत घबरा गयी थी, मैंने बस एक चुटकुला सुनाया था। लेकिन वो अनुभव मुझे जीवन में सदा-सदा के लिए रेडियो का दीवाना बना गया। ख़ैर फिर मैं अपनी पढ़ाई और बाक़ी चीज़ों में व्यस्त हो गयी। उसके बाद मैंने रेडियो में बहुत सालों बाद क़दम रखा और वो भी तब जब मैंने अपनी पढ़ाई पूरी करने के बाद ट्रान्समिशन एग्जीक्यूटिव के पद के लिए लिखित परीक्षा पास कर ली थी। लिखित परीक्षा के बाद मुझे साक्षात्कार के लिए पटना रेडियो स्टेशन बुलाया गया था। इस साक्षात्कार लेने वालों में रेडियो की बड़ी-बड़ी दिग्गज हस्तियाँ शामिल थीं। रेडियो में काम करने और अपने कार्यक्रमों को बेहतर बनाने के लिए शब्दों का ज्ञान, लेखन कार्य और रेडियो में आवाज़ को श्रोताओं तक पहुँचाने के लिए रोचक बनाने के लिए मैंने अपने ज्ञान को बढ़ाने के साथ-साथ बहुत मेहनत भी की।

जहाँ तक आपने बात की संगीता कि रेडियो में सबसे बड़ी चीज़ आपने क्या सीखी?

तो मैं यही कहूँगी कि रेडियो आपको शब्द, शब्द का अर्थ और शब्द का उच्चारण और इन सबको एक साथ पिरोकर श्रोताओं तक पहुँचाना सिखाता है। आकाशवाणी से जुड़कर मैंने अपने क्षेत्र में अपने आप में एक इंगेजमेंट किया वह था वॉइस माड्यूलेशन, नाटक उसके बाद कुछ लिखने की जो एक शैली थी उसको रेडियो के हिसाब से कैसे आप ऑडियो के स्क्रिप्ट लिखने हैं, कैसे उसको एक्सप्लेन करते हैं जो विजुअल इम्पैक्ट है वह सब करना शुरू किया।

इन सब बातों का ध्यान रखते हुए जब आप काम करते हैं आपका इंटरेस्ट और बढ़ता जाता है क्योंकि आपका फुल प्रोफ़ेशन या एक शब्द में कहें तो रेडियो बन चुका है। रेडियो ने ना केवल मुझे पहचान दी बल्कि मेरे लेखन को भी निखारा।

रेडियो में काम के साथ-साथ मैंने पटना से प्रकाशित कुछ पत्रिकाओं के लिए लिखना भी शुरू किया। इस पत्रिका का नाम क़ाफ़िला था, यह पत्रिका मुम्बई से प्रकाशित होती है। इस पत्रिका में मैं साक्षात्कार करके फिर उन्हें लेख के रूप में अंग्रेज़ी में लिखती थी। रेडियो एक ऐसा माध्यम है, जहाँ अलग-अलग पदों पर बहुत सारी महिलाएँ काम करती हैं। जब किसी संस्थान में बहुत सारी महिलाएँ काम करती हों तो महिलाओं की सोच और उनका ज्ञान भी उनके काम के माध्यम से लोगों तक पहुँचता है। हमारे कार्यक्रम, गीत और रेडियो प्रसारण में भी आपको महिला सशक्तीकरण की झलक देखने को मिलेगी। मेरे लिए और बाक़ी महिलाओं के लिए भी यह गर्व की बात है कि रेडियो में सास-बहू के झगड़ों और समाज को धूमिल करने वाले विषयों की जगह देश-विदेश, साहित्य, खेल और शिक्षा जैसे सभी विषयों पर जानकारी श्रोताओं तक पहुँचाने के लिए कार्यक्रमों का प्रसारण रेडियो की स्थापना से लेकर आज तक किया जा रहा है।

शब्द और आवाज़ मुझे लगता है कि दुनिया की सबसे बड़ी ताक़त है। इन दोनों की बदौलत आप देश दुनिया में हर उम्र और किसी भी समय सम्पर्क बना सकते हैं। दिल्ली आकाशवाणी में क़रीब 16 सालों से काम के दौरान मुझे राष्ट्रपति, प्रधानमन्त्री सहित अन्य क्षेत्रों की बड़ी हस्तियों का साक्षात्कार करने का भी मौक़ा मिला। आकाशवाणी में काम करते हुए इतना अरसा बीत गया बहुत सारे लोगों से बातचीत हुई और बहुत सी गण्यमान्य हस्तियों का साक्षात्कार भी किया। इन साक्षात्कारों में आप कह सकते हैं कि क्रिकेटर कपिल देव, फ़िल्म अभिनेता विवेक ओबरॉय सहित कई नामचीन लोग शामिल हैं।

मन्नू भंडारी हिन्दी साहित्य जगत की एक महान लेखिका, कहानीकार व उपन्यासकार मानी जाती है। मन्नू भंडारी 1960 के दशक के नयी कहानी आन्दोलन में एक मुख्य महिला लेखिका भी रही हैं। जब नयी कहानी आन्दोलन अपने उत्थान की ओर अग्रसर था, तब इन्होंने हिन्दी कहानी लेखन में अपनी सक्रिय भूमिका निभाई थी। ऐसी महान हस्ती का भी मुझे साक्षात्कार करने का मौक़ा मिला। आप समझ नहीं सकते जिस लेखिका को आप ने केवल किताबों में पढ़ा हो, जिसके शब्द आपको जीवन की राह दिखाते हों, ऐसे किसी व्यक्ति के साथ आपको साक्षात्कार का अवसर मिले तो फिर क्या ही बात है।

हिन्दी की सर्वाधिक लोकप्रिय लेखिकाओं में से एक मृदुला गर्ग के साथ भी आकाशवाणी पर एक कार्यक्रम करने का मौक़ा मिला। जैसा कि सभी जानते हैं कि साहित्यिक जगत में मृदुला गर्ग का नाम अग्रिम श्रेणी में शामिल होता है। निबन्ध,

कहानी और नाटक जैसी विधाओं में मृदुला की 30 से अधिक पुस्तकें प्रकाशित हो चुकी हैं। इनकी किताबों का जर्मन, चेक, जापानी और अंग्रेज़ी समेत कई विदेशी भाषाओं में अनुवाद भी हो चुका है। मृदुला को उपन्यास 'मिलजुल मन' के लिए साहित्य अकादेमी से सम्मानित भी किया जा चुका है।

रेडियो मेरे लिए एक माध्यम बना जिसमें रहकर मुझे एक से बढ़कर एक हस्तियों के साथ मिलकर काम करने का मौक़ा मिला और दिलचस्प बात यह है कि हर हस्ती से मुझे कुछ न कुछ सीखने और आत्मसात करने का मौक़ा मिला। आपको एक दिलचस्प वाक़या बताती हूँ कि आज के दौर के मशहूर गायक अरिजीत सिंह जी की सादगी देखकर आकाशवाणी के सुरक्षाकर्मी ने उन्हें अन्दर नहीं आने दिया। इतने बड़े कलाकार होकर भी उन्होंने सुरक्षाकर्मी का पूरा सम्मान किया और नियमों का पालन करते हुए अन्दर आये। इस वाक्य से मुझे यह सीखने को मिला कि हमें पद से नहीं बल्कि बड़प्पन से व्यवहार करना चाहिए। इसके साथ-साथ बड़ा स्टार होना ज़रूरी नहीं है बल्कि बड़प्पन होना ज़रूरी है। देश की आन-बान और शान राष्ट्रपति द्रौपदी मुर्मु जी का साक्षात्कार जब केन्द्रीय मन्त्री स्मृति ईरानी जी ने किया था, तो उसका सम्पादन और प्रसारण कार्य करने का मुझे ही अवसर मिला था।

आज के दौर में भले ही इंटरनेट का स्तर और प्रसार काफ़ी बढ़ गया है लेकिन कई घरों से वह पारम्परिक रेडियो के बजने की आवाज़ आज भी सुनाई देती है। रोज़ सुबह रेडियो पर भगवान के भजनों के साथ दिन की शुरुआत करना अपने आप में एक सुखद अनुभव होता है। संगीता आप केवल महिला सशक्तीकरण की बात कह रही हैं जबकि मैं कहना चाहूँगी कि रेडियो इतना व्यापक है कि इसकी शब्दों में कल्पना और व्याख्या करना कठिन है। रेडियो लोकतन्त्र की अवधारणा को साकार करता है। समाज का सबसे अन्तिम व्यक्ति भी इसके द्वारा उच्चरित शब्दों को सुनकर अपनी अभिव्यक्ति की स्वतन्त्रता की अनुभूति करता है और अभिव्यक्ति की स्वतन्त्रता न केवल लोगों के व्यक्तित्व के विकास के लिए आवश्यक है बल्कि राष्ट्र के विकास के लिए भी अनिवार्य है। मुझे गर्व है कि इस सशक्त माध्यम की मैं एक छोटी-सी सिपाही हूँ।

दूरदर्शन

प्रतिमा पुरी

दूरदर्शन की पहली महिला एंकर

क़रीब 200 साल की ग़ुलामी के बाद जब लाखों लोगों की क़ुर्बानियों और त्याग के बाद देश को आज़ादी मिली, तब केवल कुछ ही सालों बाद देश ने अपने प्रायोगिक प्रसारण की शुरुआत की। जी हाँ 15 सितम्बर 1959 को एक छोटे ट्रांसमीटर और एक अस्थायी स्टूडियो के साथ दूरदर्शन ने दिल्ली में अपना प्रायोगिक प्रसारण शुरू किया था। ख़बरों को लोगों तक पहुँचाने के लिए यह मात्र 5 मिनट का समाचार बुलेटिन था और इसकी पहली महिला एंकर थीं प्रतिमा पुरी। आप सभी पाठक जानते हैं कि आज भी सरकार को देश में कन्या भ्रूण हत्या को रोकने के लिए समय-समय पर सरकारी अभियानों को चलाना पड़ता है। तो साथियो मैं बात कर रही हूँ उस समय की जब देश में महिलाएँ ना केवल चारदीवारी तक ही सीमित होती थी बल्कि मीडिया में एक एंकर के रूप में आने की तो कल्पना भी नहीं की जा सकती थी। दूरदर्शन में सदा महिलाओं को ना केवल सम्मान बल्कि अपनी प्रतिभा को निखारने का पूरा-पूरा मौक़ा दिया जाता है। यह केवल एक वाक्य नहीं बल्कि इतने कठिन दौर में भी एक महिला को एंकर बनाया गया, इस बात का सबूत है। भारतीय संस्कृति और सभ्यता के परिधान पहने एक महिला एंकर ने जब करोड़ों लोगों के बीच पहली बार समाचारों को पेश किया, तो एक नये युग की शुरुआत हुई, जिसने मीडिया में आने वाली महिलाओं की पीढ़ियों के लिए सदा-सदा के लिए अपनी प्रतिभा को दिखाने के द्वार खोल दिये। दूरदर्शन ने महिला एंकर को सरस्वती माँ की तरह ज्ञान की देवी के रूप में दर्शकों के बीच प्रस्तुत किया जो आपको ख़बरों के माध्यम से ना केवल ज्ञान बल्कि देश-विदेश में चल रही घटनाओं से भी

अवगत कराती थी। साड़ी पहने माथे पर बिंदिया लगाये जब प्रतिमा जी ने समाचारों को दर्शकों के बीच प्रस्तुत किया, तो दूरदर्शन ने मानो देश में सूचना क्रान्ति में एक नया अध्याय जोड़ दिया।

शब्दों का एकदम सही उच्चारण, लोगों को आकर्षित करने वाली आवाज़ की धनी प्रतिमा जी दूरदर्शन से पहले रेडियो में भी काम कर चुकी थीं। हिमाचल प्रदेश के शिमला में जन्मी प्रतिमा जी ने एक छोटे से शहर से देश की राजधानी में आकर दुनिया के सबसे बड़े लोकतान्त्रिक देश में मीडिया में महिलाओं की भूमिका को नया रूप दिया। उन्हें एक ऐसी आवाज़ का वरदान मिला था जो प्रसारण के लिए बनी थी, जिसने रेडियो स्टेशन पर उनके करियर के लिए बहुत अच्छा काम किया। बाद में, जब भारत सरकार ने अपना ख़ुद का चैनल चलाने का फ़ैसला किया, तो पुरी को समाचार उद्घोषक के रूप में चुना गया।

दूरदर्शन में साल 1975 तक दिल्ली के अलावा अन्य शहरों में टेलीविज़न सेवा नहीं थी, और दूरदर्शन ही एकमात्र टेलीविज़न का साधन था। भारत सरकार का यह बड़ा क़दम दर्शकों के लिए किसी बड़ी क्रान्ति से कम ना था। प्रतिमा जी को उनके सरल रूप, मधुर आवाज़ और प्रस्तुति ने दर्शकों के बीच बहुत ही लोकप्रिय बना दिया और परिणाम यह हुआ कि वो अपने समय की एक प्रतिष्ठित हस्ती बन गयीं। दूरदर्शन में अपने समय के दौरान, उन्होंने अन्तरिक्ष की यात्रा करने वाले पहले व्यक्ति यूरी गगारिन सहित अभिनेताओं, राजनेताओं और वैज्ञानिकों जैसी कई प्रसिद्ध हस्तियों का साक्षात्कार भी किया, जिससे यह भी कहा जा सकता है कि प्रतिमा पुरी देश के मीडिया में पहली महिला एंकर और रिपोर्टर थीं। इतिहासकारों का कहना है कि देश के प्रथम प्रधानमन्त्री पण्डित जवाहरलाल नेहरू और उनकी बेटी इन्दिरा गांधी ने भी प्रतिमा जी द्वारा एक कार्यक्रम के संचालन के दौरान खड़े होकर उनका सम्मान किया था।

कार्यक्रम में मौजूद लोग भी प्रतिमा जी की सादगी और आकर्षित आवाज़ के क़ायल हो गये थे। उन्होंने लम्बे समय तक दूरदर्शन में काम किया। प्रतिमा जी ने बाद में दूरदर्शन में आने वाली अन्य महिला एंकरों को समाचार वाचन और शब्दों के उच्चारण के लिए प्रशिक्षित भी किया।

जब मैं 'दूरदर्शन : आधी आबादी की सशक्त गाथा' की बात करती हूँ तो उसमें सबसे बड़ा योगदान प्रतिमा पुरी जैसी हस्तियों का है। जिन्होंने घर की चारदीवारी के बाहर की दुनिया से महिलाओं को रू-ब-रू करवाया।

उन्होंने महिलाओं को यह चरितार्थ कर दिखाया कि कैसे महिलाएँ भी घूँघट से बाहर निकलकर नयी दुनिया का आगाज़ कर सकती हैं। उन्होंने देश की आज़ादी के शुरुआती दिनों में ही ऐसी नज़ीर पेश की जो मीडिया में महिलाओं को आज तक प्रेरणा दे रही है। प्रतिमा जी ने बताया कि कैसे मीडिया ने महिलाओं को राष्ट्रीय और अन्तरराष्ट्रीय स्तर पर संसाधनों से जोड़ा है। साथ ही मीडिया ने महिलाओं को जुड़ने, अनुभव साझा करने, और अपनी आवाज़ बुलन्द करने का एक शक्तिशाली ज़रिया दिया है। इतना ही नहीं मीडिया ने महिलाओं को सामाजिक, मनोवैज्ञानिक, और वित्तीय रूप से सशक्त भी बनाया है।

मन्ना बहादुर

पूर्व एंकर एवं लेखिका, दूरदर्शन

ख़ुदी को कर बुलन्द इतना कि हर तक़दीर से पहले
ख़ुदा बन्दे से ख़ुद पूछे बता तेरी रज़ा क्या है।

ज़िन्दगी में 'अल्लामा इक़बाल' के इन शब्दों को आपने बहुत बार सुना होगा, लेकिन अपने जीवन में मन्ना बहादुर ने इन शब्दों को चरितार्थ कर दिखाया है। बिहार से निकलकर देश की राजधानी दिल्ली में आकर टेलीविज़न की दुनिया में 80 के दशक में समाचार एंकर बनना कोई आसान काम नहीं था। देश के एकमात्र और सबसे बड़े चैनल दूरदर्शन में उस समय उन्होंने छोटे शहरों की महिलाओं के लिए मीडिया के दरवाज़े खोले। उन्होंने समाज में यह साबित किया कि हौसले बुलन्द हों तो कुछ भी हासिल किया जा सकता है। माना जाता है कि मन्ना बहादुर बिहार की पहली महिला टीवी एंकर रही हैं। जिन्होंने डीडी, बिहार और ऑल इंडिया रेडियो, पटना में काम किया है। इनका जीवन, संघर्ष और हौसले का जीता-जागता उदाहरण भी है। एंकर के तौर पर काम करने के दौरान ही इनकी आवाज़ चली गयी। पर ये निराश नहीं हुईं। इन्होंने चित्रकला और लेखन को विचार अभिव्यक्ति का माध्यम बनाया। इन क्षेत्रों में भी अपने झण्डे गाड़े और अंग्रेज़ी में भी महिला उपन्यासकार बनीं। इनकी लिखी किताब को अमेरिका की स्टेनफ़ोर्ड यूनिवर्सिटी की लाइब्रेरी ने जगह दी है।

इनका साक्षात्कार मेरे लिए बहुत ख़ास रहा क्योंकि मेरे साथ ऐसा पहली बार हुआ कि किसी बड़ी हस्ती का साक्षात्कार मैंने केवल और केवल लेखन के माध्यम से किया हो, उनसे कोई भी बात ना की हो।

प्रश्न : सबसे पहले यह सविस्तार जानना चाहती हूँ कि एक एंकर की आवाज़ ही सब कुछ होती है। आपकी आवाज़ कैसे चली गयी और फिर कैसे आपने लेखन और जीवन को जीया।

उत्तर : संगीता आपने ज़माने के बाद मुझे अपनी किताब के लिए सम्पर्क किया, मुझे ख़ुशी हुई। धन्यवाद।

मुझे दूरदर्शन उस वक़्त छोड़ना पड़ा था, जब मैं दूरदर्शन की बहुचर्चित उद्घोषिकाओं में सर्वोपरि थी और समाचार वाचिकाओं की श्रेणी में आ पहुँची थी। मेरी आवाज़ कैसे और क्यूँ चली गयी, ये मेरे लिए आज भी एक पहेली है। मगर इसके बारे में विस्तारपूर्वक मैंने अपनी किताब 'दूरदर्शन डेज' में लिखा है। पाठक चाहें तो एमज़ॉन से मँगा कर पढ़ सकते हैं। वैसे ये कई किताब की दुकानों में भी मिल रही है।

दूरदर्शन में भी सभी चकित थे कि मैं कहाँ ग़ायब हो गयी? मैंने किसी को नहीं बताया क्योंकि मुझे भरोसा था कि इलाज़ से मेरी आवाज़ वापस लौट आयेगी, फिर अपने काम पर लौट आऊँगी। मगर दुर्भाग्यवश ऐसा हुआ नहीं। मेरी आवाज़ ख़राब ही होती गयी और बिना आवाज़ के मैं दूरदर्शन में करती भी क्या? आपने सही कहा है, टीवी के लिए सिर्फ़ चेहरा या व्यक्तित्व ही नहीं, आवाज़ के बिना आप कुछ नहीं कर सकते। मुझसे एक प्रोड्यूसर ने कहा था कि आप आइये हम किसी और की आवाज़ आपके लिए इस्तेमाल कर लेंगे। ये उनकी संवेदनशीलता थी, बड़प्पन था। मैं सच्चाई से वाक़िफ़ थी।

मेरे लिए ये समय दर्दनाक था, किसी काल कोठरी से कम न था; उस चमक-दमक की दुनिया से दूर, अपने प्रशंसकों से दूर-गुमनामी के अँधेरे में मैं अपने आप को ढूँढ़ती, दूरदर्शन की कामयाबियों को भुला कर नयी ज़िन्दगी जीने के, नये रास्ते, नये आयाम तलाशती, हालात से समझौता करने के बहाने ढूँढ़ती रहती थी।

मैं अवसाद (डिप्रेशन) की शिकार होती जा रही थी, अपने आप पर तरस खाती और आँसू बहाती। फिर कभी सोचती–मैं ऐसी तो नहीं थी, मैंने तो हर मुश्किल घडी से लड़ना सीखा है। मेरे पिताजी अक्सर कहते थे–कभी भी आशा, उम्मीद के दिये को बुझने मत देना। अगर हम अपनी सोच सकारात्मक रखें तो परिस्थितियों से लड़ना हमारे बस में है। फिर मैंने सोचना शुरू किया कि कैसे मन को बहलाऊँ? क्या करूँ?

मुझे पेंटिंग का शौक़ था। शादी के कुछ बरसों बाद जब घर के काम से फ़ारिग होती तो मैं कैनवास पर रंगों से खेलती थी। कलकत्ता के उस समय के सबसे

प्रभावशाली आल इंडिया फाइन आर्ट्स एंड क्राफ्ट्स सोसायटी के हॉल में मैंने अपनी पेंटिंग्स की प्रदर्शनी लगायी थी, साथ में कुछ हस्तशिल्प कलाकृतियाँ भी थीं जो अपनी एक सहेली के साथ मिलकर मैंने तैयार की थीं। बड़ी ज़बरदस्त सफलता मिली थी, अच्छी बिक्री भी हुई थी पेंटिंग्स और कलाकृतियों की।

अब एक बार फिर अपने चारों ओर फैले घोर सन्नाटे और उदासी को मैंने रंगों से निखारने का प्रयत्न किया।

मेरे मन को बढ़ावा मिला जब इंडिया हैबिटैट सेंटर में मेरी पेंटिंग्स की प्रदर्शनी ने लोगों को अपनी ओर आकर्षित किया। एयरपोर्ट अथॉरिटी के डायरेक्टर ने मुझे निमंत्रित किया कि मैं एयरपोर्ट पर अपने चित्रों को दर्शाऊँ। वहाँ मेरी पेंटिंग ख़ूब बिकी। कुछ विदेशियों ने ख़रीदा और एक कलकत्ता के वन विभाग संगठन ने तो एक साथ 6 कैनवास ख़रीदे, उनमें से कुछ को ग्रीटिंग कार्ड पे छापा और फिर हर साल मुझसे आग्रह करते कि अपने कार्ड्स के लिए कुछ रंगीनियाँ उन्हें दूँ।

पेंटिंग के अलावा मेरा एक और बड़ा पुराना शौक़ था–कविता, कार्ड्स शेर-ओ-शायरी, गीत ग़ज़ल लिखना। ये मैं तब से लिखती थी जब मैं शायद दस-बारह साल की थी। लगे हाथों कुछ छोटी मोटी कहानियों को लिखने का भी प्रयास करती, जो एक या दो अनुच्छेद से आगे नहीं बढ़ता था–क्योंकि इतना धैर्य, इतना संयम उस उम्र में कहाँ होता है?

जब मेरा लेख विशेष मौक़े पर स्कूल असेम्बली में पढ़ा गया, तो अपने पर विश्वास गहराया। लगा कि इतना बुरा नहीं लिखती हूँ, आत्मविश्वास बढ़ा। फिर कॉलेज में तो लगा कि मैंने अपनी लेखनी का झण्डा गाड़ दिया हो। जिस भी अन्तर कॉलेज या इंटर यूनिवर्सिटी कविता प्रतियोगिता में भाग लिया–पुरस्कार मिलना जैसे निश्चित सा हो गया था। मेरी ख्याति कुछ यूँ फैली कि जहाँ जाती, वहाँ के लड़के सिर ठोंक कर कहते उफ़!

फिर आ गयी! मेरे कानों में उनकी ये कड़वाहट मिश्री घोल जाती थी।

मेरी कुछ कहानियाँ भी इस दौर में पुरस्कृत हुईं। तो जब आवाज़ गयी, दूरदर्शन से नाता छूटा, फिर पेंटिंग के अलावा मेरी लेखनी मेरी आवाज़ बनी। मेरे एक सहकलाकार ने मुझसे पूछा कि क्या मैं कुछ टीवी सीरियल के लिए स्क्रिप्ट लिख सकती हूँ? हाथ कंगन को आरसी क्या–मैंने सहर्ष स्वीकार किया और कुछ सीरियल के एपिसोड्स लिखने लगी। उसी बीच एक बड़ा काम मिला एक पूरा सीरियल लिखने का, एक प्रतिष्ठित मीडिया हाउस से। उसके पचास एपिसोड्स लिख कर

सौंप चुकी थी, जब उस प्रोडक्शन हाउस के निजी माली हालात की वजह से, उन्होंने अपनी कम्पनी बन्द कर दी।

वे पचास लिखे हुए एपिसोड बेकार न जायें, सोचकर उनमे कुछ तब्दीली कर अपना पहला उपन्यास लिखा 'नीलांजना' और फिर लिखने का सिलसिला चल पड़ा। हिन्दी और इंग्लिश दोनों भाषाओं में मैंने कई उपन्यास लिखे। साथ ही मेरी काव्य रचनाओं की भी किताबें छपीं। मेरी कुछ किताबों का अनुवाद मराठी और श्रीलंका की सिंहली भाषा में भी हुआ, और वे भी उतनी ही सफल हुईं।

रचनात्मकता एक नशा होता है, मेरे लिए यह एक मैडिटेशन है जो मुझे बेहद शान्ति और आत्मविश्वास देता है। किसी भी दिन अगर कुछ रचनात्मक न लिखूँ, जो बेशक एक पंक्ति ही क्यों न हो–मेरी बेचैनी नहीं जाती है। वो एक पंक्ति भले ही ट्विटर पर कोई कटाक्ष या फ़ेसबुक, इंस्टाग्राम के लिए कोई विशेष टिप्पणी ही क्यों न हो!

अब मैं अपनी टीवी की ज़िन्दगी से बहुत दूर, बहुत आगे निकल आयी हूँ।

मैंने पीछे मुड़कर सिर्फ़ तभी देखा जब अपने दूरदर्शन के अनुभवों को जग से साझा करने के लिए किताब 'दूरदर्शन डेज' लिखी, जिसकी आज काफ़ी चर्चा है, क्योंकि दूरदर्शन के स्टूडियोज़ के अन्दर की गतिविधियों को पहली बार दूरदर्शन के दर्शकों, प्रेमियों तक पहुँचाने की यह पहली कोशिश है जिसका भरपूर आनन्द पाठकगण ले रहे हैं।

प्रश्न : इस किताब के लिए मैं आप से जानना चाहती हूँ, क्या बचपन में कभी दूरदर्शन को देखकर आपके मन में आया कि मैं भी बड़े होकर एंकर बनूँगी। आपके बचपन का कोई अनुभव सविस्तार बतायें?

उत्तर : मन्ना बताती हैं कि बिहार की राजधानी पटना में साल 1948 में मेरा जन्म हुआ था। उन्होंने बताया कि मेरे करियर की शुरुआत बचपन में ही हो गयी थी। ऑल इंडिया रेडियो, पटना मेरे लिए दूसरे घर जैसा था, जहाँ मैं बतौर चाइल्ड आर्टिस्ट काम किया करती थीं।

जब मैं छोटी थी तब केवल आकाशवाणी का बोलबाला था, दूरदर्शन नहीं था। आकाशवाणी पटना में मैंने एक नियमित बाल कलाकार के रूप में काम किया था। हर हफ़्ते शिशु भवन नाम से एक कार्यक्रम होता था, जिसमें मेरे अलावा एक लड़का जिसे निखट्टू बुलाते थे, और दीदी होती थीं। हर हफ़्ते मुझे पाँच रुपये मिलते थे जो उस ज़माने के लिए एक शानदार रकम थी। मेरे नाम से मेरे फैन मेल्स भी आते थे, मगर उसकी अहमियत मुझे तब मालूम नहीं थी।

आकाशवाणी के जिस भी ड्रामा में अगर किसी बच्चे का किरदार हो, तो उसके लिए मुझे बुलाया जाता था।

मुझे याद है एक बार जब एक ड्रामा लाइव प्रसारित हो रहा था, तब जितने भी वयस्क कलाकार थे, वे तो माइक के पास खड़े होकर अपना रोल अदा करते थे, पर मैं छोटी थी इसलिए एक स्टूल रखा जाता था जिस पर चढ़ने में अन्य कलाकार मेरी मदद करते थे। सर्दियों के दिन थे, मैं कोट पहने हुई थी जिसकी जेब में ढेर सारे कंचे थे, क्योंकि मुझे कंचे खेलने का ख़ूब शौक़ था।

जैसे ही स्टूल पर ऊपर चढ़ी, मेरे कोट की जेब उल्टी हुई और उसमें से ठना-ठन करके बारह-चौदह कंचे नीचे फ़र्श पर लुढ़कने लगे। मँजे हुए कलाकारों ने तुरन्त कुछ कहकर ड्रामे को सँभाला। उसके बाद से स्टूडियो पहुँचते ही मेरी जेब की तलाशी ली जाती थी। वैसे ख़ाली समय में सारे कलाकार मिलकर मेरे साथ कँचे खेलते थे। मुझे बड़ा मज़ा आता था।

आकाशवाणी पटना के स्टूडियो में पहली बार मैं अपनी दीदी के साथ गयी थी–तब शायद चार-पाँच बरस की थी। उस कार्यक्रम का नाम था–बाल मण्डली। कई बच्चे थे वहाँ, पर गोल-मटोल सी मैं सबसे छोटी थी।

तो भैया जो संचालन कर रहे थे उन्होंने मुझसे पूछ दिया कि आज क्या खा कर आयी हो?

बचपन की मासूमियत झूठ से अनभिज्ञ होती है। मैंने बड़ी सादगी से सच कहा–रोटी-चीनी।

उन्होंने पूछा, माँ को रोटी बनाते देखा था?

मैंने सर हिलाकर हामी भर दी।

कैसे बनती है रोटी बताओगी?

मैंने फिर सर हिलाकर हाँ कहा और बनाने की पूरी विधि हाथ के इशारे से समझा दिया–ऐसे आँटा गूँधा फिर ऐसे बेली फिर तवे पर डाली, और बन गयी रोटी।

वहाँ मौजूद सब हँसने लगे। मेरी समझ में नहीं आया कि क्या हुआ?

जब स्टूडियो से बाहर निकली तो वहाँ खड़ी एक महिला ने लपककर मुझे गोदी में उठा लिया और मेरा नाम रख दिया चीनी-रोटी।

आकाशवाणी पटना में फिर तो मैं इसी नाम से मशहूर हो गयी। स्टेशन डायरेक्टर ने भी मुझे बुलवा भेजा मिलने के लिए।

मैं बहुत हैरान हुई थी कि मैंने तो अपनी बात उस कमरे में कही थी, इन लोगों ने कैसे सुन लिया?

तब शायद पहली बार मुझे थोड़ा सा ज्ञान हुआ था ब्राडकास्टिंग का, कि कोई जादू है जिससे आप उस बन्द कमरे में जो भी बोलो वो बाहर भी लोग सुन सकते हैं।

दूरदर्शन प्रयोगात्मक तौर पर 1956 में शुरू हुआ था, जो कभी-कभी ही प्रसारित होता था, वो भी बस कुछ मिनटों के लिए। इसका प्राथमिक रूप मैंने बचपन में एक साइंस से जुड़ी प्रदर्शनी में देखा था कलकत्ते में, और बहुत प्रभावित हुई थी। उस समय ये कोई तिलिस्म ही लगता था। मालूम नहीं था कि यही जादू की डिबिया मेरा मुकेद्दर होगी, ये जीवन में इतने गहरे छाप छोड़ेगी कि जिसके एक-एक क्षण का ब्यौरा मैं 'दूरदर्शन डेज' में लिख पाऊँगी। मेरे कुछ सह-कलाकारों ने पूछा भी कि इतनी सारी बातें तुम्हें कैसे याद रह गयीं?

प्रश्न : मीडिया एक ऐसा क्षेत्र है जिसमें आपका अथक परिश्रम, तेज़ दिमाग़ और बिना रुके निरन्तर काम करने की क्षमता किसी भी पत्रकार में होनी चाहिए। आपके विचार?

उत्तर : आपने सही कहा है संगीता। रेडियो, पत्रकारिता और टीवी ऐसा माध्यम है जिसमें तेज़ दिमाग़ के साथ ही हर क्षेत्र की जानकारी रखना, सही भाषा लिखना और बोलना जो लोग समझें और एकाग्रचित मन:स्थिति नितान्त आवश्यक है। उस मुकाम तक पहुँचना कि जब आपकी अदायगी बिल्कुल सहज प्रतीत हो, इसके लिए बहुत मेहनत करनी पड़ती है। बहुत अभ्यास करना पड़ता है। रेडियो में तो फिर भी स्क्रिप्ट होती है और आप नज़रों से ओझल रहते हैं, पर टीवी पर आप पलक भी झपकाते हैं तो दर्शक को दीखता है। साँस कब लें कि आपके बोलने का क्रम न टूटे और आप सहज दीखें, ये सारे हुनर अभ्यास से ही आते हैं।

जब मैंने दूरदर्शन में काम आरम्भ किया था तब शुरू में तो स्टूडियो के खट-पट से घबरा जाती थी फिर अपने ध्यान पर नियन्त्रण रखना टेढ़ी खीर होती थी जिसकी वजह से दिल की धड़कनें और बढ़ जाती थीं, फिर साँस का तारतम्य सही नहीं रह पाता था।

तब मैंने घर की बालकनी पर जहाँ नीचे से गुज़रते मोटर गाड़ी, स्कूटर सब का चिल-पों लगातार बजता रहता था, वहाँ बैठकर अभ्यास करना शुरू किया। फिर तो ऐसी आदत हुई कि स्टूडियो में बेशक़ मेरे बग़ल में कोई बम का धमाका भी अगर करता, तो कैमरे से इश्क़ लड़ाने में मुझे कोई ख़लल नहीं पड़ता।

टीवी के लिए जागरूकता भी अत्यन्त आवश्यक है। किस वक़्त पहले से निर्धारित कार्यक्रम में अचानक बदलाव आ जाये, कोई टेप ग़लत लग जाये, आपके चेहरे पर पड़ रही मुख्य लाइट बुझ जाये, आपने जो स्क्रिप्ट याद कर रखा था, उसके

शब्द आप भूल जायें तो कैसे स्थिति सँभालेंगे? ये सब भी अनुभव से ही आता है। आरम्भ में तो आपसे कह दिया जाता है कि ऐसी किसी भी अनहोनी स्थिति में आप मुस्कुराते रहिये, सब कुछ सँभल जायेगा। मगर एक एंकर को ही पता है कि ऐसे मौक़े पर कैसी बेचैनी होती है!

प्रश्न : आप देश के सबसे बड़े सरकारी चैनल की वरिष्ठ महिला एंकर में से एक हैं। एक एंकर और एक वरिष्ठ रिपोर्टर के पद पर रहते हुए आपने किन-किन चुनौतियों का सामना किया। अपने पहले दिन से लेकर आज तक कुछ बड़े अनुभव साझा करें?

उत्तर : संगीता चुनौतियाँ तो हर क्षेत्र में हर रोज़ खड़ी रहती हैं–दूरदर्शन के परदे तक पहुँच पाना अपने आप में एक चुनौती थी, ख़ास कर उनके लिए जिनका इस संस्थान में कोई माई-बाप न हो। और क़िस्मत ने अगर ऑडिशन में साथ दे भी दिया, तो यहाँ टिके रहना कोई आसान काम नहीं था।

उन दिनों बहुत गिनेचुने एंकर थे, दूरदर्शन के सभी कार्यकर्ताओं के अपने-अपने उम्मीदवार थे जिसे वे जगह दिलाना चाहते थे। तो नयी टीवी होस्टेस के कार्यक्रमों पर कड़ी नज़र होती थी। मेरे पहले ही लाइव प्रोग्राम में कुछ टेप की उलट-पलट हुई, जिसे मैंने उसी वक़्त अपनी जागरूकता से सँभालने की कोशिश की। पर चूँकि मैं बिहार से हूँ जहाँ बोल-चाल में अक्सर लिंग की ग़लतियाँ होती हैं, तो मुझसे भी हुईं।

एक प्रोड्यूसर ने मेरी छुट्टी करने की सिफ़ारिश की जिसे शायद डायरेक्टर साहेब मान भी जाते, अगर जिस प्रोड्यूसर का ये प्रोग्राम था उन्होंने मेरी ज़ोरदार वकालत न की होती। उन्होंने कहा कि अच्छे-अच्छे कलाकार ऐसे मौक़ों पर चूक जाते हैं, ये तो इनका पहला प्रोग्राम था जिसे इन्होंने बख़ूबी सँभाला, तब जाकर बला टली।

मैं बता दूँ कि बिहार से टीवी स्क्रीन पर आने वाली मैं पहली कलाकार हूँ। जब दूरदर्शन इकलौता चैनल था, जिसे अधिकतर सभी मोंटाज़ की धुन से लेकर कार्यक्रम समाप्त होने तक आनन्दपूर्वक देखते थे। और फिर सारे टीवी पर्सनेलिटीज़ की बखिया उधेड़ी जाती थी, किसने क्या पहना, किसने कुछ ग़लत बोल दिया, कौन नर्वस दीख रही थी, वग़ैरह-वग़ैरह कैमरे के पीछे कितनी चुहलबाज़ियाँ होती थीं।

उन दिनों पूरा दूरदर्शन एक परिवार सा लगता था, जहाँ परिवार के क़ायदे क़ानून मानने होते थे। अगर उद्घोषिकाओं को साड़ी की गरिमा बनाये रखने को कहा गया, तो कोई भी पाश्चात्य कपड़ों में आने की सोच भी नहीं सकता था। और

उस समय जिस तरह से हम स्क्रीन पर आते थे, लोग उसे आज भी याद करते हैं और तारीफ़ करते हैं।

एक बार मैंने एक बड़ा-सा झुमका पहना, और ये कार्यक्रम ख़ास कर गाँवों के लिए था। फिर तो डायरेक्टर साहब इतने नाराज़ हुए, उन्होंने कहा कि टीवी स्क्रीन कोई फ़ैशन परेड की जगह नहीं है, यहाँ सादगी आपका गहना होना चाहिए।

मगर अब ऐसा नहीं है, अधिकतर वेस्टर्न कपड़ों में उद्घोषिकाएँ होती हैं। वक़्त के साथ-साथ बदलना भी तो आवश्यक है वर्ना आज चैनलों की अन्धी दौड़ में आप पीछे छूट जायेंगे।

परदे पर आपके व्यक्तित्व के अलावा आप क्या बोलते हैं, किस सन्दर्भ में बोलते हैं इस पर भी ध्यान रखा जाता था, क्योंकि हम खुद ही अपनी स्क्रिप्ट लिखते थे।

मुझे याद है कैसे किसी भी साक्षात्कार या जिस विषय पर कार्यक्रम प्रस्तुत करना है, मैं उस विषय पर जितनी जानकारी मिल सके, सब जुटाती थी। जग विख्यात कलाकारों से बातचीत के प्रोग्राम से पहले, मैं उनके बारे में पूरा पढ़ती थी ताकि सही सवाल पूछ सकूँ, उनसे बातचीत कर सकूँ। और उन दिनों गूगल बाबा नहीं थे। तो इतना आसान नहीं होता था जानकारी मिलना।

पण्डित बिरजू महाराज, उस्ताद अमजद अली ख़ान, श्री भीमसेन जोशी वग़ैरह से अगर शास्त्रीय संगीत, नृत्य की जानकारी न हो–तो कोई क्या पूछेगा? वैसे ही सुविख्यात पेंटर, पॉटरी के या बहुमूल्य पत्थरों के बारे में अगर पूर्व जानकारी न हो, तो दिमाग़ में तो शून्य की ही स्थिति रहेगी, चेहरे पर भी डर का सन्नाटा रहेगा, फिर आप क्या पूछेंगे–क्या कहेंगे?

मुझे याद है एक बार कविताओं पर कार्यक्रम था, तो मैंने पूरा उमर ख़य्याम छान डाला था कि जाम और मीणा पर कुछ ऐसी रुबाई मिल जाये कि जिससे मैं अपनी स्क्रिप्ट सुन्दर बना सकूँ। साथ ही कबीर के दोहे भी पढ़ डाले और माटी कहे कुम्हार से इस्तेमाल किया था।

मेरा प्रयास रहता था कुछ ऐसा कहूँ कि जो मुस्कान मेरे चेहरे पे है, वो दर्शकों के चेहरे पर भी छा जाये। इसी कोशिश में एक बार डायरेक्टर के कमरे में मुझे सफ़ाई देने जाना पड़ा।

हुआ यूँ कि प्रसिद्ध कवि श्री सुरेन्द्र शर्मा जी का परिचय देना था। मैंने सोचा उनका परिचय उनकी ही चन्द पंक्तियों से क्यों न दूँ? शर्मा जी अपनी पत्नी पर

हमेशा चुटकियाँ लेते थे। तो उनकी कविता जो हरियाणवी में थी, हिन्दी में बोल कुछ ऐसे हुए–

ढोल गँवार शूद्र पशु नारी
ये सब ताड़न के अधिकारी–पत्नी जी
इसका अर्थ समझती हो या समझाऊँ?
पत्नी जी बोलीं–इसका माने तो बिल्कुल साफ़ है
इसमें एक जगह मैं हूँ, और बाक़ी चार आप हैं

डायरेक्टर ने इस पर कड़ी आपत्ति जतायी। कहा कि आप शूद्र शब्द टीवी पर नहीं बोल सकती हैं।

मैंने पूछा और नारी?

उसमें कोई आपत्ति नहीं है।

बहुत जी चाहा कि ये बातचीत भी मैं शामिल कर लूँ परिचय में।

मुस्कान थोड़ी और बिखरेगी।

मगर सरकारी क़ानून से आप खिलवाड़ नहीं कर सकते। मेरी कोई दलील नहीं सुनी गयी। फिर से रिकॉर्डिंग करनी पड़ी।

वैसे रामायण की इस चौपाई पर काफ़ी लम्बी-लम्बी बहस हुई है। पर जहाँ तक मैं समझती हूँ, ताड़न शब्द का अर्थ सही नहीं समझ पाने से लोगों में भ्रान्तियाँ हैं। मेरी छोटी-सी समझ कहती है कि ताड़न का अर्थ यहाँ भव सागर पार कराने से है, कि ये कमज़ोर वर्ग हैं इसलिए भव सागर ताड़ने में इनकी सहायता करनी चाहिए। चुनौतियों का डट के सामना करते जाने का नाम ही तो जीवन है। इसके अभाव में जड़ और जीवन में फ़र्क़ ही क्या रह जायेगा?

प्रश्न : एंकर के साथ-साथ आप रिपोर्टर भी हैं, तो बताये कि कैसे आपने समाज हित में डॉक्यूमेंट्री बनायी। दूरदर्शन की इसमें भूमिका?

उत्तर : संगीता मैंने कोई भी डॉक्यूमेंट्री ख़ुद नहीं बनायी, मगर हाँ, ऐसी कई डॉक्यूमेंट्री समाज हित पर दूरदर्शन में बनी, जिसकी पूरी स्क्रिप्ट मैंने लिखी और अपनी आवाज़ दी। इनमें कितनी ही डॉक्यूमेंट्रीज़ नारी जागृति और सशक्तीकरण पर भी थीं। मेरा प्रयास रहता था कि हर डॉक्यूमेंट्री की प्रस्तुति में जान डाल दूँ–अपनी सोच, भाषा और आवाज़ के दम पर। वही आवाज़ जिसने दूरदर्शन में मेरी छाप छोड़ी और जिसे दूरदर्शन में ही खो कर आज मैं ज़िन्दगी की राहों में बहुत दूर निकल आयी हूँ।

अपने फुल लेंथ फीचर फ़िल्म जैसे जीवन को काट छाँट कर डॉक्यूमेंट्री का रूप दे रही हूँ। पर सच कहूँ तो इसका अपना एक अलग ही आनन्द है।

प्रश्न : दूरदर्शन आज भी कैसे आपकी नज़र में महिला सशक्तीकरण में अपनी अहम भूमिका निभा रहा है। सविस्तार बतायें।

उत्तर : अगर सच पूछिए तो संगीता मेरे विचार आपके सवाल से काफ़ी उलट हैं। मुझे नहीं लगता कि भारत की महिलाएँ कहीं किसी भी क्षेत्र में किसी भी प्रकार कम हैं, या उन्हें आवश्यकता है सशक्तीकरण की। नहीं, बल्कि ये पुरुष हैं जो कमज़ोर हैं अपनी भावनाओं से, विचार से। उनमें असुरक्षा की भावना इतनी अधिक हैं कि औरतों पर अत्याचार कर वे सुरक्षित महसूस करना चाहते हैं, सच पूछिए तो उनकी इस कुत्सित सोच से बाहर निकालने की, उन्हें उनके अपने मनोविज्ञान से परिचित कराने की, समाज और महिलाओं को सम्मान देने की शिक्षा पर ध्यान देने की आज अत्यधिक आवश्यकता है।

देखिये न, महिलाएँ आज हर क्षेत्र में आगे हैं, तो जो पुरुषों की जगह थी, वहाँ भी महिलाओं को प्राथमिकता मिलती है। पुरुषों का असुरक्षित महसूस करना जायज़ है। पहले उन्हें पुरुषों से ही संघर्ष करना पड़ता था, आज महिलाएँ आगे निकल जाती हैं तो इसे वे नहीं पचा पा रहे हैं। परिस्थितिवश उनमें आत्मविश्वास की कमी होती जा रही है। ये मेरे अपने विचार है, शायद ये समाज की सोच से भिन्न हो, मगर एक सच्चाई यह भी है।

एक दैवी शक्ति जो हर महिला में निहित होती है, उससे अधिकतर महिलाएँ अनभिज्ञ होती हैं। इस शक्ति को सही वक़्त पर जगा कर, सही उपयोग कैसे हो! सही-ग़लत की पहचान कैसे होनी चाहिए—जागृति यहाँ चाहिए।

क्योंकि समाज में ऐसी अनेक महिलाएँ हैं जो महिला सशक्तीकरण से मिलने वाले अपने अधिकारों का ग़लत इस्तेमाल कर पुरुषों को फँसाने के चक्कर में रहती हैं।

समाज में सन्तुलन तभी सम्भव है जब अधिकारों के क्षेत्र में बराबरी हो। दोनों एक-दूसरे पर हावी न हों, आज इस बात पर रोशनी डालने की आवश्यकता अधिक है।

मुझे ख़ुशी होती है दूरदर्शन के सीरियल देखकर जहाँ आज भी सभ्यता, अपनी संस्कृति और सही मूल्यों को उजागर किया जाता है।

पारिवारिक झगड़ों को बेचकर पैसे कमाने की प्रवृत्ति जो कई टीवी चैनल की सीरियल में दीखती है, उसने काफ़ी हद तक महिलाओं को इतना प्रभावित किया है,

कि नासमझ महिलाएँ उसी ढर्रे पर ख़ुद को ढाल कर घर के बुज़ुर्गों से बाज़ी जीतने का प्रयास करती हैं, जो सर्वदा ग़लत है।

दूरदर्शन पर कई बहुत अच्छे साक्षात्कार होते हैं उन महिलाओं से जिन्होंने हर कठिनाइयों को पार करते हुए समाज में अपना मुकाम बनाया है।

तेजस्विनी एक साक्षात्कार आधारित प्रस्तुति है जिसमें उन महिलाओं से बातचीत होती है जिन्होंने जीवन के संघर्ष से मुक़ाबला करते हुए अपना एक विशेष मुकाम बनाया है समाज में। 'सुबह सवेरे' कार्यक्रम में भी ऐसी कई महिलाओं को निमन्त्रण मिलता है।

पहले भी दूरदर्शन ने स्त्री प्रधान सीरियल बनाये है। 'रजनी' एक ऐसी ही जाग्रत महिला थी। ये सीरियल उस ज़माने में आता था जब महिला सशक्तीकरण के इतने चर्चे भी नहीं होते थे। उसी समय 'उड़ान' में भी एक महिला पुलिस कर्मचारी का बोलबाला था!

तो कहने का अभिप्राय यह है कि दूरदर्शन महिला सशक्तीकरण विषय को हमेशा उठाता रहा है।

आवश्यकता है ऐसे संस्थानों की जो इस ओर तन्मयता से काम करें। कई संस्थान ऐसे हैं, मगर अपने देश की जनसंख्या को देखें तो ये नाकाफ़ी है। गाँवों में ऐसी संस्थाओं का नितान्त अभाव है जो नाबालिग लड़कियों में उन पुरुषों के प्रति जागृति पैदा करें जो मासूम लड़कियों के साथ हैवानों-सा बर्ताव करते हैं।

लड़कियों को मार्शल आर्ट सिखाना हर स्कूल में अनिवार्य होना चाहिए। साथ ही बचपन से ही पुरुषों को भी सिखाना ज़रूरी है कि वे हैवान नहीं इन्सान बने। उन्हें ऐसा बनाना चाहिए कि वे काम में मशगूल रहें, ख़ुद को इतना व्यस्त रखें कि खुराफ़ात उनके दिमाग़ में घुस ही ना पाये।

मन्ना जी का साक्षात्कार करते हुए मुझे इस बात का एहसास हुआ कि देश का लोक प्रसारक चैनल दूरदर्शन खड़ा करने में हमारी वरिष्ठ महिला साथियों की कितनी अहम भूमिका रही है। साथ ही उनसे मैंने सीखा कि जीवन में आयी कठिनाइयों का रोना रोने से बेहतर है कि अपनी छुपी हुई प्रतिभाओं को सँवारकर अपना और समाज का चहुँमुखी विकास किया जा जाये।

संगीता गोयल

प्रोफ़ेसर, लेखक और पूर्व अतिरिक्त महानिदेशक, दूरदर्शन एवं आकाशवाणी

15 सितम्बर 1959 के दिन सरकारी प्रसारक के तौर पर दूरदर्शन की स्थापना हुई थी। दूरदर्शन ने अपनी स्थापना के 65 साल भी देश हित और समाज कल्याण के अपने लक्ष्य को आज तक क़ायम रखा है। सभी जानते हैं कि आज के समय में हमारे पास संचार से जुड़ी लगभग हर तरह की सुविधा है। तकनीक के दम पर इन्सान इतना आगे निकल गया है कि एक ही घर में बैठे लोगों के पास मनोरंजन के लिए अपने अलग-अलग साधन हैं। लेकिन एक दौर ऐसा भी था, जब नेटफ्लिक्स, मोबाइल जैसी चीज़ों की हमने कल्पना भी नहीं की थी। आज से 65 साल पहले की बात है, जब पहली बार दूरदर्शन के रूप में हमें वो संसाधन मिला, जो किसी सपने के जैसा था। आज की पीढ़ी को शायद ही इस बात का अहसास हो कि हमारी पुरानी पीढ़ी के लिए दूरदर्शन आख़िर कितना महत्त्व रखता था।

देश अभी आज़ादी की सुनहरी धूप में खिलना सीख ही रहा था, जब प्रसारण के क्षेत्र में क्रान्तिकारी क़दम उठाते हुए भारत सरकार ने दूरदर्शन की स्थापना की। उस समय के तत्कालीन राष्ट्रपति डॉ. राजेन्द्र प्रसाद ने नयी दिल्ली में ऑल इंडिया रेडियो द्वारा स्थापित भारत के पहले टीवी स्टेशन का उद्घाटन किया। सरकार ने देश की जनता तक दूरदर्शन को पहुँचाने के लिए राजधानी दिल्ली में विभिन्न स्थानों पर टीवी सेट लगाये थे। दिलचस्प बात यह है कि लोगों में दूरदर्शन को लेकर भारी उत्साह देखने को मिला।

जब दूरदर्शन की शुरुआत हुई, तब कुछ देर के लिए ही इस पर कार्यक्रमों का प्रसारण किया जाता था। वहीं नियमित तौर पर दैनिक प्रसारण की शुरुआत 1965

में ऑल इंडिया रेडियो के हिस्से के रूप में हुई। ये सेवा साल 1982 में मुम्बई और अमृतसर तक विस्तारित की गयी थी। जो आज के वक़्त में दूर-दराज के गाँवों तक पहुँच गयी है। वहीं राष्ट्रीय प्रसारण की बात करें, तो इसकी शुरुआत 1982 में हुई थी। इसी साल दूरदर्शन का स्वरूप रंगीन हो गया। पहले यह ब्लैक एंड व्हाइट हुआ करता था।

इन सब दिलचस्प बातों के अलावा शायद आप यह सब नहीं जानते कि आप तक दूरदर्शन को पहुँचाने के लिए कितने कर्मियों ने अपना योगदान दिया। जब हम बात करते हैं 'महिला सशक्तीकरण में दूरदर्शन की भूमिका' तो यह कोई अतिशयोक्ति नहीं होगी। संगीता गोयल (पूर्व अपर महानिदेशक एवं लेखिका, दूरदर्शन एवं ऑल इंडिया रेडियो) भी एक ऐसा ही नाम है जिन्होंने दूरदर्शन में काम करते हुए दूरदर्शन के इन्हीं मूल्यों का पालन किया।

वो बताती हैं कि मैंने कभी सोचा नहीं था कि जिस दूरदर्शन को देखकर और उससे सीख कर बड़ी हुई हूँ, एक दिन वहीं काम करने का मौक़ा भी मिलेगा। संगीता जी ने बताया कि मैं अपने परिवार की तीन पीढ़ियों में पैदा हुई एकमात्र लड़की थी। इसमें कोई आश्चर्य नहीं, मुझे बहुत लाड़-प्यार दिया जाता था और मेरे परिवार द्वारा हमेशा अप्राप्य उपलब्धि हासिल करने के लिए प्रोत्साहित किया जाता था। मुझे अपने पिता की एक आदत याद है, जो हर किसी को बताते थे कि मैंने अपने स्कूल या कॉलेज में प्रथम स्थान प्राप्त किया या टॉप किया, जबकि असल में मेरा परिणाम अभी भी प्रतीक्षित था लेकिन जैसा कि इसे 'self fulfilling prophecy' कहते हैं, मेरे पास कड़ी मेहनत करने और अपने परिवार की उम्मीदों पर खरा उतरने के अलावा कोई विकल्प नहीं बचता था। अपने स्कूल कॉलेज के दिनों में, मैं अपनी पढ़ाई और लेखन, पेंटिंग, गिटार आदि के शौक़ में इतना व्यस्त रहती थी कि मुझे शायद ही टीवी देखने को मिलता था। यहाँ तक कि मुझे महाभारत जैसी बेहद लोकप्रिय सीरीज़ भी मिस करनी पड़ी।

बेशक, मैं एक टीवी विज्ञापन से बहुत प्रेरित हुई थी जिसमें, शायद, प्रधानमन्त्री इन्दिरा गांधी महिलाओं को सिविल सेवाओं में शामिल होने के लिए प्रोत्साहित कर रही थीं।

लेकिन भला यह कौन भूल सकता है कि उन दिनों टेलीविज़न का मतलब होता था दूरदर्शन और उस पर प्रसारित होने वाले कार्यक्रमों का ना केवल एक स्तर होता था बल्कि उसमें प्रसारित हर एक शब्द और एक दृश्य का महत्त्व होता था। ये वो दौर था, जब लोग सिनेमा के पर्दे पर लोगों को चलते-फिरते देखकर हैरान हुआ

करते थे। फिर टेलीविज़न के रूप में कुछ इंच का यह जादू घरों तक पहुँचने लगा। घर कितना बड़ा है, इसका अन्दाज़ा उस पर लगे 'एंटीना' से लगाया जाता था। शाम के वक़्त 'एंटीना' की दिशा बदलना और चिल्लाकर पूछना 'आया' इस बात का संकेत होता था कि फलाने घर में टेलीविज़न पर तस्वीर साफ़ नहीं आ रही है। ये बातें पुरानी जरूर हैं, लेकिन ज़्यादातर लोगों के ज़ेहन में आज भी ताज़ा हैं। देश में दूरदर्शन का आना जितनी बड़ी ख़बर थी, उतनी ही बड़ी ख़बर थी उसका रंगीन हो जाना। 25 अप्रैल 1982 ही वह दिन था, जब दूरदर्शन श्वेत-श्याम से रंगीन हो गया था। दूरदर्शन ने जनमानस में शिक्षा, खेती-किसानी, खेलकूद, आध्यात्मिक, स्वास्थ्य के विभिन्न कार्यक्रमों के प्रसारण से लोगों में वैज्ञानिक दृष्टिकोण का विकास करने के साथ बदलते सामाजिक-सांस्कृतिक परिवेश को समाहित करने का एहसास भी कराया। आप कह सकते हैं कि उस समय हर किसी को जीवन में कुछ बनने और प्रेरणा देने का काम दूरदर्शन प्रसारित होने वाले कार्यक्रमों का भी है। चाहे वो कुछ सेकंड का प्रसारित होने वाला विज्ञापन ही क्यूँ ना हो।

अपनी पढ़ाई पूरी करने के बाद मैंने सिविल सेवा ग्रुप-ए में नौकरी प्राप्त की। उसके बाद मुझे डीडी और ऑल इंडिया रेडियो में काम करने का मौक़ा मिला। अपने पद पर रहते हुए मैंने हर चुनौती को सफलतापूर्वक पार किया।

आप जहाँ तक महिला सशक्तीकरण के बारे में पूछ रही हैं तो मैं हमेशा दिल की गहराइयों से इसे महसूस करती रही हूँ। महिला सशक्तीकरण मेरे डॉक्टरेट शोध में एक केन्द्रीय विषय था, और इस विषय पर मेरे शोध प्रस्ताव ने एक अन्तरराष्ट्रीय प्रतियोगिता के दौरान दक्षिण एशिया में सबसे प्रासंगिक होने के लिए प्रथम पुरस्कार जीता था। शुरू से ही, मैंने ख़ुद को उन सामाजिक मानदण्डों का विरोध करते हुए पाया जो महिलाओं का वस्तुकरण करते थे। चाहे वह किसी वीआईपी को एस्कॉर्ट करने जैसा कुछ हो या किसी पुरुष मुख्य अतिथि को गुलदस्ता भेंट करना जैसे काम करवाना शामिल है। कई जगहों पर, इस तरह के कार्य अभी भी युवा महिलाओं को दिये जाते हैं, जो केवल उनकी शारीरिक बनावट या सतही भूमिकाओं पर ध्यान केन्द्रित करते हैं।

मेरा लक्ष्य हमेशा महिलाओं को ऐसे ठोस काम में शामिल होने के लिए प्रोत्साहित करना रहा है जो उनके कौशल, बुद्धिमत्ता और क्षमता को उजागर करता हो, न कि केवल उनकी बाहरी सुन्दरता या आकर्षण को। मैंने लगातार इसकी वकालत की, यह सुनिश्चित करते हुए कि मेरी महिला सहकर्मी और अधीनस्थ बिना

किसी डर या झिझक के अपने विचार व्यक्त करने और सार्थक ज़िम्मेदारियाँ लेने के लिए सशक्त हों। मेरे लिए, सच्चा सशक्तीकरण महिलाओं को उनकी पूरी क्षमता दिखाने में, सक्षम बनाने और ऐसे स्थान बनाने के बारे में है जहाँ उनकी आवाज़ सुनी जाती है और उनका सम्मान किया जाता है।

दूरदर्शन में काम करने के दौरान, मैं अक्सर पाती थी कि एंकरों का चयन मुख्य रूप से उनके चेहरे की सुन्दरता और कम उम्र के आधार पर किया जाता था। मैंने लगातार इन मानदण्डों पर सवाल उठाये और उनका विरोध किया, मेरा मानना था कि एक एंकर की योग्यता, प्रतिभा, ज्ञान और संचार कौशल को सबसे महत्त्वपूर्ण माना जाना चाहिए। हालाँकि, दूसरों को इस दृष्टिकोण के बारे में समझाना अक्सर चुनौतीपूर्ण होता था, जिसमें कई महिलाएँ भी शामिल थीं, जिन्हें लगता था एक एंकर के चेहरे की सुन्दरता और कम उम्र ही टीवी पर उसके सफल होने के मुख्य कारक हैं विरोध के बावजूद, मैं सतही गुणों की तुलना में योग्यता की वकालत करने के लिए हमेशा प्रतिबद्ध रही।

मेरा मानना है कि आज चाहे मनोरंजन के तमाम साधन हों लेकिन अपने मूल्यों और आदर्शों के कारण दूरदर्शन आज भी मनोरंजन और ज्ञानवर्धन का सशक्त माध्यम है। प्रति सप्ताह ढेरों मनोरंजक कार्यक्रम, धारावाहिक, फ़ीचर फ़िल्म, कवि-सम्मेलन और गीत-संगीत कार्यक्रम दूरदर्शन पर प्रसारित किये जाते हैं। खेलों के क्षेत्र में दूरदर्शन की उपयोगिता सर्वविदित है। प्रति सप्ताह ढेरों मनोरंजक कार्यक्रम और खेल प्रतियोगिताओं का सीधा प्रसारण कर दूरदर्शन ने अपने खेल प्रेमी दर्शकों में ख़ास जगह बनायी है।

खेलों के सीधे प्रसारण ने इसे घर-घर में लोकप्रिय बना दिया है जिससे युवा खिलाड़ियों को प्रोत्साहन मिलता है और खेलों के लिए उपयुक्त वातावरण तैयार होता है।

संगीता जहाँ तक आपने यह पूछा है कि महिला साथियों के लिए मेरा क्या सन्देश है?

"मेरा सन्देश उन महिलाओं के लिए है जो पत्रकारिता और टीवी में क़दम रख रही हैं। अपनी क्षमताओं को निखारने, ज्ञान को बढ़ाने और एक मज़बूत आवाज़ विकसित करने पर ध्यान दें। मीडिया उद्योग में अक्सर बाहरी रंग रूप पर ज़रूरत से ज़्यादा ध्यान दिया जाता है, लेकिन आपकी असली सुन्दरता आपकी बुद्धिमत्ता, नज़रिये और पेशेवर ईमानदारी में है। अगर आप इस क्षेत्र में अपना करियर बनाना

चाहती हैं तो निर्भीक होकर महत्त्वपूर्ण और गहन विषयों पर काम करें और जब ज़रूरत हो तो प्रचलित धारणाओं को चुनौती देने से पीछे न हटें। ख़ुद को रूढ़ियों में बाँधने की बजाय, अपने मंच का उपयोग बदलाव लाने, सच्चाई का प्रतिनिधित्व करने और एक सार्थक प्रभाव छोड़ने के लिए करें। आपकी प्रामाणिकता और दृढ़ता ही आपको सबसे अलग बनायेगी और बहुत आगे ले जायेगी।"

अर्चना गुप्ता

दूरदर्शन निदेशालय में डीडीजी (ई)
प्रसार भारती में वित्तीय विभाग

मीडिया का नाम आते ही अगर किसी से पूछा जाये तो लोग केवल दो ही नामों को जानते हैं पहला एंकर और दूसरा रिपोर्टर। लेकिन ऐसा नहीं है कि किसी भी कार्यक्रम या मीडिया में केवल इन लोगों के ज़रिये ही सभी कार्यों को किया जा सकता है। मैं अपनी किताब में हमेशा उन विषयों और चीज़ों के विषय में जानकारी मुहैया करवाने का प्रयास करती हूँ जिसके विषय में अभी तक बहुत कम लोगों को पता है। 'दूरदर्शन : आधी आबादी की सशक्त गाथा' किताब के ज़रिये मैं पाठकों को कुछ ऐसे लोगों के कार्यों के विषय में अवगत कराना चाहती हूँ, जिसके विषय में आज भी लोगों की जानकारी बहुत कम है। ऐसे ही पदों में से एक पद होता है इंजीनियर, जो आपको घरों तक टेलीविज़न पर प्रसारित कार्यक्रमों को पहुँचाते हैं। जी हाँ, यह तो आप सभी जानते हैं कि हमारे घर में लगे टेलीविज़न सेटों पर कार्यक्रम प्रसारित करने के लिए देश के कोने-कोने में सैटेलाइट और दूरदर्शन के टॉवर लगे होते हैं। इस कठिन काम को इंजीनियर ही पूरा करते हैं। इंजीनियर ना केवल दुर्गम जगहों पर लगे दूरदर्शन के टॉवरों की देखभाल करते हैं, उन्हें स्थापित करते हैं बल्कि तकनीक से जुड़ी कोई भी समस्या हो तो यह महत्त्वपूर्ण विभाग ही उसका निदान करता है। ऐसी ही एक महिला अधिकारी हैं अर्चना गुप्ता डीडीजी. (ई) जो हैं तो इंजीनियरिंग अधिकारी, लेकिन वर्तमान में प्रसार भारती में वित्तीय विभाग की ज़िम्मेदारियों का निर्वहन कर रही हैं। सरलता और कड़ी मेहनत से हर मुश्किल से मुश्किल कार्य को किया जा सकता है, इसका जीता-जागता उदाहरण है अर्चना जी। एक युवती से इंजीनियरिंग अधिकारी बनने के सफ़र के विषय में

मैंने उनसे विस्तार से बात की। दूरदर्शन भारत सरकार द्वारा स्थापित एक स्वायत्त सार्वजनिक सेवा प्रसारक है, जो प्रसार भारती के दो प्रभागों में से एक है। स्टूडियो और ट्रांसमीटर इन्फ्रास्ट्रक्चर के मामले में यह भारत के सबसे बड़े प्रसारण संगठनों में से एक है, जिसकी स्थापना 15 सितम्बर 1959 को हुई थी। यह डिजिटल स्थलीय ट्रांसमीटरों पर भी प्रसारण करता है। एक टेलीविज़न इंजीनियर टेलीविज़न प्रसारण उपकरणों के उचित संचालन और रखरखाव को सुनिश्चित करता है। टेलीविज़न इंजीनियर प्रसारण टेलीविज़न उपकरण और सुविधाओं के लिए टॉवरों को लगाना, टॉवरों का रखरखाव और संचालन का समन्वय परियोजना बनाने जैसे कार्य करता है। इसके साथ हमारी टीम पर ही ज़िम्मेदारी होती है कि वो उपकरणों की सुरक्षा और उचित संचालन सुनिश्चित करने के लिए क्लोज-सर्किट पैनलों पर किये गये कार्यों की भी निगरानी करते हैं। टेलीविज़न इंजीनियर अन्य कर्मचारियों को उपकरणों के रखरखाव और प्रयोग करने के लिए प्रशिक्षित भी करते हैं।

मीडिया संस्थान में रोज़ नयी तकनीक और नये-नये उपकरण आते हैं इसलिए इंजीनियरिंग एक ऐसा माध्यम है, जिसके लिए आपको समय के अनुसार हर नयी तकनीक के विषय में जानकारी होना ज़रूरी है। संगीता आप समाचार सम्पादक हैं, तो रोज़ देखती होंगी कि कैसे पैनल से करोड़ों घरों तक हमारा प्रसारण पहुँचता है। यह सभी काम इंजीनियर ही करते हैं। आप जानती हैं कि यह काम सातों दिन और 24 घण्टे निरन्तर चलता रहता है, तो हमारे सभी साथी दिन-रात और जो भी कार्य उन्हें दिया जाता है, सभी कार्यों को अन्जाम देते हैं।

मेरा मानना है कि टेलीविज़न इंजीनियरों को समस्या-समाधान कौशल कला में निपुण होना चाहिए। इसके अलावा उन्हें पुरानी और नयी तकनीक के साथ काम करने की अपनी क्षमता को भी विकसित करना चाहिए। अर्चना जी बताती हैं कि हम पेशे से तो इंजीनियर हैं, लेकिन आजकल वो दूरदर्शन के वित्तीय विभाग को सँभाल रही हैं। इस विभाग में भी उनकी चुनौतियाँ कम नहीं है। दरअसल किसी भी संस्था की रीढ़ की हड्डी वित्त विभाग होता है। हर विभाग की वित्त से जुड़े प्रस्तावों को निष्पक्षता से उचित निर्णय के बाद अनुमोदित कराना एक बहुत ही ज़िम्मेदारी का काम है। कई बार किसी प्रस्ताव की मंजूरी में देर होने से लोग नाराज़ भी हो जाते हैं। ख़ैर एक बात है जो हम सब पर लागू होती है अगर हम अपनी हर ज़िम्मेदारी और चुनौती को सच्चाई और ईमानदारी से पूरा करते हैं, तो हमारे साथी भी हमें पूरा-पूरा सहयोग करते हैं।

संगीता आप जानना चाह रही थीं कि कैसे एक आम परिवार की लड़की का यह सफ़र शुरू हुआ। मेरा जन्म मध्य प्रदेश के एक छोटे से गाँव में अपनी नानी के घर हुआ। म.प्र. के इन्दौर में पली-बढ़ी, शिक्षा प्राप्त की, पिता जी स्वर्गीय श्री सुधाकर दिघे (सरकारी कर्मचारी) और माँ श्रीमती विभा दिघे (गृहिणी) ने हमेशा ना केवल पढ़ाई बल्कि मेहनती और ईमानदार व्यक्ति बनने की प्रेरणा दी। उस समय हम सब बहनें और भाई एक साथ दूरदर्शन के उच्च कोटि के कार्यक्रम जैसे 'रामायण', 'बुनियाद', 'चित्रहार' देखा करते थे। अपनी इंजीनियरिंग की पढ़ाई पूरी करने के बाद मेरी पहली नियुक्ति साल 1993 में दूरदर्शन के जयपुर केन्द्र में सहायक केन्द्र अभियन्ता के पद पर हुई। संगीता आपने कहा ना कि 'दूरदर्शन : आधी आबादी की सशक्त गाथा' आपकी किताब का शीर्षक है। जबकि यह मेरे जीवन का सत्य है। आपको तो पता ही है कि राजस्थान एक ऐसा राज्य है जो अपनी कला-संस्कृति, संगीत, इतिहास और प्राकृतिक रूप से बहुत ही सुन्दर राज्य है। कई अच्छे-अच्छे कार्यक्रम जयपुर केन्द्र में बनते थे। अच्छा कार्यक्रम बनाने के लिए केन्द्र के समस्त विभागों का समन्वय बहुत महत्त्वपूर्ण होता है। मेरे लिए बहुत ही गौरव की बात है कि जयपुर में काम करते हुए ही मुझे आईआईटी कानपुर में आगे की पढ़ाई के लिए चयनित किया गया। उस समय मेरे बॉस ने कहा कि अभी आप कैसे जा सकती हो? दरअसल मैं उस समय एक ज़िम्मेदारी वाला कार्य कर रही थीं केन्द्र की सटी वीटीआर मशीनें (इन मशीनों पर उस समय वीडियो सम्पादन का काम किया जाता था) अलाइन करनी थी, मैंने उन्हें आश्वासन दिया यह कार्य पूरा करके ही जाऊँगी।

उस समय मैंने अपनी तीन लोगों की टीम बनायी और सबके सहयोग से जो काम कई महीनों का कुछ ही दिनों में पूरा हो गया। अभी कुछ वर्ष पहले ही मेरी जब अपने एक साथी से मुलाक़ात हुई, जो जयपुर से आये थे और वो उस समय मेरी टीम में थे। उन्होंने बोला मैडम आपके साथ काम करके हमने सीखा कि कैसे एक साथ पूरी व्यवस्था के साथ काम को समय से पूरा किया जा सकता है।

जयपुर में ही मुझे साल 1994 में एक छोटे से गाँव नीमकाथाना में ओबी वैन के ज़रिये सूर्य ग्रहण को अपने अन्य केन्द्रों तक लाइव प्रसारण पहुँचाने का मौक़ा भी मिला।

संगीता उस समय तकनीक इतनी सरल नहीं थी, हमें कई चुनौतियों का सामना करना पड़ता था। जैसे बिजली सप्लाई के लिए डीज़ल जनरेटर, बड़े-बड़े और भारी उपकरण, सूर्य को शूट करने के लिए एक्स-रे फ़िल्म से बने कैमरा फिल्टर, इत्यादि। हमारे केन्द्र के प्रमुख अभियन्ता के मार्गदर्शन में कार्य सफलतापूर्वक सम्पन्न हुआ।

इसके बाद मुझे साल 1999 में छत्तीसगढ़ के रायपुर अनुरक्षण केन्द्र में काम करने का मौक़ा मिला। यहाँ काम करना थोड़ा मेरे लिए चुनौतीपूर्ण था...क्योंकि उस समय मेरे 1 साल के बेटे की ज़िम्मेदारी भी मेरे ही ऊपर थी। उसके बाद मध्य प्रदेश के इन्दौर में अपनी नियुक्ति के दौरान मैंने आदिवासी बहुल इलाक़ों झाबुआ, अलीराजपुर में भी काम किया। हमारी टीम का काम बहुत ही संवेदनशील हो गया था। क्योंकि आप जानती हैं कि इंजीनियर की ज़रूरत कभी भी और कितने बजे भी पड़ सकती है। ऐसे में इतने संवेदनशील इलाक़ों से गुज़र कर ऑफ़िस जाकर काम करना आसान नहीं था और पुलिस भी हमें शाम ढलने के बाद ना जाने की सलाह देती थी और गाड़ियों को कभी भी अकेले नहीं बल्कि convoy यानी क़ाफ़िले में एक साथ निकाला जाता था। इन सब चुनौतियों के बावजूद मैंने हमेशा अपने काम को सबसे ऊपर रखा, कई अभिनव कार्य किये। शायद इसी का परिणाम है कि हमें बाद में साल 2007 में इन्दौर को सर्वोत्कृष्ट अनुरक्षण केन्द्र के पुरस्कार से भी नवाजा गया। तत्कालीन मुख्य अभियन्ता (प.क्षे.) ने ज़ोन के अन्य कई डीएमसी से केन्द्र अभियन्ताओं को इन्दौर में हो रहे कार्यों को देखने के लिए भेजा।

एक वाक़या अपने पाठकों के साथ हिन्दी भाषा और उसके प्रचार-प्रसार को लेकर साझा करना चाहूँगी। जो कुछ हुआ यूँ कि अपनी इन्दौर पोस्टिंग के दौरान संसदीय समिति राजभाषा ने जब हमारे यहाँ निरीक्षण किया तो उन्होंने पाया कि हमारे यहाँ हिन्दी भाषा में कम काम किया जाता है। ऐसे में हमें यह जवाब देना पड़ा कि तकनीकी काम और इसका लेखन कैसे हिन्दी में हो सकता है?

लेकिन यह बात मेरे दिल को छू गयी...मुझे लगा कि अगर सब हिन्दी में काम कर सकते हैं तो फिर हम इंजीनियर क्यों नहीं...

तो फिर क्या था मैंने अपने साथियों के साथ अपने हर काम को और ख़ास कर तकनीकी काम को भी अंग्रेज़ी की जगह हिन्दी में लिखना शुरू कर दिया। हमने हिन्दी की कई छोटी-छोटी कार्यशालाएँ कीं, जिसमें विषय तकनीकी होते थे। उसका परिणाम यह हुआ कि ना केवल हमें हर तरफ़ से सराहा गया बल्कि हमें साल 2009 में दूरदर्शन डायरेक्टोरेट ने समस्त काम हिन्दी में उच्च श्रेणी में करने के लिए पुरस्कृत किया।

2009 से 2019 तक इन्होंने दूरदर्शन महानिदेशालय में ट्रांसमीटर डिज़ाइन तथा सेटेलाइट डिज़ाइन में कार्य किया, ख़ास कर दूरदर्शन के ट्रांसमीटर्स के डिजिटलीकरण में इनका महत्त्वपूर्ण योगदान रहा।

देश के भारत रत्न और पूर्व प्रधानमन्त्री श्री अटल बिहारी वाजपेयी की कविता–

टूटे हुए तारों से फूटे वासन्ती स्वर
पत्थर की छाती में उग आया नव अंकुर
झरे सब पीले पात, कोयल की कुहुक रात
प्राची में अरुणिमा की रेख देख पाता हूँ
गीत नया गाता हूँ
टूटे हुए सपनों की कौन सुने सिसकी
अन्तर की चीर व्यथा पलकों पर ठिठकी
हार नहीं मानूँगा, रार नहीं ठानूँगा
काल के कपाल पे लिखता मिटाता हूँ
गीत नया गाता हूँ।

को दूरदर्शन में कार्यरत एक महिला इंजीनियर अर्चना गुप्ता ने चरितार्थ कर दिखाया है। उन्होंने ना केवल अपने काम को पूरी निष्ठा एवं ईमानदारी से किया बल्कि आने वाली पीढ़ियों के लिए एक नज़ीर भी पेश की है।

कंचन प्रसाद

पूर्व महानिदेशक, दूरदर्शन

वह है तो कोमल, पर लेती हमेशा कठिन फ़ैसले
देखा मैंने उसे हमेशा कठिन पथ पर चलते हुए
देश की आन-बान और शान का हमेशा करती है वो प्रतिनिधित्व।।
नित नयी चुनौतियों का सदा मुस्करा कर करती है स्वागत,
सत्य, ईमानदारी और परिश्रम की राह पर खड़ी है वो सदा अटल।

देश का सबसे बड़ा और पुराना मीडिया संस्थान दूरदर्शन और इस संस्थान के महानिदेशक के पद पर किसी महिला अधिकारी का होना बहुत ही गर्व की बात है। कंचन प्रसाद एक ऐसा नाम जिन्हें उनके साथ काम करने वाले पद की वजह से नहीं बल्कि उनके काम करने के तरीक़े, ईमानदारी और उनके अपने काम एवं साथियों के प्रति अत्यधिक लगाव की वजह से जाना जाता है। जब मैंने 'दूरदर्शन : आधी आबादी की सशक्त गाथा' किताब में उनके साक्षात्कार के लिए समय माँगा तो जब भी उनसे मिली वो चारों तरफ़ से काम और अपनी किसी ना किसी ज़रूरी बैठक में मसरूफ़ होती थी। हम दूदर्शन में महिला सशक्तीकरण की बात करें और उसमें कंचन के विषय में ना लिखा हो, ऐसा तो मैं बिल्कुल भी नहीं कर सकती। उनका नाम आते ही मेरी जैसी ना जाने कितनी महिलाओं को अपने काम को पूजा समझ कर काम करने का मन करता होगा। वो ना केवल मेरे लिए बल्कि अनगिनत लोगों के लिए प्रेरणा का जलता हुआ ऐसा दीया हैं, जो हमें यह सिखाता है कि कठिनाइयाँ कितनी भी हों, पर हमारे साहस और काम के प्रति हमारी वफ़ादारी से ज़्यादा नहीं हो

सकतीं। जीवन में मेरा सौभाग्य है कि मुझे इतनी शालीन महिला के साथ काम करने का मौक़ा मिला। पाठकों को यह बताना चाहती हूँ कि आप सब कभी भी दिल्ली में हुई निर्भया काण्ड की काली रात को नहीं भुला सकते। याद है ना आपको कैसे एक मासूम होनहार युवती के साथ दुष्कर्मियों ने बीभत्स कार्य किया था। उस समय मैं डीडी न्यूज़ में हिन्दी समाचार सम्पादक थी और मैडम डीडी न्यूज़ में डायरेक्टर। मैम उन दिनों इस काण्ड की एक-एक ख़बर को प्राथमिकता से हर बुलेटिन में लेने को कहती थीं। मुझे याद है कि सभी साथियों के साथ-साथ मैडम रात के 2 बजे कभी 3 बजे तक काम करती थीं। मैडम का हमेशा कहना रहा है कि जब आप अपनी टीम के साथ खड़े हैं तो फिर टीम भी काम के घण्टे ना देखकर केवल और केवल काम को ही सर्वोच्च मानेगी। मैडम ने अलग से पहल करते हुए एक ऐसा बुलेटिन बनवाया जिसमें सारी ख़बरें निर्भया की पल-पल की ख़बरों से जुड़ी हुई होती थीं। साथ ही हम सबका एक-एक शब्द और काम मैडम ख़ुद चेक करती थीं, ताकि दुष्कर्म की घटना की ख़बर देते हुए किसी भी तरह का कोई ग़लत शब्द और नियम की अनदेखी ना हो जाये। उन्हें इस ख़बर पर इतना संवेदनशील होकर काम करते हुए देख उस समय के हमारे साथी और बड़े-बड़े अधिकारी भी यह कहते थे कि कंचन मैडम बहुत ही संवेदनशील महिला हैं, जो महिलाओं के प्रति किसी भी तरह के अमानवीय व्यवहार और दुष्कर्म को बर्दाश्त नहीं कर सकतीं। वो काम में जितनी गम्भीर और सचेत हैं उतनी ही अपने साथियों के साथ विनम्र और सादगी से भरी। कुछ समय बाद मैडम का कहीं और ट्रांसफ़र हो गया और अब उनसे मुलाक़ात हुई तो वो दूरदर्शन के सर्वोच्च पदों में से एक पद महानिदेशक के पद की ज़िम्मेदारियाँ निभा रही थी। इतने बड़े पद पर होते हुए भी उनकी सादगी वैसी की वैसी ही थी। जब मैं किसान चैनल के लिए उनका AI एंकर बनाये जाने के विषय में पूछने लगी कि मैडम आपने इतना बड़ा फ़ैसला कैसे लिया, तो हँस कर बोलीं कि यह फ़ैसले मैं अकेले नहीं लेती, मेरे साथी और मेरी पूरी टीम साथ मिलकर काम करती है और वो भी मेरी ये बच्चियाँ जो दिन के 24 घण्टे और सातों दिन बिना थके, बिना रुके काम करती रहती हैं।

कंचन प्रसाद साल 1991 बैच की एक वरिष्ठ भारतीय सूचना सेवा की (आईआईएस) अधिकारी हैं। उन्हें जनवरी 2024 में दूरदर्शन की महानिदेशक (डीजी) के रूप में नियुक्त किया गया था। इससे पहले वह अपनी कैडर पोस्टिंग में थीं और बाद में उन्हें सूचना और प्रसारण मन्त्रालय के तहत दूरदर्शन मुख्यालय, नयी

दिल्ली में स्थानान्तरित किया गया। उनका प्रशासनिक अनुभव व्यापक है, जिसमें मीडिया और संचार से सम्बन्धित कई महत्त्वपूर्ण पद शामिल रहे हैं।

उन्होंने दूरदर्शन के संचालन और प्रबन्धन का नेतृत्व भी किया जो भारत का सबसे बड़ा सार्वजनिक प्रसारण सेवा नेटवर्क है। उनके प्रशासनिक और पेशेवर करियर में प्रसार भारती और सरकार के अन्य विभागों के साथ जुड़ी विभिन्न ज़िम्मेदारियाँ रही हैं।

उन्होंने अपने कार्यकाल में विकासात्मक गतिविधियों और स्थानीय कार्यक्रमों को प्राथमिकता देने पर ज़ोर दिया है। प्रसार भारती के अधीन काम करते हुए, उन्होंने दूरदर्शन के विभिन्न चैनलों, जैसे कि अरुण प्रभा चैनल, के माध्यम से उत्तर-पूर्व के राज्यों की सांस्कृतिक विरासत और पर्यटन स्थलों को बढ़ावा देने का प्रयास भी किया। उनके नेतृत्व में, दूरदर्शन ने राज्य सरकारों के साथ मिलकर विकासात्मक परियोजनाओं के प्रसारण पर भी काम किया है।

इसके अलावा उन्होंने टी-20 विश्व कप 2024 के दौरान दूरदर्शन के लाइव प्रसारण की तैयारी और संचालन में भी महत्त्वपूर्ण भूमिका निभाई है, जिससे दर्शकों को उच्च गुणवत्ता वाली सामग्री प्राप्त हो सके। कंचन मैम का कहना है कि संगीता तुम महिला-महिला मत किया करो। जब हम बराबरी की बात करते हैं तो हम अपनी ज़िम्मेदारियों से कैसे बच सकते हैं और साथ ही यह भी बहुत ज़रूरी है काम कोई भी हो या कितना भी कठिन हो आप में उसे करने की भावना होनी चाहिये, इसका महिला-पुरुष से कुछ लेना-देना नहीं है। तभी सही अर्थों में महिला सशक्तीकरण हो सकता है।

सलमा सुल्तान

पूर्व वरिष्ठ समाचार वाचिका, दूरदर्शन

आज भी मीडिया का कोई ऐसा छात्र नहीं है, जिसने सलमा सुल्तान का नाम ना सुना हो। मीडिया में आज जहाँ ख़बरों में जानकारी कम और हो-हल्ला ज़्यादा होता है, वहीं दूरदर्शन में एक ऐसा अनमोल सितारा था, जो अपनी सादगी, शब्दों का एकदम सही उच्चारण और ख़बरों के ज़रिये पूरी जानकारी मुहैया करवाती थी। यह नाम कोई और नहीं बल्कि सलमा सुल्तान जी का ही है। जो दूरदर्शन के 65 साल पूरे होने के बावजूद आज भी दर्शकों और ख़ास कर मीडिया के छात्रों और मीडिया में काम करने वालों के लिए प्रेरणा स्रोत हैं। जब हम बात करते हैं 'दूरदर्शन : आधी आबादी की सशक्त गाथा' तो मैं कैसे ऐसी महिला एंकर को नज़रअन्दाज़ कर सकती हूँ जिनके प्रशंसकों और काम की वजह से देश-दुनिया में दूरदर्शन को सम्मान मिला।

सलमा जी ने भारतीय संस्कृति और सभ्यता के साथ ख़बरों को दर्शकों तक पहुँचाया। उस समय लोग समाचार और मनोरंजन के लिए दूरदर्शन का सहारा लेते थे। टीवी न्यूज़ चैनल आज के समय काफ़ी ग्लैमरस हो गये हैं और टीवी एंकर्स तो काफ़ी एडवांस और ख़बरें काफ़ी मिर्च-मसाले वाली। हालाँकि एक दौर था जब टीवी न्यूज़ पर साड़ी संस्कृति का एकछत्र राज था। सलमा सुल्तान का नाम कौन भूल सकता है? 23 साल की उम्र में पहली बार समाचार पढ़ने वाली सलमा सुल्तान सबसे कम उम्र की समाचार वाचक में से एक थीं। उस दौर में समाचार पढ़ने वालों का मेच्योर दिखना ज़रूरी होता था, हालाँकि सलमा सुल्तान को जब ये काम मिला तो उन्होंने बख़ूबी उसे निभाया और लोगों के दिल में जगह बना ली। हालाँकि

सलमा जी का जीवन इतना आसान भी नहीं रहा, कुछ चीज़ें जैसे भगवान ने पहले ही निर्धारित कर रखी थीं। न्यूज़ रीडिंग भी ऐसे ही शुरू हुआ।

सलमा सुल्तान का जन्म कृषि मन्त्रालय में विद्वान और सचिव मोहम्मद असग़र अंसारी और एक गृहिणी माँ की दूसरी सन्तान के रूप में हुआ था। सलमा की एक बड़ी बहन मैमूना सुल्तान थीं। मैमूना भोपाल से चार बार कांग्रेस की सांसद रही थीं। सलमा और मैमूना अफ़ग़ानिस्तान के शाह शुजा की परपोती थीं। सलमा ने अपनी स्कूली शिक्षा और स्नातक की पढ़ाई भोपाल से की। उन्होंने दिल्ली के इन्द्रप्रस्थ महिला कॉलेज से अंग्रेज़ी में स्नातकोत्तर किया और साथ ही 23 साल की उम्र में दूरदर्शन पर न्यूज़ रीडर के लिए ऑडिशन दिया। उन्होंने 1967 से 1997 तक 30 वर्षों तक दूरदर्शन में एक एंकर के रूप में काम किया। प्रतिमा पुरी और गोपाल कौल उस समय दूरदर्शन में नियमित चेहरे थे। इतने बड़े नामों के बीच सलमा जी ने दूरदर्शन में अपनी अलग ही पहचान बनायी।

उनका ख़बर पढ़ने का अन्दाज़ लोगों को काफ़ी पसन्द आया। सलमा जी की आवाज़ और उनका अन्दाज़, दूरदर्शन की पहचान बन गया। बालों में गुलाब लगाये, चेहरे पर ज़हीन होने का नूर लिये और साड़ी पहने सलमा कई सालों तक दूरदर्शन के कभी न भूल पाने वाले चेहरों में से एक बनी रहीं और आज भी मीडिया में आने वाली महिला एंकरों के लिए पथ प्रदर्शक हैं।

आज के समय में दुःख की ख़बर हो या कोई बड़ी ख़बर हो सबको बढ़ा-चढ़ाकर और चिल्ला-चिल्ला कर ख़बरें परोसने का मानो बुख़ार सा चढ़ गया है। लेकिन दूरदर्शन ने ना अब और ना ही पहले इस परम्परा को अपनाया 'सत्यमेव जयते' दूरदर्शन का लोगो नहीं है, लेकिन यह भारत का राष्ट्रीय आदर्श वाक्य है और इसका अर्थ है कि सत्य की सदैव ही विजय होती है। इस नीति पर दूरदर्शन आज भी काम कर रहा है। हमारा मक़सद सनसनी और ख़बरों का आतंक फैलाना नहीं बल्कि लोगों तक सही और पुख्ता ख़बरें पहुँचाना है। सलमा जी बताती हैं कि उस समय देश को आज़ाद हुए ज़्यादा समय नहीं हुआ था। देश की पहली महिला प्रधानमन्त्री इन्दिरा गांधी जी जनता में बहुत ही लोकप्रिय थीं और उनके अंगरक्षकों द्वारा ही उनकी हत्या हो जाना...ऐसा कोई सोच भी नहीं सकता, घटना थी साल 1984, 31 अक्टूबर की। अपने करियर की यह घटना मैं कभी नहीं भूल सकती। दूरदर्शन के पास ये ख़बर थी लेकिन चैनल जब तक ख़बर की पुष्टि नहीं करता, तब तक इसे प्रस्तुत नहीं किया जा सकता। ये ख़बर पढ़ने के लिए मुझे ही चुना गया और मैंने ख़बर को बहुत ही सरलता से पढ़ा,...अपनी भावनाओं पर नियन्त्रण रखते हुए।

सलमा जी बताती हैं कि ख़बरों में उस समय व्याकरण या किसी भी तरह की कोई अशुद्धि क़तई बर्दाश्त नहीं की जाती थी। हम सब एक टीम के रूप में काम करते थे, जिसकी वजह से दर्शकों तक गुणवत्ता पूर्ण समाचार और कार्यक्रम जाते थे। दूरदर्शन की हर सालगिरह पर वो मंडी हाउस स्थित कार्यालय में ज़रूर आती हैं, उनसे मिलकर ना केवल हमें बल्कि दर्शकों को भी बहुत अच्छा लगता है। आज भी हम उनसे समाचार की बारीकियाँ सीखते हैं।

अपनी सेवानिवृत्ति के बाद, सलमा सुल्तान ने अपने प्रोडक्शन हाउस लेंसव्यू प्राइवेट लिमिटेड के तहत दूरदर्शन के लिए सामाजिक विषयों पर धारावाहिकों का निर्देशन भी किया। उनके प्रोडक्शन हाउस से बने धारावाहिक पंचतन्त्र से, सुनो कहानी, स्वर मेरे तुम्हारे और जलते सवाल को दर्शकों ने काफ़ी पसन्द किया। दूरदर्शन की गुलाब वाली सलमा...सच में जैसे गुलाब अपनी ख़ुशबू और कोमलता से सबका मन मोह लेती हैं वैसे ही मीडिया में हमेशा अपनी सादगी से भरी सलमा जी हम सबका मार्गदर्शन करती रहेंगी। भले ही आज वो नाती-पोते वाली हैं, लेकिन सच में उन्होंने मीडिया में कई पीढ़ियों को प्रेरित किया है और आगे भी करती रहेंगी।

उषा पवार

पूर्व डीडीजी, दूरदर्शन

देश के सबसे पहले और बड़े लोक प्रसारक दूरदर्शन की पूर्व डीडीजी. दूरदर्शन उषा पवार एक ऐसी महिला अधिकारी हैं, जिन्होंने साल 1988 में बतौर समाचार संवाददाता के रूप में अपने करियर की शुरुआत की। उषा जी बताती हैं कि पिता और दादा जी के घर में 4 बहनें और 3 भाइयों के बीच बचपन से ही मेरी प्रतिभा को पहचाना और उन्होंने देखा कि हमारी बेटी साहसी और प्रतिभावान है, जो किसी अलग क्षेत्र में जाकर अपनी पहचान बना सकती है। तो फिर क्या था, कहते हैं ना बड़ों के आशीर्वाद और अपनी मेहनत से इन्सान हर असम्भव चीज़ को भी सम्भव कर सकता है। मैंने पंजाब यूनिवर्सिटी से ग्रेजुएशन के बाद बैचलर डिग्री इन मास कम्युनिकेशन किया और अंग्रेज़ी में एम.ए. कर ही रही थी कि जब दूरदर्शन में समाचार संवाददाता के लिए नौकरी निकली मैंने नौकरी के लिए आवेदन किया। लिखित परीक्षा एवं साक्षात्कार के बाद मेरा चयन हो गया और दूरदर्शन केन्द्र जालन्धर का नियुक्ति-पत्र मिला।

चयन के बाद मुझे 6 महीने के प्रशिक्षण के लिए पूना एफटीआईआई भेजा गया। इसी तरह मेरी पत्रकारिता के सफ़र की शुरुआत हुई।

जालन्धर दूरदर्शन से ही मेरे करियर की शुरुआत हुई। देश के सबसे बड़े, सबसे पहले मीडिया संस्थान का पहला संवाददाता बैच। उस समय देश की सबसे बड़ी समस्या थी आतंकवाद और इस आतंकवाद की आग में पूरा पंजाब जल रहा था। अलगाववादियों ने महिलाओं के लिए अलग से फ़रमान निकाल रखे थे–जींस पहनना, बाल कटवाना बिल्कुल वर्जित था। आम लोगों का घर से बाहर निकलना मुश्किल था और ऐसे कठिन समय में मैंने अपने करियर की शुरुआत की।

साल 1989 में फरीदकोट में शिरोमणि अकाली दल मान (पार्टी का नाम) के सांसद जगदेव सिंह खुड्डीयाँ ने कथित तौर पर नहर में कूदकर आत्महत्या कर ली थी। मैं जब इस ख़बर को कवर करने फरीदकोट पहुँची तो वापसी में लौटते समय आतंकवादी भिंडरावाले के बड़े भाई हरचरण सिंह रोडे ने हमें रोक लिया और पूछा कि आप लोग दूरदर्शन से यहाँ ख़बर कवर करने आये हैं?

उन्होंने आगे कहा कि जगदेव सिंह खुड्डीयाँ ने आत्महत्या नहीं की बल्कि उनकी हत्या करवायी गयी है। आप ख़बर को इस तरह से ऐसे लिखना कि सच्चाई सबके सामने आ सके। ऐसे समय में ही आपके साहस और ज्ञान की परीक्षा होती है। हमने तथ्यों के आधार पर ही सच्चाई से ख़बर को प्रसारित किया।

मात्र 23 साल की उम्र में मैं ऐसी महिला रिपोर्टर बनी जिसने आतंकवादियों के लाइव एनकाउंटर को कवर करने का काम किया। स्मरण रहे कि उस समय कोई निजी चैनल नहीं था।

पंजाब के दो बार पुलिस महानिदेशक रहे कँवर पाल सिंह गिल जिन्हें लोग के.पी.एस.गिल के नाम से जानते हैं। सभी जानते हैं कि उन्हें पंजाब के आतंकवादी एवं उग्रवादी विद्रोह को नियन्त्रित करने के लिए श्रेय दिया जाता है। एक बार जब उनसे मुलाक़ात हुई, तो उन्होंने कहा था– "उषा, यू आर आलवेज बिफोर अस।"

तो इस पर हँसते हुए मैंने कहा था कि "सर इट इज़ ए कॉम्प्लीमेंट फ़ॉर मी ऑर एन एजपर्सन ऑन यू एज फोर्सेज़।"

उषा जी कहती हैं कि मुझे तीन भाषाओं का ज्ञान है, जिसका मुझे पत्रकारिता में बहुत लाभ मिला। जालन्धर दूरदर्शन से तबादले के बाद मैंने दूरदर्शन दिल्ली में बतौर डिप्टी डायरेक्टर प्रोग्राम अक्टूबर साल 2022 में ज्वाइन किया और इसके बाद डीडी नेशनल और डीडी भारती में भी कार्य करने का अवसर मिला। गुड न्यूज़ इंडिया के लिए काम करना मेरे लिए बहुत ही गौरवान्वित अनुभव रहा। दिलचस्प बात यह है कि प्रधानमन्त्री नरेन्द्र मोदी ने हमारे काम को सराहा और अपने मासिक कार्यक्रम 'मन की बात' में भी हमारी रिपोर्ट की गयी कहानियों का ज़िक्र किया।

उनमें से कुछ के विषय में मैं आपको बताना चाहूँगी। पर्यावरण को बचाना है तो तरनतारन के गाँव बुर्ज देवा सिंह के किसान गुरबचन सिंह जैसा जज़्बा होना ज़रूरी है। गुरबचन 40 एकड़ ज़मीन के मालिक हैं और वर्ष 2008 में धान की कटाई के बाद पराली को आग लगाने से तौबा कर चुके हैं। उनका कहना है कि सिखों के गुरु 'गुरु नानक साहिब' ने हमेशा पर्यावरण को बचाने की बात की है। गुरबचन

अपने किसान भाइयों से 'गुरु नानक साहिब' के सिद्धान्तों पर चलकर खेती करने का अनुरोध करते हुए पराली ना जलाने को कहते थे।

प्रधानमन्त्री नरेन्द्र मोदी ने 'मन की बात' कार्यक्रम में कहा कि पंजाब के किसान भाई गुरबचन सिंह एक सामान्य और परिश्रमी किसान हैं। प्रधानमन्त्री ने उनके बेटे की शादी में लड़की के परिवार से खेत में पराली न जलाने का वचन लेने की बात को अत्यन्त सराहा और कहा कि गुरबचन सिंह के परिवार ने पर्यावरण को बचाने की एक मिसाल दी है। उन्होंने कहा कि जिस तरह बूँद-बूँद से सागर बनता है, उसी तरह छोटे-छोटे सकारात्मक कार्य हमेशा सकारात्मक माहौल बनाने में बहुत बड़ी भूमिका अदा करते हैं।

वहीं नवाँशहर ज़िले की लड़की जिसने गरीब बच्चों को भीख माँगने से रोकने के लिए विशेष मुहिम चलायी। बच्चों को ना केवल शिक्षित किया बल्कि उन्हें नयी राह दिखायी। ऐसी ही एक स्टोरी है जो मैंने फाज़िल्का ज़िले की एक ग्रामीण महिला पर बनायी, जिसने प्राकृतिक खाद और प्राकृतिक खेती से अपने घर की छत पर ही खेती करके देश और दुनिया के लिए प्राकृतिक खेती को बढ़ावा देने की अलख जगायी।

मुझे सबसे ज़्यादा देश में भ्रूण हत्या पर काम करने में दुख हुआ कि कैसे आज भी लोग लड़कियों के साथ ऐसा व्यवहार कर रहे हैं। ऐसी ही एक स्टोरी मैंने जालन्धर यूनिक होम पर भी बनायी। जिसमें जालन्धर में लम्बे अर्से से यूनिक होम के बैनर तले बच्चियों का पालन-पोषण कर रही बीबी प्रकाश कौर के प्रयासों को देश ही नहीं विदेश में भी सराहा गया है। बीबी प्रकाश कौर आज भी लोगों से अपील करती हैं अगर आप अपनी बच्ची का पालन-पोषण नहीं कर सकते तो उन्हें मारें नहीं, ना ही किसी जानवर के सामने डाले, हमें गुरु नानक ने समाज सेवा के लिए भेजा है। आप इन बच्चियों को हमारे यहाँ छोड़ जाइए, हम इनकी देखभाल कर लेंगे।

मुझे दो बार प्रोफ़ेशनल विदेश दौरे का मौक़ा मिला, जिसमें उपराष्ट्रपति के.आर. नारायणन के साथ मोरक्को पेरिस जाने का मौक़ा मिला। वहीं प्रधानमन्त्री मनमोहन सिंह के साथ सिंगापुर के दौरे पर गयी थी। उस दौरान मेरे पति जालन्धर सेंट्रल जेल में मेडिकल ऑफ़िसर के पद पर कार्यरत थे और मुझे दो बच्चियों को छोड़कर विदेश जाना पड़ा था। ऊपर से मेरे पति को छुट्टी भी नहीं मिली थी। रात में दो छोटी बच्चियाँ अकेले घर में रहीं। तब मैंने माँ का दायित्व निभाते हुए अपनी विदेश यात्रा का आधिकारिक पत्र वहाँ भेजा, जिसके बाद मेरे पति को छुट्टी मिली और वो बच्चियों के साथ रह पाये। एक माँ को कई स्तरों पर चुनौतियों का सामना करना पड़ता है।

लोक प्रसारक की भूमिका निभाते हुए दूरदर्शन आज भी महिला सशक्तीकरण को देश में अग्रसर करते हुए समय की माँग के अनुसार कार्यक्रमों का निर्माण करता रहता है।

वहीं 'कॉर्पोरेट सरपंच' धारावाहिक की कहानी एक गाँव के रूढ़िवादी दिमाग़ के पीछे की सच्चाई को उजागर करती है। और कैसे एक युवा उत्साही लड़की अपने अनोखे तरीक़े से उस रूढ़िवादी सोच को ख़त्म करने की हिम्मत करती है। एक कॉर्पोरेट फर्म के साथ काम करने वाली एक 24 वर्षीया, अपने करियर के एक बिन्दु पर अपने सभी सपनों का त्याग कर देती है। अपने गाँव को बेहतर भविष्य की ओर ले जाने के लिए महिला सरपंच जो उदाहरण स्थापित करती है। उसे धारावाहिक में बड़े ही रोचक ढंग से दिखाया गया है। कॉर्पोरेट सरपंच देशभक्ति और महिला सशक्तीकरण को चित्रित करने वाला एक प्रभावशाली शो है। डीडी नेशनल पर भारत की जनता को हमारे वीर सेनानियों की अनकही कहानियों से परिचित करवाने के लिए शुरू किया गया धारावाहिक 'स्वराज' के प्रसारण पर मैं आज भी गौरवान्वित महसूस करती हूँ।

डीडी नेशनल के सबसे बड़े शो 'स्वराज' धारावाहिक में स्वतन्त्रता सेनानियों और स्वतन्त्रता संग्राम के गुमनाम नायकों के योगदान के बारे में बताया गया है। वहीं इस सीरियल को नौ क्षेत्रीय भाषाओं और अंग्रेज़ी में भी डब किया जा रहा है। धारावाहिक की शुरुआत 1498 में भारत में वास्को-डि-गामा के आगमन के साथ शुरू हुई। यह धारावाहिक रानी अब्बक्का, बख़्शी जगबंधु, तिरोट सिंग, सिद्धू मुर्मू और कान्हू मुर्मू, शिवप्पा नायक, कान्होजी आंग्रे, रानी गाइदिनल्यू, तिलका माँझी, रानी लक्ष्मीबाई, महाराज शिवाजी, तात्या टोपे, मैडम भीकाजी कामा सहित नायकों की कहानियों को दर्शकों तक लेकर जायेगा।

हमने 3 साल के लम्बे अन्तराल के बाद नववर्ष प्रोग्राम की शुरुआत की। लम्बे समय के बाद इस प्रोग्राम के चलन से स्टूडियो गुलज़ार हो गया।

हमने डीडी मॉर्निंग शो की भी 1 मई 2023 को शुरुआत की है। इस कार्यक्रम में हम हर रोज़ नये-नये विषयों पर गहन चर्चा और जानकारी मुहैया करवाते हैं।

डीडी भारती चैनल पर कला और साहित्य को बढ़ावा देने के लिए मुंशी प्रेमचन्द, और रवीन्द्रनाथ टैगोर जैसी हस्तियों की कृतियों को भी दर्शकों तक पहुँचाने का काम जारी है। हम साहित्य रत्न कार्यक्रम पर भी काम कर रहे हैं। जिसमें हम सुमित्रानन्दन पन्त, सुभद्रा कुमारी चौहान, प्रसिद्ध ग़ज़ल गायकों को दर्शकों तक पहुँचाने में प्रयत्नशील हैं।

15 अगस्त और 26 जनवरी को हमारी विशेष तैयारी रहती है। देश के सबसे बड़े कार्यक्रमों में से एक 26 जनवरी को 74 वें गणतन्त्र दिवस की प्रोग्रामिंग इंचार्ज थी।

गणतन्त्र दिवस की तैयारियाँ क़रीब 3 महीने पहले से ही शुरू हो जाती हैं। देश की आन-बान और शान का कोई भी पल दर्शकों के बीच अनदेखा ना रह जाये, इसके लिए दूरदर्शन ने 63 कैमरों की मदद से गणतन्त्र दिवस परेड की हर गतिविधि का सीधा प्रसारण किया।

देश की आज़ादी के 75 साल पूरे होने के उपलक्ष्य में भारतीय वायुसेना के 75 विमानों के विशाल बेड़े के विभिन्न करतबों के सीधे प्रसारण के साथ-साथ फ्लाई-पास्ट के नये पहलुओं को प्रदर्शित करने के लिए भी विशेष व्यवस्था की गयी थी।

दूरदर्शन ने गणतन्त्र दिवस समारोह के सीधे प्रसारण के लिए नेशनल स्टेडियम के गुम्बद, राष्ट्रीय युद्ध स्मारक और इंडिया गेट और राष्ट्रपति भवन के बीच कई अन्य महत्त्वपूर्ण जगहों पर कैमरे और लोगों को इस पूरे समारोह के विहंगम दृश्य दिखाने के लिए, दो '360 डिग्री कैमरे' लगाये गये हैं। इनमें से एक कैमरा राजपथ पर लगा है और दूसरा इंडिया गेट के शीर्ष पर। उषा जी बताती हैं कि दूरदर्शन परिवार हमेशा 15 अगस्त और 26 जनवरी के लिए अपनी पूरी टीम के साथ कैमरों की और ओबी वैन की पूजा करता है ताकि हम देश के इस सबसे गौरव के क्षण में बिना कोई ग़लती किये दर्शकों के बीच पल-पल का प्रसारण कर सकें।

अमेरिका के राष्ट्रपति डोनाल्ड ट्रंप साल 2020 में 24 और 25 फ़रवरी को अपनी पहली भारत यात्रा पर आये थे। दूरदर्शन ने डीडी न्यूज़ के साथ मिलकर इस पूरी यात्रा को कवर किया था। दिल्ली में आयोजित एक कार्यक्रम में राष्ट्रपति रामनाथ कोविंद ने कवरेज के लिए दूरदर्शन की तारीफ़ की थी।

आर.जयश्री पुरी

पूर्व कैमरावुमन, दूरदर्शन

'खूब लड़ी मर्दानी वो तो झाँसी वाली रानी थी।'

यह लाइन तो आपने बचपन से सुनी होगी। पर इस किताब के माध्यम से आज मैं आपको ऐसी महिला से रू-ब-रू कराना चाहती हूँ जिन्होंने ना केवल कैमरा महिला के रूप में दूरदर्शन से अपने करियर की शुरुआत की बल्कि सही अर्थों में यह नज़ीर भी पेश की कि महिलायें चाहे तो कितना भी कठिन से कठिन काम कर सकती हैं। जी हाँ मैं बात कर रही हूँ आर.जयश्री पुरी की जो अभी कुछ साल पहले ही 2022 में वीडियो कार्यकारी के पद से सेवानिवृत्त हुई हैं। क़रीब 40 सालों तक दूरदर्शन को अपनी सेवाएँ देने वाली जयश्री जी से जब मैंने 'दूरदर्शन : आधी आबादी की सशक्त गाथा' किताब पर साक्षात्कार किया, तो उनके पत्रकारिता के सफ़र को जानकर ना केवल मैं बल्कि आने वाली हर पीढ़ी प्रेरणा लेती रहेगी। वो बताती हैं कि संगीता देश भक्ति और देश सेवा मुझे विरासत में मिली है।

पिता कैप्टन राजगोपालन सेना में थे और उन्होंने देश सेवा के दौरान अपने पैर पर गोली भी खायी है, वहीं घर की और हमारी ज़िम्मेदारियाँ माँ लीला सँभालती थी। चेन्नई में मेरा जन्म हुआ और हम 6 भाई-बहनें हैं, जिसमें 4 बहनें और 2 भाई हैं और मैं सबसे छोटी सबकी लाड़ली थी। तुम समझ सकती हो संगीता कि मेरी माँ ने कैसे सेना में तैनात अपने पति की अनुपस्थिति में हम सबको सँभाला होगा। तुम कह सकती हो कि अपने माता-पिता और ख़ास कर अपने पिता से मुझे जीवन में आज तक आगे बढ़ने की प्रेरणा मिली। हमारे घर में मेरे पिता की वजह से कभी लड़कियों को लड़कों से कम नहीं आँका गया बल्कि मेरे पिता को तो अपनी चारों बेटियों पर

ही गर्व था, वो हमेशा कहा करते थे कि देखना एक दिन मेरी यह बेटियाँ ही मेरा नाम रोशन करेंगी। बचपन में हमें सिर्फ़ एक ही काम मिला था पढ़ना और केवल पढ़ना। इसके साथ बस हम जानकारी एवं ज्ञान के लिए आकाशवाणी या दूरदर्शन पर समाचार सुन और देख लिया करते थे। मुझे आज भी याद है कि दूरदर्शन पर समाचार प्रस्तुत करती मंजरी जोशी, सलमा सुल्तान और ज्योत्सना राय जैसी एंकरों को देखकर मुझे बचपन में ही मीडिया में काम करने की प्रेरणा मिली।

साल 1984 में जब पहली बार दूरदर्शन में कैमरामैन के लिए माँग आयी तो मुझे लगा कि मुझे भी इस नौकरी के लिए आवेदन करना चाहिए। संगीता तुम्हें हैरानी होगी कि उस दौरान जिन लोगों का देश में पहली बार कैमरामैन के लिए चयन किया गया, उसमें केवल दो महिलाएँ थीं और उनमें से मैं एक थी। अब तुम ख़ुद ही अन्दाज़ा लगा सकती हो कि दूरदर्शन में सदा ही महिला सशक्तीकरण को ना केवल महत्त्व दिया गया है बल्कि उसे अमली जामा भी पहनाया गया है, नहीं तो तुम ही बताओं...दूरदर्शन को क्या ज़रूरत थी महिलाओं को इतनी संवेदनशील और बड़ी ज़िम्मेदारी देने की...दूरदर्शन केवल पुरुषों को नियुक्त कर सकता था। लेकिन ना केवल दूरदर्शन ने हमें काम करने का मौक़ा दिया बल्कि इसी एक अवसर ने हमें आम महिला से समाज की नज़रों में सदा के लिए ख़ास बना दिया। संगीता तुम्हें और पाठकों को जानकार हैरानी होगी कि एक महिला कैमरामैन को क़ाम करते देख ना केवल स्टुडियो में बैठे एंकरों ने बल्कि पूरे दूरदर्शन के साथियों ने चाहे वो कोई बड़ा अधिकारी हो या साथी हमारा पूरा-पूरा साथ दिया। दूरदर्शन में कैमरामैन के रूप में महिलाओं को काम करता देखने के लिए लोग दूर-दूर से आते थे और हमें बहुत सम्मान मिलता था। इस सम्मान और पिता जी के संस्कारों ने हमें एक युवती से ज़िम्मेदार कैमरावुमन बना दिया। ऑफ़िस से घर लौटने पर पिता जी पूछते कि आज क्या काम किया, कई बार काम ना मिलने पर वो कहते कि...यह अच्छा नहीं है अगर काम के लिए ऑफ़िस जाती हो, तो तुम्हें पूरा काम करना चाहिए।

उनके इस वाक्य ने मेरे कैमरे के प्रति प्यार को और बढ़ा दिया और आप जानती ही हैं कि जिसे अपना क़ाम अच्छा आता है उसे हर युग में एवं हर परिस्थिति में काम दिया जाता है। वहीं क्या था उस समय जो सफ़र शुरू हुआ वो फिर 39 साल तक चलता रहा। शुरुआत में मुझे स्टूडियो में कैमरा करने का मौक़ा मिला, तुम यक़ीन नहीं मानोगी संगीता यह मेरे लिए कितना बड़ा मौक़ा था, जिन महिला एंकरों को देखना अब तक मेरा सपना था,...अब मैं उन्हीं के साथ काम कर रही थी। ऐसे में मेरे काम के प्रति संजीदगी को देखकर सलमा सुल्तान और मंजरी जोशी

जैसी दिग्गज हस्तियाँ भी मुझे पूछने लगीं कि कैमरे पर हमारा लुक ठीक आ रहा है...या नहीं। मेरा काम अब धीरे-धीरे मुझे दूरदर्शन में पहचान दिला रहा था। 21 साल की इस महिला कैमरावुमन को ना केवल घर बल्कि ऑफ़िस से भी पूरा-पूरा सहयोग और स्नेह मिला। संगीता मैं मीडिया में आने वाली हर महिला को यह बात ज़रूर कहना चाहती हूँ कि अगर आपको मीडिया में किसी भी पद पर आना है, तो आपको कड़ी मेहनत करनी होगी, नहीं तो यह प्रोफ़ेशन आपको अपनायेगा नहीं।

शायद पिता जी के अनुशासन और काम के प्रति ईमानदारी ने मुझे भी अपने काम के प्रति अनुशासित और गम्भीर बना दिया। फिर क्या था 21 साल की मामूली सी लड़की के इस काम की तारीफ़ होने लगी और मुझे स्टूडियो से बाहर भी कवरेज के लिए भेजा जाने लगा। मैं इस प्रोफ़ेशन में आने वाली अपनी महिला साथियों से कहना चाहती हूँ कि मीडिया में आपको शारिरिक और मानसिक रूप से अपने को इतना सक्षम बनाना होता है कि आप 9 से 12 घण्टे ऑफ़िस में काम करके अपनी पारिवारिक ज़िम्मेदारियाँ भी निभा सकें। इसलिए मेरे बाक़ी साथी सोचते थे कि अभी जयश्री का नया-नया शौक़ है, कैमरावुमन का काम इतना कठिन है, यह ज़्यादा दिनों तक नहीं कर पायेगी।

मेरी पहली कवरेज एक महिला कैमरावुमन के तौर पर सुलभ शौचालय की थी, जो दिल्ली के नामचीन होटल ली मैरिडियन में थी। इस कवरेज पर जाते समय मुझे एक सहयोगी भी दिया गया, जिसने मेरा कैमरा उठाया हुआ था। कार्यक्रम के आयोजकों में से एक सज्जन ने पहले कवरेज में आये सभी कैमरामैन की लिस्ट देखी और फिर वो मुझे मिलने आये और एकदम ग़ुस्से में बोले तुम अपने आप को कैमरावुमन कहती हो और तुम्हें कैमरा उठाने के लिए एक सहयोगी चाहिए...शर्म आनी चाहिए तुम्हें।

इस एक लाइन ने मानो मेरी पूरी ज़िन्दगी ही बदल दी। वो एक दिन था और सेवानिवृत्त होने तक मैंने कभी अपना कैमरा किसी को नहीं दिया। चाहे कैसा भी मौसम हो, कितनी भी लम्बी कवरेज हो कैमरा मेरे कन्धे पर ही होता था। मुझे अपने कैमरे से इतना प्यार हो गया जैसे एक माँ अपने बच्चे को गोदी में लेकर कभी नहीं थकती वैसे ही मैंने भी सदा दुनिया में पहचान दिलाने वाले कैमरे को कन्धे से नीचे नहीं रखा।

मेरा प्रधानमन्त्री के साथ अब तक का सबसे अच्छा अनुभव पूर्व प्रधानमन्त्री अटल बिहारी वाजपेयी के साथ रहा। साल 2005 में लोकसभा चुनाव का परिणाम आना था, उन्होंने मुझे पूछा कि क्या लगता है, मैं इस बार चुनाव में जीत जाऊँगा।

मैंने कहा सर आपका व्यक्तित्व इतना प्रभावी है कि आपको कोई हरा नहीं सकता। उन्होंने कहा कि क्या मैं तुम्हारे लिए कुछ कर सकता हूँ। मैंने कहा, सर मैं आपके साथ एक फ़ोटो लेना चाहती हूँ, जो आज तक मेरे लिए सबसे गौरवपूर्ण फ़ोटोग्राफ़ है।

सभी की दुआ से मेरा कैमरावुमन का सफ़र बहुत ही अच्छा रहा जिसमें मैंने देश-विदेश के राष्ट्रपति, प्रधानमन्त्री सहित कई गण्य-मान्य हस्तियों की कवरेज की–जिसमें पूर्व राष्ट्रपति ए.पी.जे. अब्दुल कलाम, पूर्व राष्ट्रपति प्रतिभा देवी सिंह पाटिल और राष्ट्रपति द्रौपदी मुर्मु सहित कई बड़ी कवरेज कीं। संगीता मुझे आज भी याद है कि ब्रिटेन की महारानी एलिज़ाबेथ द्वितीय का निधन 8 सितम्बर 2022 को स्कॉटलैंड के बाल्मोरल कैसल में हुआ था। उस समय हमारी राष्ट्रपति द्रौपदी मुर्मु का भी यह पहला विदेशी दौरा था, तो मुझे उनकी कवरेज के लिए नियुक्त किया गया। प्रधानमन्त्री नरेन्द्र मोदी की मध्य प्रदेश में उज्जैन महाकाल और उत्तर प्रदेश के काशी कोरिडोर की कवरेज में भी अहम भूमिका के तौर पर काम करने का मौक़ा मिला।

जहाँ तक दुनिया की सबसे बड़ी त्रासदी कोरोना में अपने कर्तव्य का निर्वहन करने की बात तुमने पूछी है, तो मुझे लगता है कि फ्रंट वारियर में से एक हम भी थे। क्योंकि कैमरे का काम आप घर बैठकर नहीं कर सकते। कोरोना में एक लो़कप्रसारक की कैमरावुमन होने के नाते हम जो कवरेज करते थे उसमें कोरोना के सभी नियमों का पालन किया जाता था। ऐसा मुश्किल का समय था वो...हर कोई घर पर था सिवाय हम जैसे कुछ फ्रंट वारियर के। और कोरोना में भी कभी अपनी ज़िम्मेदारी से मुँह नहीं फेरा। नियमों का पालन करते हुए टीमें बनाकर कोरोना में काम किया जाता था,...ऐसे में ड्यूटी का समय कई बार बहुत ज़्यादा हो जाता था।

आपने पूछा कि आप कैमरासेक्शन की प्रमुख के पद से सेवानिवृत्त हुईं तो आपको कैसा लगता है। संगीता मेरे लिए यह बहुत ही गौरव की बात है, जिस संस्थान ने एकदम नयी लड़की को पहले कैमरावुमन बनाया उसी संस्थान में कैमरासेक्शन की प्रमुख के पद से सेवानिवृत्ति...(यह बताते हुए वो बहुत भावुक हो गयी थीं)

संगीता इससे बड़ा महिला सशक्तीकरण क्या होगा, जो आपको आपके साथियों से इतना स्नेह मिले, साथ मिले। मेरा अपने लिए और अपने साथियों के लिए एक ही फॉर्मूला रहा है कि हमेशा कैमरामैन को समय पर आना चाहिए। कवरेज किसी का इन्तज़ार नहीं करती। मीडिया से जुड़े लोगों को याद रखना चाहिए कि हमारे

यहाँ एक सेकेंड का भी कितना महत्त्व है। एक सेकेंड का ब्लैंक आपकी नौकरी खा सकता है। ख़ास कर किसी विशेष अतिथि जैसे प्रधानमन्त्री और राष्ट्रपति। मुझे जब कैमरा प्रमुख की ज़िम्मेदारी मिली, तो मैं क़ाबिलियत के हिसाब से काम देती थी,...मैं देखती थी कि इस कैमरामैन को अपने काम और संस्थान से कितना प्यार है। क्या वो कवरेज की चुनौतियाँ का सामना कर पायेगा या नहीं। आप इस बात को ऐसे समझ सकती हैं जैसे कहीं ब्लास्ट हुआ हो तो आप कमज़ोर दिल वाले या किसी नये कैमरामैन को ऐसी कवरेज पर नहीं भेज सकते। मेरे साथ ज़्यादातर पुरुष ही काम करते थे, जो किसी भी महिला के लिए इतना आसान नहीं था। पर क्योंकि मैं अपने साथियों की नज़र में ईमानदार और मेहनती महिला थी तो बड़ी से बड़ी कवरेज से लेकर जब मैंने काम किया और जब मैंने उन्हें काम दिया मुझे पूरा-पूरा सहयोग मिला। 25 सालों तक बड़ी कवरेज करके मैंने जो कुछ सीखा वो अपने नये आने वाले साथियों को भी सिखाया। जैसे मीडिया में किसी भी काम के लिए अख़बार पढ़ना बहुत ज़रूरी है। मैं ख़बरों पर पूरी जानकारी रखने के लिए रिपोर्टर से भी ज्ञान लेती थी,...यही मैंने अपने साथियों को भी सलाह दी ताकि चैनल को भी पूरी ख़बर मिले।

तुमने एकदम सही कहा संगीता महिला सशक्तीकरण में दूरदर्शन की ना केवल भूमिका है बल्कि इस संस्थान ने ना जाने कितनी महिलाओं को सबल बनाया है और ना जाने कितनों को प्रेरणा दी है। यहाँ मैं आने वाली अपनी युवा साथियों से एक निवेदन करना चाहती हूँ, आप अपने काम में मेहनत करें और मेरी बात मानिये आपका परिवार शादी से पहले आपके माता-पिता एवं शादी के बाद आपके पति, आपके बच्चे उनको भी आपकी मेहनत एवं ईमानदारी पर ही नाज़ होगा। संगीता सही अर्थों में महिलासशक्तीकरण वो ही है जब हम अपने रिश्तों की ख़ूबसूरती को सहेजते हुए करियर की ज़िम्मेदारियों का भी निर्वहन करें।

रुचि अग्रवाल

दूरदर्शन, प्रसार भारती में उपमहानिदेशक

मेरा जन्म उत्तर प्रदेश के मुरादाबाद में हुआ। मेरे पिता श्री हरिश्चन्द्र अग्रवाल सरकारी अधिकारी और साहित्यकार रहे और माँ पुष्पा अग्रवाल गृहिणी थीं। हम चार भाई-बहनों में मैं सबसे बड़ी थी, पर मुझे याद नहीं कि कभी भी मुझे किसी लड़के से कम सुविधाएँ मिली हों या मुझे लड़कों से कम आँका गया हो। हमारा बचपन दूरदर्शन को देखकर और उससे प्रेरणा लेकर गुज़रा। उस समय दूरदर्शन पर उत्कृष्ट धारावाहिकों और कार्यक्रमों का निर्माण और प्रसारण होता था। जिससे न केवल मनोरंजन बल्कि भविष्य निर्माण के लिए भी हमें प्रेरणा मिलती थी। मुझे आज भी याद है कि 'रामायण', 'रजनी' और 'उड़ान' जैसे धारावाहिक बड़े होते बच्चों के कोमल मन पर सच्चाई, ईमानदारी और संस्कार की नींव रखते थे। उनकी लोकप्रियता इतनी अधिक थी कि उनके प्रसारण के समय सड़कों पर एकदम सन्नाटा पसर जाता था। मैंने अपने करियर की शुरुआत साल 1991 में इलाहाबाद के आकाशवाणी केन्द्र से की। इलाहाबाद को अब प्रयागराज नाम से जाना जाता है इसका बहुत ही वैभवशाली इतिहास रहा है। अपने करियर की शुरुआत एक ऐसे कार्यालय से होने के लिए मैं ख़ुद को बहुत ही भाग्यशाली मानती हूँ। कार्यालय का वातावरण एकदम स्वच्छ और सुन्दर था। वहीं पर इलाहाबाद के एक से एक बढ़कर संगीतकार और गायक कलाकारों से मिलने का मौक़ा मिला, जिसने मुझे जीवन भर के लिए एक अनूठा एहसास प्रदान किया।

मैं उस दौरान प्रयाग संगीत समिति में आयोजित होने वाली विभिन्न साहित्य गोष्ठियों और संगीत के कार्यक्रमों में जाती थी जिससे मुझे उस समय के महान

लेखकों को सुनने और आकाशवाणी के लिए उनकी रिकॉर्डिंग करने का भी अवसर मिला। आकाशवाणी इलाहाबाद द्वारा संगीत के विविध और गौरवपूर्ण कार्यक्रम आयोजित किये जाते थे जिन आयोजनों में हमें अपने कर्तव्य बोध के साथ-साथ अभूतपूर्व आनन्द की अनुभूति होती थी। साल 1999 में मेरी राजस्थान के कोटा डीएमसी में नियुक्ति की गयी। उस दौर में दूरदर्शन सबसे लोकप्रिय चैनल था और लोगों को अपने पसन्दीदा कार्यक्रम देखना बेहद पसन्द था। तब यदि कभी तकनीकी ख़राबी के कारण प्रसारण में कोई रुकावट आ जाती तो उसके लिए मिनट भर में ही तमाम फ़ोन आ जाते थे। और हम तत्काल उसे ठीक करने का प्रयास करते। कार्यक्रमों के प्रसारण के लिए उस समय स्थानीय ट्रांसमीटर्स का प्रयोग किया जाता था। स्थानीय टीवी टावर के ऊँचे एंटीना से रेडियो तरंगों के माध्यम से प्रसारण होता था और घर में लगे टीवी एंटीना के द्वारा घर के टीवी तक पहुँचता था। इसमें केबल सेवा या सैटेलाइट चैनल शामिल नहीं थे बल्कि उस समय टेरेस्टेरियल प्रसारण में छत पर लगे एंटीना से सामान्य प्रसारण सामग्री को प्राप्त किया जाता था। घरों की छत पर एंटीना लगे होते थे जिससे लोग सिग्नल को प्राप्त करते थे और अपना पसन्दीदा दूरदर्शन देखते थे। कई बार लोग एंटीना को घुमा-घुमा कर प्रसारण को ठीक किया करते थे।

इसके बाद राजस्थान के बूँदी में हाई पावर ट्रांसमीटर में मेरी पोस्टिंग हुई। बूँदी राजस्थान का बहुत ही ऐतिहासिक शहर है। यहाँ ऊँची पहाड़ी पर हमारा ट्रांसमीटर का टावर लगा हुआ था, जो आज भी है। हर जगह यह पूरा सिस्टम दूरदर्शन द्वारा ही लगाया जाता है और उसकी मरम्मत की ज़िम्मेदारी भी विभाग की ही होती थी। कम आबादी वाले इस शहर में ट्रांसमीटर के रास्ते में जंगली जानवरों के कारण रात-बिरात सुरक्षा का ख़तरा बना रहता था। ट्रांसमीटर पर जाते हुए एक बार नील गायों का झुण्ड हमारी गाड़ी के आगे से निकल गया और गाड़ी से टकराता हुआ गुज़रा। वहाँ तेंदुआ भी कभी कभार दिखाई दिया था। पाठकों को एक और घटना बताना चाहूँगी जब मैंने अपने सामने बिजली को गिरते देखा था। यह बहुत ही भयानक अनुभव था। ख़राब मौसम में भी दर्शकों को सिग्नल की कोई परेशानी ना हो यह देखना इंजीनियरों का ही काम होता है और हम प्रसारण को सुचारु रूप से चलाने के लिए हर सम्भव प्रयास करते हैं। उस समय महीने में कम से कम एक बार ट्रांसमीटर की मेंटिनेंस के लिए पूरी रात भी वहाँ रुकना होता था। ऐसे में कार्य के लिए जंगल के बीच से निकलना भी एक अलग ही अनुभव था। बूँदी में अपनी पोस्टिंग के समय एक महिला होने के नाते मेरी चुनौतियाँ कुछ समय के लिए कुछ

अधिक ही बढ़ गयी थीं। क्योंकि उस समय मैं दो छोटे बच्चों की माँ थी और उनकी देखभाल की ज़िम्मेदारी अकेले मुझ पर ही थी। क्योंकि मेरे पति को अपनी पोस्टिंग के चलते दिल्ली में रहना पड़ा था। लेकिन अपने दायित्वों के आगे हम कोई कोताही नहीं बरत सकते। फिर चाहे कितनी भी कठिनाइयाँ क्यों ना हों अत: हर हाल में मैंने अपनी ड्यूटी को पूरी शिद्दत से निभाया।

इंजीनियरिंग के कई विभागों के साथ-साथ मैंने दूरदर्शन फ़िल्म डिवीज़न में भी काम किया। जहाँ आपको साप्ताहिक प्रसारित होने वाली फ़िल्मों का चयन एक गठित प्रसारण समिति के माध्यम से विभागीय नियमों के अनुरूप करना होता था। यह समय भी मेरे लिए बहुत ही रोचक और सुन्दर अनुभव रहा। हमारी अतिरिक्त महानिदेशक श्री संगीता गोयल की छत्रछाया में उस समय हमें बहुत कुछ सीखने को भी मिला।

सन् 2020 में कार्यालय प्रमुख के रूप में मेरी पोस्टिंग आकाशवाणी गुवाहाटी में हुई। उस समय कोरोना का कहर था और उससे बचाव के लिए महत्त्वपूर्ण प्रसारण होते रहते थे। उस दौरान रेडियो के सभी कर्मचारी और अधिकारी सुचारु प्रसारण के लिए तत्पर रहते थे और सोशल डिस्टेंसिंग का भी पूरा ख़्याल रखते थे। पूरे कार्यक्षेत्र और कॉलोनी की सैनिटाइजिंग का भी विशेष ध्यान रखा जाता था। इस कठिन समय में हमारे अधिकारी श्री शशिकान्त जी ने हमारा मार्गदर्शन किया। उस समय गुवाहाटी में अकेले रहना पड़ता था जो कि मेरे लिए अत्यधिक डरावना अनुभव साबित हो रहा था, क्योंकि मेरा परिवार दिल्ली में था और लम्बे समय तक उड़ानें और ट्रेनें भी बन्द थीं। कई लोग ऐसे थे जिनके परिवार बाहर थे और वे लोग अकेले ही रहते थे। उन सभी को इन परेशानियों का सामना करना पड़ा था। यहाँ पर मैं यह उल्लेख करना चाहूँगी कि श्री शशिकान्त जी की पत्नी जो कि बड़ी ही असाधारण महिला हैं, वो हमारे लिए बड़ी ही मददगार साबित हुईं। जिनके लिए मैं उनकी हमेशा दिल से शुक्रगुज़ार रहूँगी। इस कठिन समय में वहाँ के सभी अधिकारियों, कर्मचारियों ने एक-दूसरे का हौसला बढ़ाते हुए प्रसारण को सुचारु बनाये रखा और अतिशय हिम्मत परिश्रम और धैर्य का परिचय दिया। कोरोना से बचाव के लिए हमारे कार्यालय में कई विशेष क़दम भी उठाये गये जिसमें वैकल्पिक कंट्रोल रूम की व्यवस्था और कार्यालय में लगातार स्वच्छता और किसी भी आपातकाल स्थिति का सामना करने की रणनीति आदि भी शामिल थे। सबके सहयोग से और ईश्वर की कृपा से यह कठिन समय भी निकल गया। उस समय दूरदर्शन और आकाशवाणी के कार्यक्रमों में सरकार द्वारा किये गये विशेष इन्तज़ामों पर आधारित कार्यक्रम

आते थे। साथ ही उस दौरान स्कूल बन्द थे तो बच्चे शिक्षा नहीं प्राप्त कर पा रहे थे। उनके लिए भी दूरदर्शन और आकाशवाणी के कार्यक्रमों द्वारा शिक्षा की व्यवस्था की गयी थी।

2022 में दिल्ली वापस पोस्टिंग होने पर मुझे पुनः प्रसार भारती और दूरदर्शन में काम करने का मौक़ा मिला। आज के दौर में तमाम चैनल मौजूद हैं और अब तो डिजिटल मीडिया और यूट्यूब का भी बोलबाला है। लोगों के पास देखने के लिए कार्यक्रमों का भण्डार है। पर ऐसे कार्यक्रम जो समाज को दिशा दें, स्वस्थ मनोरंजन दें, शिक्षा दें और विषम परिस्थितियों में भी देश के काम आयें...दूरदर्शन ही प्रसारित करता है। दूरदर्शन महिला सशक्तीकरण में ही नहीं बल्कि समाज एवं देश निर्माण में भी अपनी महत्त्वपूर्ण भूमिका निभाता आ रहा है और आगे भी निभाता रहेगा। साथ ही मुझे गर्व है कि इस प्रतिष्ठित संस्थान में मुझे भी काम करने का मौक़ा मिला।

दूरदर्शन की महिला शक्ति

(चिरन्तना चौधुरी, श्राबोनी दासगुप्ता, उमा अय्यर रावला, रिन्छेन् योल्मो और ऋतु)

'दूरदर्शन : आधी आबादी की सशक्त गाथा' किताब पर काम करते हुए जब मैंने महानिदेशक कंचन प्रसाद का साक्षात्कार किया तो उन्होंने अपने सभी कार्यों और दूरदर्शन की सफलता का श्रेय अपनी महिला टीम को दिया। उन्होंने कहा कि संगीता अपनी टीम के बिना मैं कुछ भी नहीं कर सकती। उन्होंने कहा कि चिरन्तना चौधुरी, श्राबोनी दासगुप्ता, उमा अय्यर रावला, रिन्छेन् योल्मो और ऋतु प्रोड्यूसर सभी मेरे मज़बूत बाज़ू हैं और मेरे हर काम में इन सभी की पूरी-पूरी मेहनत होती है। सभी को एक साथ मंच पर लाकर मैंने उनसे दूरदर्शन में उनके कार्यों एवं अनुभवों को जानने का प्रयास किया। हमारे देश की विविधता में एकता की मिसाल यह महिलाएँ देश के अलग-अलग हिस्सों से आती हैं, अलग-अलग काम करती हैं लेकिन सबका

मक़सद एक है और वो है दूरदर्शन के कार्यक्रम और प्रस्तुति को बेहतर बनाना। तो आइये पाठकों आपको भी इनसे रू-ब-रू कराती हूँ।

पाँच महिलाओं की इस टीम ने सबसे पहले अपनी टीम के चयन के लिए दूरदर्शन महानिदेशक कंचन मैडम का आभार व्यक्त किया। साथ ही सभी ने कहा कि उनके नेतृत्व में हमें आज़ादी से काम करने का सौभाग्य प्राप्त होता है जो कि टीवी जैसे डायनामिक मध्यम में बहुत ज़रूरी है। वो दूरदर्शन से सम्बन्धित हर बड़े और छोटे निर्णय को अपनी टीम के साथ मीटिंग कर सलाह लेती हैं जो कि बहुत कम अधिकारियों में देखने को मिलता है। उनका मक़सद सदा दूरदर्शन में उत्कृष्ट स्तर के कार्यक्रमों का निर्माण और अलग-अलग कार्यक्रमों के माध्यम से ज्ञान को दर्शकों तक पहुँचाना है। इसके लिए हम सब मिलकर ना केवल एक संयुक्त टीम के रूप में काम करते हैं बल्कि हमेशा कुछ नया करने के प्रयोग भी करते रहते हैं।

कई देश के मध्य प्रदेश-चेन्नई, असम के तिनसुकिया, उत्तर प्रदेश और जगहों से आती हैं। सबका कहना है कि हम सबका बचपन दूरदर्शन के उच्च कोटि के कार्यक्रमों को देखकर गुज़रा। कभी सोचा नहीं था कि इतने प्रतिष्ठित संस्थान में काम करने का मौक़ा मिलेगा। मैडम के नेतृत्व में हम कई महिलाएँ दूरदर्शन में कार्यरत हैं। कोई प्रोडक्शन में है तो कोई कोआर्डिनेशन में है तो कोई प्रेजेंटेशन सेक्शन में है। हमारे अलावा भी कई और महिलाएँ हैं जो अलग-अलग विभागों में कार्यरत हैं जिन सभी विभागों पर हम निर्भर करते हैं। मेरा मानना है कि जो माध्यम कभी पुरुष प्रधान हुआ करता था अब वो महिलाओं की मेहनत और योगदान से गुलज़ार है।

वहीं ऋतु गुप्ता ने भी दूरदर्शन में अपने अनुभवों को साझा किया उन्होंने बताया कि उत्तर प्रदेश के शाहजहाँपुर ज़िले में पिता ज्ञान प्रकाश गुप्ता और माता अर्चना गुप्ता के यहाँ मेरा जन्म हुआ। मेरा मानना है कि महिला सशक्तीकरण की असली शुरुआत हमारे घर से ही होती है और इसमें सबसे प्रमुख भूमिका हमारी माँ की है। मैं भाग्यशाली हूँ कि मुझे माँ के रूप में ऐसी मार्गदर्शक मिली जिन्होंने बचपन से ही आत्मनिर्भर बनाने में मुख्य भूमिका अदा की। जहाँ तक बात दूरदर्शन की है तो दूरदर्शन हमारे बचपन का साथी है और हम सब दूरदर्शन देखकर ही बड़े हुए हैं। उस समय की न्यूज़ एंकर की छवि आज भी हमारे दिमाग़ में बिल्कुल ताज़ा है फिर चाहे वह शोभना जगदीश का हेयर स्टाइल हो या फिर सलमा सुल्तान का गुलाब का फूल। अलग-अलग राज्यों के रिपोर्टर जैसे कि ए. पी. दीवान, संजीव खजूरिया, गीतम मिश्र की लोकप्रियता भी कुछ कम नहीं थी। मैं ख़ुशक़िस्मत हूँ कि मुझे

दूरदर्शन में अपना करियर बनाने का मौक़ा मिला और कार्यक्रम 'आज सवेरे' के लिए मैंने सरला महेश्वरी और रिनी खन्ना के साथ प्रोग्राम भी रिकॉर्ड किया। दूरदर्शन की 64वीं सालगिरह कार्यक्रम में शम्मी नारंग, सलमा सुल्तान, सुनीत टंडन, मीनू तलवार जैसे लोकप्रिय न्यूज़ रीडर्स से मिलने का मौक़ा मिला जिसका श्रेय हमारी महानिदेशक कंचन मैम को जाता है जिनकी वजह से यह कार्यक्रम आयोजित हुआ था।

दूरदर्शन से जुड़ने के साथ मैंने कई प्रतिभाशाली और बहुमुखी प्रतिभा की धनी महिला अधिकारियों के साथ काम किया है और अब हमें कंचन मैम जैसी बेहतरीन लीडर का मार्गदर्शन मिल रहा है। उनका काम करने का जज़्बा हमें अपना बेहतरीन देने के लिए प्रेरित करता है। उनकी ख़ासियत है कि वह हम सभी को काम करने की पूरी स्वतन्त्रता देती हैं और जब भी ज़रुरत हो एक गार्जियन की तरह हमारा मार्गदर्शन करती हैं। उनके मार्गदर्शन में मैंने हाल ही में इस्तांबुल, तुर्की में 13वें एबीयू सांग फ़ेस्टिवल में भाग लिया। एक महिला अधिकारी के तौर पर अन्तरराष्ट्रीय मंच पर अपने देश का प्रतिनिधित्व करना मेरे लिए एक गौरवभरा अनुभव रहा। मैंने दूरदर्शन के लिए दो योगा सिरीज़ योगा विद ईरा त्रिवेदी और आरोग्य योग, निवेदिता जोशी जी के साथ का प्रोडक्शन किया। दूरदर्शन हमेशा से हर फ़ील्ड की महिलाओं को सम्मान देने में अग्रणी रहा है। यह एक रोचक बात है कि इस समय दूरदर्शन केन्द्र दिल्ली में कोऑर्डिनेशन, एडिटिंग, ग्राफ़िक्स, प्रजेंटेशन, मेकअप, एडमिनिस्ट्रेशन जैसे प्रमुख विभाग महिलाएँ ही सँभाल रही हैं। ये सच्चाई इस बात का उदाहरण है कि कंचन मैम के नेतृत्व में दूरदर्शन में महिलाएँ कितनी अग्रणी भूमिका निभा रही हैं। जहाँ तक बात हमारी टीम की है तो हम सभी एक-दूसरे की ताक़त भी हैं और आगे बढ़ने की प्रेरणा भी हैं। हम सभी एक-दूसरे के काम को रिस्पैक्ट देते हैं और ज़रुरत पड़ने पर हमेशा मदद के लिए मौजूद भी रहते हैं।

वहीं दूसरे साथियों का कहना है कि जहाँ तक साथ मिलकर काम करने की बात आती है मान लीजिए हमें मिलकर प्रोग्राम बनाना है तो हम अपने सामर्थ्य के अनुसार काम को बाँट लेते हैं ताकि किसी एक पर काम का बोझ न पड़े और काम समय पर सफलता से समाप्त भी हो जाये। हम एक-दूसरे की सीमाओं का भी सम्मान करते हैं जिससे कोई परेशानी नहीं होती। एक साथी ने बताया कि वो एक प्रोग्राम करती थी 'आज सवेरे' जिसमें कई बार महिला चैम्पियंस को गेस्ट के हिसाब से आमन्त्रित किया। कार्यक्रम में एसिड अटैक पीड़िता लक्ष्मी अग्रवाल को आमन्त्रित किया जिन पर आगे चलकर फ़िल्म भी बनी जिसमें उनका किरदार दीपिका पादुकोण ने निभाया था। मैंने तेत्सेओ सिस्टर्स को भी शो में बुलाया जो

नागालैंड से आती है और अपने लोक गीतों को जन-जन तक पहुँचाती है। इसके अलावा महिला उद्यमी, सामाजिक कार्यकर्ता और कई ऐसी महिलाएँ हमारे कार्यक्रम में आयीं जो दूरदर्शन के माध्यम से करोड़ों दर्शकों तक प्रेरणा का स्त्रोत बनीं।

इन सभी महिला अधिकारियों का कहना है कि दूरदर्शन अपनी शुरुआत से ही 'उड़ान', 'स्वाभिमान' और कई अन्य महिला केन्द्रित कार्यक्रमों को बढ़ावा देने में सबसे आगे रहा है। हमने दर्शकों के साथ अपने अनुभव साझा करने के लिए विभिन्न क्षेत्रों की प्रमुख महिलाओं को भी आमन्त्रित किया है। उम्मीद है कि इस तरह के कार्यक्रम दर्शकों को प्रेरित करने और हमारे समाज में लैंगिक अन्तर को तोड़ने में मदद करेंगे।

कंचन मैडम के साथ अपने निजी अनुभवों को साझा करते हुए टीम ने मुझे रोचक क़िस्से बताये। उन्होंने कहा कि मैडम सबसे बड़े पद पर हैं लेकिन वो हर छोटे से छोटे काम को भी ख़ुद देखती हैं और अपनी टीम का पूरा-पूरा सहयोग करती हैं। उमा अय्यर रावला जी बताती हैं कि देश और दुनिया में रामलला की मूर्ति की स्थापना के समय मुझे उनके साथ जाने का मौक़ा मिला। मैडम ने बिना सोये अपनी टीम के साथ प्रसारण में कोई परेशानी ना हो इसके लिए कई बार कैमरों का निरीक्षण किया। साथ ही पूरी व्यवस्था को कई स्तर पर चेक किया, जिससे दर्शकों तक बिना किसी बाधा के रामलला का लाइव प्रसारण सम्भव हो पाया। इसके साथ ही 22 जनवरी को अयोध्या राम मन्दिर में प्राण प्रतिष्ठा कार्यक्रम होने के बाद से जो भक्त अयोध्या नहीं जा पा रहे हैं, उनके लिए दूरदर्शन पर रामलला की श्रृंगार आरती के सीधे प्रसारण की व्यवस्था की गयी है।

दूरदर्शन के नेशनल चैनल पर रोज़ सुबह 6.30 बजे रामलला की श्रृंगार आरती के दर्शन किये जा सकते हैं। टीवी चैनल के अलावा दूरदर्शन के यूट्यूब पर सीधा प्रसारण देखा सकता है।

किताब का विषय है 'दूरदर्शन : आधी आबादी की सशक्त गाथा' पाठकों इससे बड़ा महिला सशक्तीकरण का और क्या उदाहरण होगा, जहाँ सबसे वरिष्ठ अधिकारी अपनी टीम को सफलता का सारा श्रेय दें और टीम अपनी बॉस को। दूरदर्शन में हमेशा ऐसे ही मिलकर काम करने की भावना बनी रहे यही ईश्वर से प्रार्थना है।

अनुराधा अग्रवाल

एडीजी (ई) दूरदर्शन

इंजीनियर का जीवन, मेहनत का प्रतीक, हर दिन नया सपना, हर रात एक नयी सीख।

दिन, रात या फिर हो समय और परिस्थिति कोई भी हर कठिनाई में महत्त्वपूर्ण भूमिका निभाती है महिला इंजीनियरों की यह टीम।

दूरदर्शन के प्रसारण को है आपको टेलीविज़न सेटों तक पहुँचाना,...इनकी ज़िम्मेदारी और निर्बाध करती हैं पूरी यह अपनी ज़िम्मेदारी।

आकाश में, धरती पर ना केवल देखती हैं अपनी सफलता के सपने बल्कि अपने संस्थान को तकनीक माध्यम से पहुँचाती हैं दूर्गम स्थानों तक।

नारी का यह अनोखा रूप करता है मीडिया में महत्त्वपूर्ण भूमिका अदा, तकनीक और अथक मेहनत है इनकी सफलता की कुंजी।

पाठकों को शायद यह नहीं पता होगा कि जैसे दूरदर्शन ने देश में मीडिया क्रान्ति को जन्म दिया। वैसे ही अनुराधा अग्रवाल जैसी महिला इंजीनियरों ने इस सपने को पूरा करने में महत्त्वपूर्ण भूमिका अदा की है। अब सबसे पहले मैं आपको दूरदर्शन के सैटेलाइट के विषय में जानकारी दे दूँ। पाठको सैटेलाइट वह तकनीक है जिसके माध्यम से आपके घरों के टेलीविज़न सेटों पर प्रसारण सम्भव हो पाता है।

इतने बड़े संस्थान में कैसे महिलाओं ने तकनीक के माध्यम से दूरदर्शन को करोड़ों घरों तक पहुँचाया और उनका स्वयं का अनुभव कैसा रहा। यही सब जानने के लिए मैं पहुँची अनुराधा अग्रवाल एडीजी (ई) दूरदर्शन के पास। अति व्यस्तता के बावजूद उन्होंने मुझे अपना क़ीमती समय दिया। पाठकों को और ख़ास कर मीडिया

से जुड़े लोगों को यह जानकारी बहुत काम आयेगी कि कैसे 80 के दशक से लेकर 21 वीं सदी तक महिलाओं द्वारा दूरदर्शन की तकनीक में अपना सराहनीय योगदान दिया है। अनुराधा जी बताती हैं कि उत्तराखण्ड के हरिद्वार ज़िले का रुड़की जहाँ माता डॉ. कुसुम गर्ग और पिता श्री वीरेन्द्र कुमार गर्ग के यहाँ मेरा जन्म हुआ। हम दो भाई-बहन, परिवार में ना केवल मेरी बल्कि हर बच्ची की पढ़ाई पर पूरा-पूरा ध्यान दिया जाता था। आपको जानकर हैरानी होगी कि माँ ने शादी के बाद अर्थशास्त्र में पीएच.डी. की पढ़ाई को पूरा किया। पिता जी सिविल इंजीनियर थे और मेरा जन्म जहाँ हुआ रुढ़की जो तकनीक के मामले में विश्व स्तर पर हमेशा अग्रणी रहा है। तो आप कह सकती हैं कि तकनीक में जीना या यूँ कहें कि तकनीक का मेरे जीवन में महत्त्वपूर्ण स्थान रहा है। हमारे घर में पढ़ाई के लिए बहुत सख़्ती थी केवल रात को डिनर के समय जब सब साथ खाना खाते थे, उस समय हम सब साथ मिलकर दूरदर्शन पर समाचार देखा करते थे और हम सबकी एक ही पसन्दीदा एंकर थी सलमा सुल्ताना जी। बुधवार को चित्रहार देखने की इजाज़त मिलना ऐसा होता था मानो कोई सोने की गुल्लक मिल गयी हो। कभी सोचा भी नहीं था कि जिस दूरदर्शन को देखना हमेशा सपने के सच होने जैसा था वहीं मुझे काम करने का मौक़ा मिलेगा। इंजीनियरिंग की पढ़ाई के बाद मेरी पहली नियुक्ति साल 1989 में सीपीसी दिल्ली में हुई,...क्या ख़ूबसूरत ऑफ़िस था, उस समय का देश का सबसे ज़्यादा नयी तकनीकों से लैस ऑफ़िस था हमारा। जो तकनीक देश में दूरदर्शन के किसी भी कार्यालय में नहीं थी वो उस समय सीपीसी में थी।

23 साल की युवती की एडी की पोस्ट पर पहली नौकरी फिर क्या था। मुझे ऑफ़िस की सभी नयी तकनीकों से अवगत कराया गया। हमारे ऑफ़िस में ही डिजिटल पॉइंट बॉक्स जिसकी मदद से उस समय ग्राफ़िक्स बनाने में मदद मिलती थी और दूसरा डिजिटल लाइब्रेरी सिस्टम इसकी सहायता से प्रसारण सामग्री को सुरक्षित रखने में मदद मिलती थी। उस समय ज़्यादातर काम टाइपिंग करके ही किया जाता था, पर अधिकारियों और ज़रूरत के हिसाब से सीपीसी में कम्प्यूटर काफ़ी संख्या में थे। उस समय महिलाएँ कम थीं पर ऐसा नहीं है कि मैं अकेली महिला थी। प्रोग्राम और तकनीक में कई महिलाएँ काम करती थीं। उस समय महिलाओं की रात्रि में तो शिफ्ट नहीं लगायी जाती थी पर ज़रूरत पड़ने पर महिलाएँ किसी भी समय अपने काम को मना नहीं करती थीं।

अपने करियर की शुरुआत में ही मुझे यह बात समझ आ चुकी थी कि अगर मुझे इस प्रोफ़ेशन में इज़्ज़त कमानी है और बने रहना है तो मुझे औरों से ज़्यादा

काम करना होगा। सीपीसी में मेरी नियुक्ति 'आल इंडिया सर्विस' के तहत यानी मेरा तबादला देश के किसी भी कोने में किया जा सकता था के तहत की गयी थी। मेरे पति विभु सेन अग्रवाल एनटीपीसी में कार्यरत थे, तो आप समझ सकती हैं कि दोनों की पोस्टिंग दिल्ली को छोड़ कर कहीं भी एक साथ नहीं हो सकती थी। ऐसे में घर और परिवार की ज़िम्मेदारी को सँभालने में बहुत ज़्यादा मेहनत करनी पड़ी। यहाँ आपको एक वाक़या साझा करना चाहती हूँ। मैं अपनी पोस्टिंग को रद्द कराने के लिए मन्त्रालय गयी और अपनी समस्या एक वरिष्ठ अधिकारी को बतायी, तो उन्होंने बहुत जोर से फटकार लगायी और कहा कि जानती हो कि कितनी बड़ी चयन प्रक्रिया से चुनकर तुम यहाँ तक आयी हो और आगे जाकर कितनी बड़ी अधिकारी बनोगी...और तुम अभी ही हार मान बैठीं।

उस अधिकारी के इन शब्दों ने मानो मेरे जीवन का रुख ही बदल दिया और मैंने ठान लिया कि "आई हैव टू प्रूव मायसेल्फ एज एस्ट्रोंग एंड डिसर्विंग आफ़िसर"

पहले ही कार्यकाल में मुझे विदेश जाकर प्रशिक्षण का मौक़ा मिला। हरिद्वार में अपने तबादले के दौरान साल 1994 से 1996 तक मैंने डीएमसी में काम किया। वह दूरदर्शन का 'मेंटमेंस सेंटर' था। जिसके दायरे में हरिद्वार से लेकर बद्रीनाथ तक सारे टीवी ट्रांसमीटर आते थे। वो समय दूरदर्शन के विस्तारण का समय था। विस्तारण के लिए नये टॉवरों और चालू ट्रांसमीटर्स का निरीक्षण करने जाती थी। ऐसे में यह मेरा सौभाग्य है कि मैं देश की पहली महिला इंजीनियर अधिकारी बनी ज़िसे डीएमसी में काम करने का मौक़ा मिला। आपको पता है कि पहाड़ो में टॉवरों का रख-रखाव कितना कठिन होता है, प्राकृतिक अस्थिरता भी वहाँ कितनी अधिक होती है। ऐसे में मेरा वहाँ जाकर ट्रैवेलिंग, एक महिला का दुर्गम स्थानों में अकेले जाकर टॉवरों का काम देखना इतना आसान नहीं होता, लेकिन मैं ख़ुद को सौभाग्यशाली मानती हूँ कि मुझे हमेशा अपने वरिष्ठ अधिकारियों 'इंजीनियर इन चीफ़' श्रीमान के.सी.सी. राजा और चीफ़ इंजीनियर डॉक्टर वी.के.सिंह जी का पूरा-पूरा सहयोग मिला, उसके बिना मैं शायद यह काम कभी भी नहीं कर पाती।

पाठकों को एक बात ज़रूर बताना चाहूँगी कि इस ट्रैवेलिंग वाले काम में विभागीय वाहन चालकों ने हमेशा मेरा पूरा-पूरा साथ सम्मान के साथ दिया। साल 1996 से साल 2006 तक दूरदर्शन महानिदेशालय मंडी हाउस में मैंने काम किया। यहाँ काम करते हुए मेरे वरिष्ठ अधिकारियों श्री सी.डी. बनर्जी और श्री एच.के वाधवा ने हमेशा मेरा मार्गदर्शन किया। यहाँ काम करते हुए मैंने डेटा संग्रहण सॉफ्टवेयर पर काम किया। शायद पाठकों को नहीं पता कि डेटा संग्रह सॉफ्टवेयर

आपको डेटा संगृहीत करने और उसका विश्लेषण करने की सुविधा प्रदान करता है। साथ ही इस तकनीक के ज़रिये मैन्युअल त्रुटियों को कम करते हुए डेटा को अच्छी तरह से व्यवस्थित और विभाजित किया जा सकता है। इस तकनीक का मक़सद दूरदर्शन में कार्य कुशलता को बढ़ावा देना था। जब साल 2010 में मेरी श्रीनगर में पोस्टिंग हुई, उस समय वहाँ आतंकवाद चरम सीमा पर था, लेकिन यहाँ हुई मेरी नियुक्ति ने मेरे अन्दर आत्मविश्वास को कई गुणा बढ़ा दिया।

बच्चों की पढ़ाई के कारणवश मुझे वहाँ अकेले रहना पड़ा और परिवार साथ नहीं गया। आप यह ज़रूर कह सकते हैं कि हमारा संस्थान अपने कर्मियों की ख़ासकर महिलाओं की सुरक्षा का पूरा-पूरा ध्यान रखता है। मैं अकेले तो रहती थी, पर दूरदर्शन के सरकारी होस्टल में मुझे किसी भी तरह की कोई परेशानी नहीं थी। वहाँ भी मुझे लीक से हटकर सबके साथ मिलकर काम करने के लिए हमेशा याद किया जाता है।

देश में हमेशा से ही जम्मू-कश्मीर आतंकवादियों के निशाने पर रहा है और वहाँ से 26 जनवरी और 15 अगस्त का निर्बाध प्रसारण करना एक बड़ी ज़िम्मेदारी होती है। अपनी वहाँ नियुक्ति के दौरान सबके सहयोग एवं टीम की समन्वय की भावना से मैंने इस काम को भी सफलापूर्वक पूरा किया।

उस समय 'नेशनल फ़ेडरेशन ऑफ़ आकाशवाणी एंड दूरदर्शन' के सभी कर्मियों ने देशभर में हड़ताल कर दी और सबसे पहले राजधानी दिल्ली से ही हड़ताल की ख़बर आयी थी। ऐसी कठिन परिस्थितियों में भी मेरे कुछ साथियों ने हमेशा मेरा साथ दिया और उनके सहयोग एवं समर्पण की भावना की वजह से सिर्फ़ देश के 'डीडी काशीर' में ब्रेकडाउन नहीं हुआ, इस काम को करने के बाद ऑफ़िस में मेरी एक छवि बन गयी कि अनुराधा जो कहती है वो करके दिखाती है। इस काम को पूरा करने में मुझे वहाँ स्थानीय स्टॉफ़ ने भी बहुत मदद की। मेरी टीम की सफलता का बड़ा श्रेय उन्हें भी जाता है, अगर यह सब भी हड़ताल में शामिल हो जाते और मेरा साथ नहीं देते तो मैं अपना काम कभी नहीं कर पाती।

यहाँ पाठकों को यह बता दूँ कि एक बार जब शंकराचार्य हिल पर स्थित एचपीटी में ब्रेकडाउन हुआ, जो बहुत ऊँचाई पर स्थित है, तो ऐसे में अपने सहयोगियों के साथ 3 दिन वहाँ रहकर टावर के ठीक होने तक काम किया। बिना रुकावट दूरदर्शन के प्रसारण की ज़िम्मेदारी हमारी ही होती है, इसके लिए हमें कई महत्त्वपूर्ण काम करने होते हैं। इस काम में हमें दिल्ली और मेरे बॉस चीफ़ इंजीनियर श्री आर.के. सिन्हा सर का भी पूरा-पूरा सहयोग मिला। टीम ने हर तकनीकी बदलाव

और काम को पूरा करने में मेरा पूरा-पूरा साथ दिया। 'डीडी काशीर' में प्रोग्राम विभाग की महिलाओं और इंजीनियर नवनीत कौर को मैं कभी नहीं भूल सकती। हमने ना केवल साथ मिलकर सफलतापूर्वक हर काम को अंजाम दिया, हम एक परिवार की तरह मिलकर हर चुनौती का सामना भी करते थे।

एक साल बाद सीपीसी खेल गाँव दिल्ली में मेरा तबादला हो गया, अब मुझे केन्द्र प्रमुख की ज़िम्मेदारी सौंपी गयी।

अन्य कार्यों का ज़िक्र करूँ तो उस समय वहाँ एक स्टूडियो बन्द था और केवल दूसरे स्टूडियो से ही किसी तरह काम चलाया जा रहा था। मुझसे पहले भी कई बार उसे शुरू करने की कोशिश की गयी, पर काम में सफलता नहीं मिली। मैंने स्टूडियो को शुरू करने के लिए एक कोर टीम का गठन करके 10 दिन में बन्द स्टूडियो को शुरू करा दिया। बन्द पड़े स्टूडियो के चालू होने के बाद सीपीसी से 'लिविंग लीजेंड्स' नाम की सीरीज़ शुरू की गयी जिसका प्रसारण दूरदर्शन और आकाशवाणी पर एक साथ किया गया।

साल 2013 से 2019 तक मुझे रिसर्च विभाग में नियुक्त किया गया। आप जानते ही हैं कि रिसर्च विभाग का काम तकनीक और प्रसारण संसाधनों पर शोध करके प्रसारण को सुगम और बेहतर बनाना होता है। इस पद पर काम करते हुए हमने 'रिमोट मॉनिटरिंग सिस्टम' पर काम किया। इस तकनीक के माध्यम से आप घर बैठ कर ही ट्रांसमीटरों को मॉनिटर कर सकते हैं। इसी बीच साल 2014 से 2015 तक दिल्ली में स्थित ज़ोनल ऑफ़िस का कार्यभार भी सँभाला जहाँ से पूरे उत्तर भारत के सारे दूरदर्शन केन्द्रों और ट्रांसमीटर का कंट्रोल एवं मैनेजमेंट होता था।

साल 2019 से 2022 तक मैंने प्रसार भारती में एडीजी (उप-महानिदेशक) के पद पर काम किया। उस समय प्रसार भारती के सीईओ श्री शशि शेखर वेम्पति जी थे, उनका मक़सद था कि तकनीक के माध्यम से हम दूरदर्शन को पहले से बेहतर बनाकर दर्शकों तक दूरदर्शन की पहुँच को बढ़ायें। इसके साथ ही मुझे डीटूएम यानी (डाइरेक्ट टू मोबाइल) प्रोजक्ट एज एडीजी इनोवेशन की ज़िम्मेदारी भी सौंपी गयी। 2022 से मैं 'नेशनल एकेडमी ऑफ़ ब्रॉडकास्टिंग एंड मल्टीमीडिया' के इसी पद पर स्टॉफ़ प्रशिक्षण की ज़िम्मेदारियों को भी निभा रही हूँ।

हमारे संस्थान में क़रीब 15 प्रतिशत महिलाएँ काम करती हैं। इन महिलाओं में मेरी साथी अर्चना गुप्ता और रुचि अग्रवाल ने भी कार्यों को पूरा करने में समय-समय पर मेरा पूरा सहयोग किया।

जब 2006 में दूरदर्शन डायरेक्टरेट के बाद मुझे पोस्टिंग मिली सेंट्रल स्टोर्स में जो कि एक बेसिकली प्रोक्योरमेंट का क्षेत्र था, कुछ लोगों का मानना था कि महिलाएँ प्रोक्योरमेंट के लिए सही फिट नहीं होतीं क्योंकि सारे इंडस्ट्री के लोग आते हैं, सप्लायर आते हैं, उनके साथ डील करना पड़ता है। संस्थान के लिए बड़े फ़ैसले लेना और उसे लागू करने में महिला अधिकारी को अन्यों की तुलना में कुछ ज़्यादा ही मेहनत करनी पड़ती है। आज भी हमारे समाज में महिलाओं के लिए माहौल कठिन है। पर मैंने लीक से हट कर लिये गये अपने फ़ैसलों को अपनी मेहनत से वहाँ इंप्लीमेंट किया। एक नये सॉफ्टवेयर को इंस्टॉल कराया जिसकी सहायता से सभी कार्यों और तकनीकी सामान की जानकारी को आसानी से प्राप्त किया जा सकता था।

मेरे सभी वरिष्ठजनों और सहकर्मियों ने अपने-अपने अन्दाज़ और व्यवहार से सदा मेरे पथ-प्रदर्शक की भूमिका अदा की और मेरी हर नियुक्ति में मुझे कुछ नया करने के लिए प्रेरित किया।

यहाँ मैं यह ज़रूर कहना चाहती हूँ कि महिला सशक्तीकरण में दूरदर्शन की हमेशा अहम भूमिका रही है, है और सदा रहेगी। हमारे संस्थान में ना केवल महिलाओं को काम करने के लिए सकारात्मक माहौल दिया जाता है। बल्कि अगर किसी महिला के पास संस्थान के किसी भी काम को बेहतर बनाने के लिए कोई भी विचार हो तो उसे पूरा-पूरा मौक़ा दिया जाता है।

जैसा कि आप जानती हैं कि आज दूरदर्शन, आकाशवाणी, डीडी न्यूज़ एवं डीडी इंडिया सभी की प्रमुख महिलाएँ ही हैं। हमें यह पद किसी ने उपहार में नहीं दिया है बल्कि सभी महिलाओ ने अपनी कड़ी मेहनत और दूरदर्शी विजन की बदौलत इसे अर्जित किया है। विभाग कोई भी हो हम सबका मक़सद एक है और वो है देश के लोक प्रसारक को देश की जनता तक पहुँचाना और उसके मापदण्डों का पूरी तरह से ख़याल रखना।

इंजीनियर हूँ मैं, करती सदा नयी खोज हूँ मैं।
नये विचार, नयी अभिव्यक्ति और नये संसाधनों को बनाना और लागू करना है मेरी ज़िम्मेदारी।
प्रसारण को पहाड़ों पर, बाढ़ में और हर कठिन परिस्थिति में पहुँचाती हूँ मैं।
हाँ-हाँ इंजीनियर हूँ मैं, करती सदा नयी खोज हूँ मैं।
दूरदर्शन की तकनीक को सदा मैंने बनाया मज़बूत एवं अनोखा,

दर्शकों तक पहुँचाया उनका अपना दूरदर्शन।
हाँ-हाँ इंजीनियर हूँ मैं, करती सदा नयी खोज हूँ मैं।
दूरदर्शन की तकनीक में भी है हम महिलाओं का पूरा-पूरा योगदान
हाँ-हाँ इंजीनियर हूँ मैं, करती सदा नयी खोज हूँ मैं।
करती रहूँगी सदा दूरदर्शन और देशहित के लिए काम मैं।
हाँ-हाँ इंजीनियर हूँ मैं, करती सदा नयी खोज हूँ मैं।

डीडी न्यूज़

प्रिया कुमार

महानिदेशक, समाचार

दूरदर्शन भवन में प्रवेश करते ही आपको दीवार पर दूरदर्शन का 'सत्यम् शिवम् सुन्दरम्' लिखा दिख जायेगा। वहीं हर प्रवेश-द्वार पर आपको सभी महत्त्वपूर्ण जगहों पर बोर्ड भी मिल जायेंगे। जिसमें लिखा है कि प्रसार भारती, भारत का लोक सेवा प्रसारक, कार्यस्थल पर महिलाओं के यौन उत्पीड़न सम्बन्धी शिकायतों के निवारण हेतु आन्तरिक शिकायत समिति गठित की गयी है। इतना ही नहीं इस बोर्ड में इस समिति के सभी अधिकारियों के नाम, पद और मोबाइल नम्बर की विस्तार से जानकारी दी गई है। दरअसल मेरे सभी पाठक जानते हैं कि मैं बिना शोध और पूर्ण जानकारी के कुछ नहीं लिखती। 'दूरदर्शन : आधी आबादी की महिला सशक्त गाथा' किताब के लेखन के दौरान मुझे जो अनुभव हुए और जो मैंने अपने शोध से प्राप्त किया, वो मैं पाठकों के बीच साझा करना चाहती हूँ। संस्थान में महिलाओं के प्रति किसी भी अप्रिय घटना को रोकने के लिए एक समिति का गठन किया जाता है। जो विशाखा गाइडलाइन के सभी आदेशों का पालन करती है। दरअसल साल 1997 में सुप्रीम कोर्ट ने कामकाजी महिलाओं की सुरक्षा के लिए दिशानिर्देश जारी किये थे, और सरकार से आवश्यक क़ानून बनाने के लिए कहा था। जिसे विशाखा गाइडलाइन के नाम से जाना जाता है। इसके तहत हर ऐसी कम्पनी या संस्थान के हर उस कार्यालय में जहाँ 10 या उससे ज़्यादा कर्मचारी हैं, एक अन्दरूनी शिकायत समिति की स्थापना करना अनिवार्य होता है।

जब मैंने समाचार चैनल की एक महिला मुखिया से पूछा कि प्रिया जी इस समिति का गठन कैसे किया गया और क्या इसमें अब तक कोई मामला आया है?

तो प्रिया जी ने मुझे इतने गम्भीर एवं संवेदनशील विषय पर विस्तार से जानकारी दी। उन्होंने कहा कि आज महिलाएँ हर क्षेत्र में आगे बढ़ रही हैं और हम दिन-रात 24 घण्टे और सातों दिन चलने वाले चैनल में काम करते हैं। ऐसे में महिलाओं की सुरक्षा के प्रति हमारी जवाबदेही ज़्यादा बढ़ जाती है। ताकि महिलाएँ अपने कार्यस्थल पर सुरक्षा की भावना के साथ काम करें और उन्हें किसी भी तरह की अप्रिय घटना का सामना ना करना पड़े। साथ ही उन्होंने बताया कि हम ऑफ़िस में महिलाओं के प्रति किसी भी अप्रिय घटना को रोकने और महिला कर्मियों को अपने अधिकार एवं दायित्वों से रू-ब-रू कराने के लिए भी कार्यशालाओं का आयोजन करते रहते हैं।

'दूरदर्शन : आधी आबादी की महिला सशक्त गाथा' पर मैंने प्रिया जी से जानना चाहा कि इतना बड़ा दायित्व और अपनी ज़िम्मेदारियाँ वो कैसे इतनी सरलता से सँभाल लेती हैं? मैं जानना चाहती थी कि सादगी, सहजता और लगातार दिन-रात काम करने की लगन वाली एक महिला के निजी अनुभव क्या रहते हैं। साथ ही वो अपने दायित्वों का निर्वहन कैसे कर पाती हैं। उन्होंने अपने अनुभवों को मुझसे साझा किया। प्रिया जी बताती हैं कि किसी भी महिला का किसी भी क्षेत्र में आगे बढ़ना उसकी मेहनत के साथ-साथ उसके परिवार, शिक्षक और साथियों के सहयोग से ही सम्भव है। मेरा जन्म एक शिक्षित परिवार में हुआ, जहाँ पिता प्रभात कुमार एक आईएएस अधिकारी थे, तो माता जी ने उस समय वकालत की थी। मैं सौभाग्य से ऐसे परिवार में पैदा हुई, जहाँ मेरे पिता ने भगवान से माँगा था कि मुझे पहली सन्तान एक बेटी ही देना। मेरे परिवार में मुझे कभी यह एहसास नहीं हुआ कि बेटियाँ किसी बेटे से कम होती हैं। मुझे आज भी याद है कि हमारा बचपन दूरदर्शन पर 'रामायण', 'महाभारत', 'उड़ान' और 'रजनी' जैसे धारावाहिक देखकर गुज़रा है। हमारे समय में पूरे परिवार और पड़ोसियों के साथ बाकायदा स्नान करके पूजा भाव से टेलीविज़न पर रामायण देखी जाती थी।

मेरे पिता जी देश के सबसे बड़े राज्य उत्तर प्रदेश के सिविल सेवा अधिकारी थे, हमने बचपन से ही उन्हें देशहित और समाज के लिए काम करते देखा। पिता जी अपने कामों के ज़रिये यूपी के बेहद पिछड़े गाँवों और इलाक़ों में विकास एवं बदलाव लाने के लिए दिन-रात प्रयासरत रहते थे। बचपन में ही यही प्रेरणा मुझे भी मिली कि मुझे देश के लिए काम करना है।

दूरदर्शन पर समाचार देख कर हम अपनी सामान्य ज्ञान की जानकारी और देश-विदेश के विषय में जानते थे। मेरे लिए उस समय टेलीविज़न पर सलमा सुल्तान

जी को देखना किसी हीरोइन को देखने से कम ना था। क्या पता था कि एक दिन उसी दूरदर्शन परिवार का मैं भी हिस्सा बनूँगी।

जहाँ एक तरफ़ हमारे घर में मुझे शिक्षा और अपने विकास के लिए हर सुविधा मुहैया करवायी गयी, वहीं मैंने देखा कि स्कूल में मेरी साथी कई बच्चियों की कम उम्र में ही शादी कर दी गयी। उस समय इस बात का एहसास बार-बार हुआ कि मैं कितनी भाग्यशाली हूँ कि मुझे ऐसा परिवार मिला, जहाँ मुझे हर तरह की आज़ादी दी गयी। जबकि मेरी ही उम्र की अन्य बच्चियों को पढ़ाई के साथ-साथ घर के कामों की ज़िम्मेदारियाँ भी होती थीं। आज भी सोचती हूँ तो मन उदास हो जाता है कि जब मैं पढ़ाई के लिए दिन-रात एक कर रही थी। उस समय मेरी कुछ साथियों की उनके माता-पिता ने शादी करवा दी थी। सोचती हूँ तो लगता है कि अगर उन्हें भी मेरी तरह पढ़ने और लिखने का मौक़ा मिला होता, तो क्या पता आज वो किसी पद पर या अपनी पहचान से देश का नाम रोशन कर रही होतीं।

जब मैंने प्रिया जी जानना चाहा कि महिला सुरक्षा को लेकर वो इतनी सख़्त क्यूँ हैं और क्या महिलाओं से जुड़ी कोई ऐसी घटना है, जिसने उन्हें महिलाओं की सुरक्षा के प्रति अति गम्भीर बना दिया हो?

तो प्रिया जी का कहना था कि दिल्ली में 26 अगस्त 1978 को गीता चोपड़ा और उसके छोटे भाई संजय चोपड़ा के साथ अपराध की घटना ने मुझे अन्दर तक झकझोर कर रख दिया था। बचपन में सुनी इस घटना से मेरे बाल मन ने यह सीखा कि किसी भी अपराधी को यह डर होना चाहिए कि अगर हमने कुछ भी ग़लत किया, वो भी ख़ासकर किसी महिला के साथ तो मुझे कोई भी बचा नहीं सकेगा। किसी भी समाज में अपराधी का यह डर और महिलाओं के प्रति आपकी जवाबदेही अपराध पर लगाम लगाने में मदद करती है।

संगीता हमारे समय में मोबाइल फ़ोन, मेट्रो और एक मिनट में कैब जैसी सुविधाएँ नहीं थीं। हमें पढ़ाई और प्रशिक्षण के लिए कहीं दूर जाने में काफ़ी कठिनाइयों का सामना करना पड़ता था।

(दरअसल पाठकों को यहाँ बताना चाहती हूँ कि निर्भया काण्ड की तरह गीता चोपड़ा और उसके छोटे भाई संजय चोपड़ा के साथ अपराध की घटना ने पूरे देश को महिला अपराध के ख़िलाफ़ एक कर दिया था। इस घटना के ख़िलाफ़ लोग सड़कों पर उतर गये थे और अपराधियों के लिए कठोर से कठोर सज़ा की माँग कर रहे थे।

दरअसल दोनों भाई-बहन एक कार्यक्रम के लिए रेडियो जा रहे थे। लिफ्ट देने के बहाने अपराधी रंगा ने दोनों को कार में बिठा लिया। इसके बाद, दोनों का कुछ पता नहीं चला। 29 अगस्त को गीता चोपड़ा और संजय चोपड़ा दोनों के शव मिले। पोस्टमॉर्टम से साफ़ हुआ कि हत्या से पहले गीता से बलात्कार किया गया था। पुलिस ने रंगा-बिल्ला को इस अपराध के लिए 8 सितम्बर 1978 को गिरफ़्तार किया। क़रीब 8 महीने मुक़दमा चला और फिर दोनों को फाँसी की सज़ा सुनाई गयी।)

प्रिया जी बताती हैं कि एक आईआईएस अधिकारी बनकर मैंने जीवन में बहुत कुछ सीखा। कई सरकारी महकमों में काम करने का मौक़ा मिला। जिसमें पीआईबी, दूरदर्शन, रेडियो भी शामिल है। मुझे याद है कि जब मुझे दूरदर्शन में काम करने का मौक़ा मिला तो उस समय दूरदर्शन का ऑफ़िस आकाशवाणी संसद मार्ग पर स्थित था। उस समय हम ख़बरें काग़ज़ की तख्तियों पर लिख कर एंकर तक लेकर जाते थे, अगर एक भी तख्ती ऊपर-नीचे कर दी तो पूरा बुलेटिन बिगड़ सकता था। इसलिए हमें काम करते समय अति सतर्क रहना होता था। मुझे आज भी गौरव होता है, कि मुझे अपने करियर की शुरुआत एक वरिष्ठ महिला अधिकारी के सान्निध्य में करने का मौक़ा मिला। उस समय दीपक सन्धू हेड ऑफ़ न्यूज़ हुआ करती थीं। मुझे उस समय ना केवल समाचार के लिए काम करने का मौक़ा मिला। बल्कि कई महत्त्वपूर्ण लोगों के साथ साक्षात्कार करने का भी अवसर मिला।

अमिताभ मट्टू पाक मामलों के विशेषज्ञ जैसे गण्यमान्य व्यक्तियों के साथ चर्चा कार्यक्रम भी किया। उस समय गूगल नहीं था और ना ही हमें कम्प्यूटर पर कोई जानकारी मुहैया होती थी। हमें किसी भी लेख या कार्यक्रम के लिए ख़ुद से किताबें इत्यादि से तैयारी करनी होती थी।

मैंने प्रिया जी से कारगिल युद्ध और शहीद कैप्टन विक्रम बत्रा के विषय में भी जानना चाहा। दरअसल कैप्टन विक्रम बत्रा भारतीय सेना के एक अधिकारी थे जिन्होंने कारगिल युद्ध में अभूतपूर्व वीरता का परिचय देते हुए वीरगति प्राप्त की। उन्हें मरणोपरान्त भारत के सर्वोच्च वीरता सम्मान परमवीर चक्र से सम्मानित किया गया।

उन्होंने श्रीनगर-लेह मार्ग के ठीक ऊपर सबसे ऊँची चोटी 5140 को पाकिस्तानी सेना से छुड़ाकर दिल माँगे मोर...शब्द कहे थे। उनके यह शब्द ना केवल उस समय बल्कि आने वाली पीढ़ियों के लिए भी प्रेरणा स्रोत बन गये। 5140 पीक पर तिरंगा फहराते हुए कैप्टन विक्रम बत्रा का फ़ोटो जब अख़बार में आया था तभी

से हर कोई उनका फैन हो गया था। इस मिशन के बाद से वह 'कारगिल का शेर' नाम से फेमस हो गये।

'शेरशाह' मूवी में भी इस डायलॉग को ख़ूब पसन्द किया गया। जबकि यह सच में ख़ुद कैप्टन विक्रम बत्रा ने ही बोला था।

मेरे इस सवाल पर प्रिया जी ने कहा कि संगीता तुमने कार्यस्थल पर अविस्मरणीय पल के बारे में पूछा तो मैं आज भी अपने देश के लिए कारगिल युद्ध में जान न्यौछावर करने वाले कैप्टन विक्रम बत्रा को याद करती हूँ। जिन्होंने अपने देश के लिए ना केवल अपनी जान का बलिदान दिया बल्कि देश के युवाओं के लिए देशभक्ति की एक मिसाल भी क़ायम की।

संगीता जब हम किसी भी सरकारी लोकप्रसारक के रूप में कार्य कर रहे होते हैं तो हमारी जवाबदेही कई गुणा बढ़ जाती है। मुझे याद है कि कारगिल युद्ध के समय कैसे ख़बरों को प्रसारित करने के पहले कितनी बार जाँचा-परखा जाता था कि कहीं कोई सूत्र या कोई ग़लती ना रह जाये।

संगीता मैं ख़ुद को गौरवान्वित महसूस करती हूँ कि मुझे देश के सबसे बड़े लोकप्रसारक के लिए अलग-अलग ज़िम्मेदारियों पर काम करने का मौक़ा मिला। 'मन की बात' कार्यक्रम में जब प्रधानमन्त्री नरेन्द्र मोदी ने पंजाब की बच्ची के अंगदान की बात कही थी, इस वाक़ये ने ना केवल पूरे देश बल्कि मुझे भी अन्दर तक प्रभावित किया था।

हमारा महिलाओं की सफलता पर आधारित कार्यक्रम तेजस्विनी मुझे आज तक प्रेरणा देता है। मेरी कोशिश रही कि मैं जिस पद पर भी रहूँ, उस पर रहते हुए अलग-अलग कार्यक्रमों से जनता तक ख़बरें और जानकारी पहुँचे।

दर्शकों तक ख़बरें विविध आयामों और रोचक तरीक़े से पहुँचें, इसके लिए हमने समय-समय पर नये समाचार शो और कार्यक्रमों की शुरुआत की। दर्शकों की सुविधा और समाचारों की गुणवत्ता को बढ़ाने के लिए हमने डीडी न्यूज़ हिन्दी और डीडी इंडिया अंग्रेज़ी के दो अलग-अलग चैनलों की शुरुआत की। आज हिन्दी के दर्शकों के लिए डीडी न्यूज़ और अंग्रेज़ी समाचारों के लिए डीडी इंडिया दर्शकों के बीच काफ़ी लोकप्रिय हो रहा है।

हम सभी के लिए गौरव की बात है कि डीडी इंडिया और आकाशवाणी को रॉयटर्स इन्स्टीट्यूट की डिजिटल न्यूज़ रिपोर्ट 2023 के अनुसार देश का सबसे अधिक विश्वसनीय इलेक्ट्रॉनिक मीडिया संगठन माना गया है। रिपोर्ट में कहा गया है कि लोक सेवा प्रसारक डीडी इंडिया और आकाशवाणी विश्वसनीयता के उच्चतम स्तर के प्रसारकों में शामिल हैं।

दरअसल संगीता हम सब 24/7 के चैनल में काम करते हैं जिसमें विदेशों में चल रही घटनाएँ, चुनाव, संसद की कार्यवाही, बजट, 15 अगस्त और 26 जनवरी सभी महत्त्वपूर्ण विषयों और ख़बरों पर दिन-रात काम होता है। इन विषयों पर काम करते हुए जब तक मैं इस पद पर हूँ, यही प्रयास रहेगा कि विश्वसनीयता और ख़बरों में डीडी न्यूज़ दर्शकों की लगातार पहली पसन्द बना रहे।

ममता चोपड़ा

वरिष्ठ डीडी न्यूज़ एंकर

मीडिया अपने आप में एक चुनौतीपूर्ण पेशा है। मीडिया एक ऐसा क्षेत्र है जहाँ काम करने का कोई एक तय वक़्त नहीं होता है। वक़्त, बेवक़्त कभी भी न्यूज़ कवर करने जाना पड़ता है। ख़बर आने का कोई तय समय नहीं होता। कभी भी कोई भी घटना घट सकती है और इसके लिए एक पत्रकार को 24 घण्टे तैयार रहना पड़ता है। ख़बर रात के 12 बजे आये या सुबह 3 बजे, एक पत्रकार को उस जगह उसी समय पहुँचना पड़ता है। महिलाओं के लिए पत्रकारिता का क्षेत्र हमेशा से चुनौतियों से भरा रहा है। मीडिया एक ऐसा क्षेत्र है जहाँ सम्भावनाएँ बहुत हैं लेकिन सुरक्षा की कोई गारंटी नहीं होती है।

ऐसी कठिन परिस्थितियों में भी कुछ ऐसी महिला पत्रकार हैं, जो इस चुनौतीपूर्ण माहौल में ना केवल अपना बल्कि अपने संस्थान का नाम रोशन कर रही हैं। ऐसा ही एक नाम है एंकर ममता चोपड़ा का। डीडी न्यूज़ में साल 2009 से अपने करियर की शुरुआत करने वाली ममता जी आज भी अपने काम को लेकर उतनी ही गम्भीर और जागरूक हैं जितनी वो करियर की शुरुआत के समय हुआ करती थीं। पत्रकारिता में अपने सफ़र को बताते हुए वो कहती हैं कि मैं एक ऐसी एंकर और रिपोर्टर जिसे टीआरपी नहीं बल्कि सही ख़बर और सटीक ख़बर पर काम करना होता है। मैंने प्रोफ़ेशनल जीवन का एक बड़ा हिस्सा डीडी न्यूज़ के साथ गुज़ारा है। हालाँकि कभी जर्नलिज़्म करने के विषय में सोचा नहीं था। बचपन से दूरदर्शन देखते हुए बड़ी हुई। आर्मी बैकग्राउंड के कारण सभी गतिविधियों में शुरू से ही भाग लेती थी। पढ़ाई में हमेशा प्रथम आने वाली ममता को साइंस स्टूडेंट के साथ-साथ डांस, ड्रामा, एन सी

सी, एन एस एस, ताइक्वाण्डो (ताइक्वाण्डो मार्शल आर्ट का एक कोरियाई रूप है), हॉकी, सभी कलाओं में भी सफलता मिली।

कॉलेज में पढ़ाई के साथ-साथ मुझे बहुमुखी प्रतिभा का धनी बनने का मौक़ा मिला। पंजाब यूनिवर्सिटी में गोल्ड मेडलिस्ट थी। हमेशा पढ़ाई की तरफ़ ही ध्यान रहा। कॉलेज का रिजल्ट भी नहीं आया था जब हाथ में वनस्थली विद्यापीठ की लेक्चरर की नौकरी का लेटर आ गया था। मैं तो घूमने के लिए गयी थी पर तीन वर्ष जो वहाँ बिताये, भूल नहीं सकती। सभी एक्टिविटी में अब स्टूडेंट नहीं आयोजक बनने की भूमिका में थी।

फिर ज़िन्दगी ने करवट बदली। दिल्ली आना हुआ और ज़िन्दगी एकदम बदल गयी। दिल्ली में एफ़एम में ऑडिशन पास किया और बन गयी आरजे बस वहीं से दूरदर्शन को क़रीब से देखने का अवसर मिला। कॉलेज में मिला आत्मविश्वास और ये सोच कि मैं सब कर सकती हूँ। इसने मुझे आगे बढ़ने का मौक़ा दिया। किसी को जानती नहीं थी। तो सबसे पहले 1997 में चित्रहार से टीवी में बतौर एंकर क़दम रखा। और फिर पीछे मुड़कर नहीं देखा। एक घण्टे के इवनिंग लाइव शो, डीडी इंडिया पर इंग्लिश में Yours truly Show, Discovery, National Geographic पर voice over artist और फिर स्टेज एंकरिंग। बहुत व्यस्त थी जब मेरी रेडियो दोस्त रमा पाण्डे से सीपीसी में मुलाक़ात हुई और उन्होंने डीडी न्यूज़ से मेरी मुलाक़ात करवायी। बस, ऑडिशन क्लियर किया और कॉल आ गया। ख़बरें पढ़ने की शुरुआत हो गयी। चूँकि जर्नलिज़्म किया ही नहीं था, सब कुछ करते-करते ही सीख लिया। कड़ी मेहनत और दर्शकों के प्रेम ने मीडिया में पहचान दिलाई।

ज़िन्दगी में कभी भी मेहनत से परहेज़ नहीं था और इसी दिशा में क़दम बढ़ाते हुए शोभना जगदीश जी के मार्गदर्शन में अपनी कमियों को दूर करते हुए गम्भीरता से काम किया। जर्नलिज़्म से प्यार हो गया। सो, बाक़ी सब कुछ पीछे छूट गया। चूँकि साइंस की छात्रा थी, मॉडलिंग, एक्टिंग आज़मा चुकी थी, कथक नृत्य भी सीखा है, इसलिए किसी भी विषय के मेहमान के साथ गहन वार्ता करने की क़ाबिलियत रही है।

हालाँकि मुझे इस बात का एहसास था कि मुझे औरों से ज़्यादा मेहनत कर अपनी क़ाबिलियत साबित करनी है। हर कार्यक्रम के लिए विशेष तैयारी करती थी। इसके लिए मैंने कड़ी मेहनत की, अपने ज्ञान को बढ़ाने के लिए हिन्दी के अख़बारों का, पत्रिकाओं का और किताबों का अधिक से अधिक अध्ययन किया।

दूरदर्शन में एक विशेषता ये है कि यहाँ पुरुष महिला का भेद कभी नहीं देखा। 2009 में दूरदर्शन न्यूज़ ज्वाइन कर ली। आते ही प्राइम टाइम करने को मिला, चर्चा में जैसे करेंट अफेयर्स प्रोग्राम मिले। और फिर, 2009 के आम चुनाव में जनवाणी और जनादेश किये। शायद किसी और चैनल में इतनी जल्दी ऐसे अवसर नहीं मिलते।

लोग इसे सरकारी चैनल कहते हैं। लेकिन वास्तविकता ये है कि यहाँ काम करने वाले सभी प्रोफ़ेशनल्स हैं। हम में से ही कितने थे जो आज अन्य चैनलों में छाये हुए हैं। बहरहाल, यहाँ काम करने वालों के लिए बहुत अवसर हैं। मुझे सिनेमा प्रोग्राम भी मिला जिसमें विशेष रिपोर्ट्स, एनालायसिस जैसे कई वैल्यू एडेड सेगमेंट्स डालते थे। फिर ऑडियन्स बेस्ड शो किये। कई डॉक्यूमेंट्री भी बनायीं।

2009 में पहली बार जनवाणी करने का अवसर मिला। बिहार, पंजाब जाकर रिकॉर्ड किया। हरियाणा की जनवाणी दिल्ली स्टूडियो में रिकॉर्ड हो रही थी। माहौल इतना गर्म हो गया, दो पक्षों में इतनी तीखी झड़प शुरू हो गयी कि रिकॉर्डिंग रोकनी पड़ी। पत्रकारिता में एक एंकर की ज़िम्मेदारी और बढ़ जाती है, उसे पक्ष और विपक्ष दोनों के बीच संयम बनाकर रखना पड़ता है।

आज भी लोगों को न्याय प्रक्रिया और अपने अधिकारों के विषय में जानकारी नहीं है। जनता तक न्याय प्रक्रिया को समझाने के लिए विधिक सहायता पर भी पूरी श्रृंखला बनायी। किसी को पता नहीं था इस विषय के बारे में। लेकिन मैंने प्लान बनाया। लोक अदालत में जाकर भी शूट कर डाला। शायद पहली बार ऐसा हुआ था।

मैंने किसी काम को छोटा नहीं समझा। अगर मैं एक सेकंड के लिए भी स्क्रीन पर हूँ तो मुझे सर्वश्रेष्ठ ही करना है, यही सोच रही। जब मेरा एक कार्यक्रम दूसरी नयी एंकर को दिया गया तो मैंने उस एंकर को बाक़ायदा ट्रेन करने का प्रयास किया, उसे टिप्स दिये। सोच ये थी कि मीडिया एक परिवार की तरह है और यहाँ सबके किरदार और ज़िम्मेदारियाँ बदलते रहते हैं। इसलिए जो काम आज आप कर रहे हैं वो ही काम कल को कोई दूसरा करेगा, इसलिए आने वाली पीढ़ी को हर तरह से साथ देने के लिए तैयार रहें।

एक बार निर्भया का एक वर्ष पूरा होने पर विशेष कार्यक्रम बनाना था। उसी समय दिमाग़ में आइडिया आया। रात सड़कों पर गुज़ार कर दिल्ली की सुरक्षा का जायज़ा लेते हैं। सारा दिन प्लान किया, रात को मैं और हमारे रिपोर्टर साथी नीरज सिंह निकल गये और रातभर काम करते-करते तीन बजे वापस आये। अगली रात

को मेरी फ़्लाइट थी। मुझे बेटे के साथ टूर्नामेंट के लिए विदेश जाना था और बीच में बस एक दिन ही था। रात साढ़े तीन बजे मैं घर पहुँची और सुबह 6.30 बजे वापस ऑफ़िस में थी।

ब्रेकफास्ट शो किया और डॉक्यूमेंट्री की स्क्रिप्टिंग में लग गयी। इसका पूरा ख़ाका तैयार कर शाम पाँच बजे वापस घर पहुँची। रात बारह बजे फ़्लाइट में थी। पिछले दिन 18 घण्टे और अगले दिन 10 घण्टे काम किया। फ़्लाइट में तो मैं बेहोश थी। (हँसी)

वो डॉक्यूमेंट्री थी : इस रात की सुबह कब?

डीडी में बहुत हिम्मती रिपोर्टर्स हैं।

जब सहारनपुर दंगे हुए थे तब पूछा गया था कि कौन रिपोर्टर जाना चाहता है। तब केवल दो महिला रिपोर्टर रमा त्यागी और रीतू वर्मा आगे आयी थीं। और चैनल ने उन पर, उनकी हिम्मत पर विश्वास भी दिखाया। वहीं जब मैंने छत्तीसगढ़ के नक्सली क्षेत्रों पर डॉक्यूमेंट्री सीरीज़ बनानी चाही, तो मेरे प्रस्ताव को तुरन्त सहमति मिल गयी।

मैंने बस्तर, सुकमा, दन्तेवाड़ा और बीजापुर में और आसपास के गाँवों में जाकर जायज़ा लिया कि जिस विकास की बात ही रही है, वो कितना ज़मीन पर उतरा है, क्या बदलाव आया है। पूर्व नक्सली कमांडरों से मिली। गाँवों में गयी। एक दिन कई वर्षों बाद राष्ट्रीय स्तर पर नक्सलियों ने बन्द का आह्वान किया था। हमारे सामने हमने जलते हुए ट्रक देखे। दन्तेवाड़ा से सुकमा जाते हुए ड्राइवर हमें ग़लती से जंगल के रास्ते ले गया। उसी दरभा घाटी से जहाँ कांग्रेसी नेताओं को घात लगाकर मार दिया गया था।

पेड़ों पर लाल झण्डे दूर से नज़र आ गये थे। अपनी जान बचाने के लिए हमने अपने चैनल आईडी भी छिपा दिये थे। पकड़े जाने का ख़तरा था। पर क़िस्मत से हमें उन्होंने रोका नहीं और हमने सुकमा पहुँच कर साँस ली। मेरे वापस लौटने के दो-चार दिन बाद ही सीआरपीएफ पर हमले में दस जवान मारे गये थे, उसी स्थान पर जहाँ मैंने सीआरपीएफ की उस बटालियन को रिकॉर्ड किया था। ख़तरों के बीच, मौत के साये में पल-पल जीते हैं हमारे जवान। हमने तो लाइव ऑपरेशन भी कवर किया था।

उस श्रृंखला का नाम था लाल गलियारे की विकास गाथा। और हमारे दूरदर्शन के ही कैमरापर्सन थे जो कुछ वर्ष बाद शूट करते हुए नक्सलियों की गोली से मारे गये थे।

लेकिन वो दौर था जब ट्विटर पर, सोशल मीडिया पर कार्यक्रम अधिक प्रमोट नहीं हुआ करते थे। फ़ेस्टिवल्स में नहीं भेजे जाते थे। इसलिए इतनी लाइमलाइट नहीं मिली। लेकिन आठ दिन में इतना शूट किया। तीन डॉक्यूमेंट्री और कई स्टोरीज़ ले आयी थी मैं। उन बच्चियों से मिली जिनके माता-पिता को उनके सामने मार दिया गया, नर्सें जिन्हें नक्सलियों ने बन्दी बना लिया था कि वो पढ़ाई न करें। दिल दहला देने वाले क़िस्से।

और फिर नीलम जी के अकस्मात देहान्त की ख़बर आयी। विश्वास ही नहीं हुआ। उनके जाने के एक महीने बाद मुझे 'तेजस्विनी' कार्यक्रम करने को कहा गया। सच कहूँ तो नीलम जी को श्रद्धांजलि स्वरूप इस कार्यक्रम की बागडोर थामी।

तेजस्विनी करते हुए देश की नारी शक्ति को क़रीब से पहचाना। तभी मैं हमेशा कहती हूँ—हर महिला में छिपी है एक तेजस्विनी। बस उसे पहचानने की आवश्यकता है।

इस कार्यक्रम के साथ मानो मैं भी बदली, परिपक्व हुई हूँ। मेहमानों को फाइनल करते हुए दिमाग़ में देश के सुदूर गाँव में बैठी, शहर की बस्ती में बैठी या मध्यम वर्ग की बेटियाँ जिनकी आँखों में सपने हैं लेकिन ज़िन्दगी की कटु वास्तविकता उनके क़दमों को रोक देती है, उन्हें ही रखती हूँ। कितने ऐसे ईमेल आते हैं कि कैसे इस कार्यक्रम ने सोच बदली, साइंस स्टूडेंट जो शादी का ख़याल छोड़कर अब रिसर्च कर रही है, एक दृष्टिबाधित व्यक्ति जो ज़िन्दगी से बुरी तरह निराश होकर ग़लत कदम उठाने जा रहा था कि इस कार्यक्रम को देखकर उसने ग़लत विचार त्याग दिया। ऐसे अनुभव नयी ऊर्जा का संचार करते हैं। अब मैं लोगों के बीच जाकर भी ये कार्यक्रम करती हूँ। कई नये आइडिया जोड़े हैं। मासिक धर्म की मुहिम चलायी, डॉक्यूमेंट्री भी बनायी। पीरियड्स-चुप्पी की गूँज जिसे पुरस्कार भी प्राप्त हुआ।

योग गर्ल अन्वी पर भी डॉक्यूमेंट्री बनायीं : 'मैं हूँ अन्वी'। इसमें पूरे परिवार की, विशेषकर माँ की तपस्या दिखायी है। कैसे माँ के विश्वास ने असम्भव को सम्भव कर दिखाया। अब अन्वी पर भी अध्ययन हो रहा है कि क्या वाक़ई योग से डाउन सिंड्रोम में इतना सुधार सम्भव है?

तेजस्विनी देश की हर महिला की गाथा है। मैंने पेट्रोल पम्प पर काम कर रही लड़कियों से लेकर सेना की अधिकारियों से लेकर सीमा भवानी टीम से लेकर कॉरपोरेट जगत और अन्य क्षेत्रों की दिग्गज हस्तियों तक को यहाँ शोकेस किया है। शायद ही कोई और ऐसा शो किसी भी चैनल पर हो जो नारी शक्ति के विभिन्न स्वरूपों को प्रदर्शित करता हो। ये दूरदर्शन न्यूज़ ही है जो इस तरह के कार्यक्रम को आगे बढ़ाता है। बाक़ी चैनल तो टीआरपी के नाम पर कुछ भी परोसते हैं।

हालाँकि अब भाषा की शुद्धता और मर्यादा, दोनों ही मीडिया में अहमियत खो रहे हैं। खुलासा, फ़ीसदी जैसे शब्दों का ग़लत प्रयोग धड़ल्ले से हो रहा है। नुक्ते तो गुम ही हो चुके हैं। ये सही नहीं है। विचारों की गहराई और भाषा की शुद्धता का मेल ज़रूरी है।

राजनीतिक चर्चाएँ मात्र चिल्लाकर ही नहीं होतीं। सवालों में गहराई हो तो सामान्य लहजे में पूछा गया सवाल अधिक प्रभावी होता है। आज दूरदर्शन वक़्त के साथ क़दमताल कर रहा है। महिला अधिकारों को लेकर भी ज़्यादा सजग, अधिक सक्रिय। प्रेग्नेन्सी लीव सभी को मिलती है। शोषण को लेकर वूमन सेल काम कर रहा है। जितनी शिकायतें हुई हैं, सब पर क़दम उठाये गये हैं। अधिकारियों के या कर्मियों के तबादले तक हुए हैं। लेकिन महिलाओं को भी अपनी मुश्किल बताने के लिए आगे आना ही होगा ना। स्वयं भी समझना होगा कि कब दूसरा व्यक्ति आपसे लिबर्टी ले रहा है।

हमारे यहाँ मौसम की ख़बरों के लिए पहले एंकर्स आती थीं। युवा कॉलेज पास या कॉलेज की ही लड़कियाँ। उनके साथ कोई व्यक्ति ज़्यादा ही खुलकर मज़ाक़ करता था, उनका हाथ पकड़ता था। तो मैंने उन्हें समझाया कि किसी को इतनी छूट मत दो। दूसरों की सीमा क्या है, ये तुम्हें अपने व्यवहार से तय करना है। बाद में उस शख़्स की शिकायत हुई, पूरी जाँच हुई, मैंने भी बयान दिया था। दोबारा वो व्यक्ति इस ऑफ़िस में नहीं दिखा।

मैंने अपनी माँ को काम करते देखा था। वो मेजर की पोस्ट से रिटायर हुई थीं। प्रतिदिन स्कूल से घर आने पर मम्मा नहीं होती थीं। शनिवार का दिन होता था जब वो घर पर होती थीं। ताज़े भोजन की ख़ुशबू, उनका हँसी के साथ हमारा स्वागत करना, फिर लंच के बाद लूडो खेलना। वो यादें मेरे जेहन में हमेशा ताज़ी रही।

मैंने एमबीए की प्रवेश परीक्षा पास की, सिविल सर्विस की prelim clear किया लेकिन सिर्फ़ पापा को दिखाने के लिए कि मैं कर सकती हूँ। लेकिन 9 से 5 की नौकरी नहीं करना चाहती थी। मैं बच्चों के लिए उनके स्कूल से आने पर घर पर होना चाहती थी। बस। इसके लिए कई बड़े ऑफर छोड़ दिये।

मैंने आरजे के तौर पर दिल्ली में करियर शुरू किया। फ्रीलांसर के तौर पर बहुत काम किया। 2001 में रेडियो मिर्ची का ऑडिशन क्लियर किया पर मेरा दूसरा बेटा होने वाला था। फुल टाइम जॉब सोच भी नहीं सकती थी। छह महीने बाद उन्होंने फिर कॉल किया पर मैंने वो मौक़ा छोड़ दिया। एफ़एम रेडियो, डीडी नेशनल पर शो करती रही। स्टेज भी बहुत करती थी। बड़े एंटरटेनमेंट इवेंट्स कॉरपोरेट के लिए

बहुत किये। मेरा पहला स्टेज इवेंट ही दो हज़ार लोगों के सामने ओपन एयर थियेटर में था। बॉलीवुड के एक्टर, सिंगर के साथ। बस, फेम मिलती गयी।

फिर न्यूज़ ज्वाइन की क्योंकि मेरे बेटे स्कूल जाने लगे थे। मीडिया में शिफ्ट ड्यूटी में काम होता है, तो इसलिए मेरे लिए घर और ऑफ़िस के बीच तालमेल बिठाना आसान हो गया। मेरे पति ने हमेशा मेरा साथ दिया। मुझे आगे बढ़ने के लिए प्रेरित किया। वो ही मुझे ऑल इंडिया रेडियो लेकर गये थे, मेरे पहले ऑडिशन के लिए। मेरी सासु माँ ने भी कभी रोका नहीं। लेकिन काम मैंने अपनी शर्तों पर किया। जो नहीं करना था, उसे मना कर देती थी, चाहे कितने ही पैसे दें। कई बार एक्टिंग के ऑफर भी आये। कई तो बहुत फेमस रोल्स थे। लेकिन परिवार छोड़कर मुम्बई जाना मेरे लिए सम्भव ही नहीं था। तो, छोड़ दिया।

एक माँ, एक पत्नी और एक बहू के तौर पर अपना काम बख़ूबी किया। तो जब मेरे करियर की बात थी तो सभी ने साथ दिया। परफ़ेक्शन के लिए जो काम करते हैं वो हर मोर्चे पर परफ़ेक्ट करना चाहते हैं। तब दबाव भी महसूस होता था। तब राजीव, मेरे पति ने मुझे ये सिखाया कि प्राथमिकता तय करनी होगी कि किस काम को परफ़ेक्ट करें और किसे कम महत्त्व दें। बस, सभी आसानी से होने लगा। प्रबन्धन की बात है, वक़्त का प्रबन्धन, काम का प्रबन्धन।

अन्य न्यूज़ चैनलों से भी ऑफर मिले थे लेकिन वहाँ की आपाधापी, प्रोफ़ेशनल खींचतान की तुलना में डीडी न्यूज़ का प्रोफ़ेशनलिज़्म बेहतर लगा। परिवार के साथ-साथ काम पर ध्यान देना पॉसिबल है। आप कुछ करना चाहते हैं तो मौक़ा मिलता है। और...अपनी जगह तो अपने काम से ही बनानी पड़ती है।

कोविड काल में 'तेजस्विनी' एकमात्र ऐसा कार्यक्रम था जो निर्बाध जारी रहा। ऑनलाइन रिकॉर्डिंग का विकल्प मिलने पर मैंने इसे जारी रखा। सब 5-5 दिन के हिसाब से आते थे। पाँच दिन काम, पाँच दिन ऑफ़। पर मैं तो 6 दिन सप्ताह के काम कर रही थी। कोविड की दूसरी लहर के दौरान ज़्यादातर एंकर्स नहीं उपलब्ध थे। तब लगातार बारह दिन काम किया। जान का ख़तरा तो था ही। लेकिन एहतियात पूरी बरती। डबल मास्क। ऑफ़िस में घुसने के बाद मास्क नहीं उतारती थी। पानी पीने भी बिल्डिंग से बाहर जाती थी। ऑनएयर मास्क पहनकर ख़बरें पढ़ना मैंने ही शुरू किया था। काम से प्रेम हो तो आप कर जाते हैं। और महिलाओं में तो मल्टीटास्किंग का गुण है ही।

दूरदर्शन के सुनहरे दौर के न्यूज़ रीडर के साथ भी कार्यक्रम किये थे। दूरदर्शन पर डॉक्यूमेंट्री भी बनायी। जाना कि कैसे उस वक़्त भी चुनौतियों के बीच महिला एंकर्स काम करती थीं।

दूरदर्शन टीआरपी के पीछे नहीं भागता। डीडी न्यूज़ का लक्ष्य है देश सेवा और सटीक ख़बरों का प्रसारण। समाज हित उसमें सबसे अहम है। मैंने जो भी विशेष कार्य किये या कार्यक्रम बनाये, इसे ध्यान में रखकर किये। दिव्यांगजन के साथ भी कई कार्यक्रम किये। सामाजिक न्याय को केन्द्र में रखकर भी कई डॉक्यूमेंट्री बनायी हैं। और प्रधानमन्त्री जी के कार्यक्रमों के लिए मंच संचालन के भी कई अवसर मिले। आयोजक ये जानकर ही आश्वस्त हो जाते हैं कि डीडी न्यूज़ की न्यूज़ एंकर है। सब सँभाल लेंगी। कई बार तो आधे घण्टे तक दर्शकों को बाँधे रखने के लिए बोलना पड़ा तो बिना रुके, बिना काग़ज़ के यूँ ही बोलती चली गयी। दूरदर्शन की न्यूज़ एंकर ही ये कर सकती है। स्टूडियो में कई बार मेहमान आते हैं और कार्यक्रम के बाद बोलते हैं कि आपने कैसे बिना टेलीप्रॉम्पटर के इतना कुछ बोल दिया? अन्य चैनलों में तो स्क्रिप्ट के साथ सब बोलते हैं। जवाब यही है कि हम डीडी न्यूज़ के एंकर हैं, ख़ास हैं। व्यक्तिगत स्तर पर मैंने हर एक की बात सुनने की आदत डाली। शोभना जी के अलावा भी कोई मुझे कुछ सुझाव देता या मेरी कमी निकालता तो मैं ज़रूर ग़ौर करती। एक बार शुरू-शुरू की बात है जब हमारी प्रोग्राम हेड धारिणी जी ने मुझे एक चर्चा करने को कहा जो अर्थव्यवस्था पर थी। इस विषय को लेकर मैं थोड़ा पसोपेश में थी। उन्होंने जो बात कही, वो मैंने गाँठ बाँध ली कि सवाल वो पूछो जो लोग जानना चाहते हैं।

और पॉलिटिक्स तो हर संस्थान में होती है। मुझे भी पता चलता था लेकिन आप अपना काम ईमानदारी से करते रहो, बाक़ी जो आपको मिलना है, वो किसी और को नहीं मिल सकता, मैं इसमें विश्वास करती हूँ। इस तरह कितने ही उदाहरण हैं।

मैं कॉलेज की पढ़ाई से नहीं, जीवन के अनुभव से जर्नलिस्ट बनी हूँ। एक आत्मविश्वास हमेशा रहा है, अब भी है कि मैं सब कर सकती हूँ, प्लेन भी उड़ा सकती हूँ। बस, विशेष तैयारी, मेहनत के लिए तैयार रहना होगा। कुछ भी असम्भव नहीं है।

न्यूज़ में तो हर दिन नया है। और ये मुझे बहुत पसन्द है। यहाँ मैं न्यूज़ एंकर हूँ, प्रोडक्शन का काम भी करती हूँ, स्क्रिप्टिंग भी और एडिटिंग भी कर लेती हूँ। थोड़ा बहुत कैमरा भी सीखा है। प्रोग्राम एडिटर भी हूँ। और कहाँ आप इतना कुछ सीखने या करने को मिलता है। एक महिला को अगर कार्यस्थल से सहयोग मिल जाये तो वो सब कर पाती है। यहाँ सुबह की शिफ्ट में आप आयें तो अधिकतर महिलाएँ मिलेंगी। इस शिफ्ट के साथ परिवार सँभालना आसान हो जाता है न।

एक बार एक वरिष्ठ प्रोड्यूसर साहब ने पैनल से ही कहा कि मैडम आपने ये शब्द ग़लत बोला है। इसका प्रयोग इस तरह होता है। मैंने न्यूज़ ख़त्म होने पर उन्हें धन्यवाद कहा। वे हैरान हो गये। बोले कि एंकर्स तो बुरा मान जाते हैं। मैंने कहा मेरे लिए सीखना जीवन पर्यन्त जारी रहेगा। अपनी ग़लती मुझे अपने लिए और इस हद तक सुधारनी है कि लोग कहें ममता ने बोला है तो सही ही होगा।

मैंने मॉर्निंग शोज़ बहुत किये हैं। पहले 7-8 नया सवेरा और फिर 9 बजे न्यूज़ होती थी। एक बार जिसे आप मुख्य सम्पादक भी कह सकते हैं ने मुझे दस बजे की मीटिंग में कहा कि आपको मैंने हमेशा ऊर्जा पूर्ण रूप से समाचार प्रस्तुत करते देखा है। लेकिन नौ बजे के बुलेटिन में आपकी ऊर्जा कम थी। सब ठीक है ना? वो दिन है और आज का दिन है, किसी भी समय, किसी भी कार्यक्रम या बुलेटिन में मैंने किसी को दोबारा ये कहने का मौक़ा नहीं दिया। वैसे राजीव मेरे पति तो कहते हैं कि मृत्यु शैया पर भी मुझे कैमरा या माइक्रोफ़ोन के आगे बैठा देंगे तो मैं उठ खड़ी हो जाऊँगी। (हँसी)

इस सफ़र ने कई यादगार लम्हे दिये हैं। जैसे केन्द्रीय मन्त्री स्मृति ईरानी जी के साथ सियाचिन जाने का अवसर मिला।

जब मैं आज़ादी के संग्राम में चरखे की भूमिका और खादी की महत्ता पर डॉक्यूमेंट्री बना रही थी तो खादी को एक विचारधारा के तौर पर क़रीब से जाना।

कई यादें ताउम्र ज़हन में रहेंगी जैसे नक्सलवाद पर काम करते हुए सुकमा के पास एक पोर्टा केबिन से बने स्कूल में गयी तो एक माँ रोते हुए अपने तीन साल के बच्चे को स्कूल में छोड़कर जा रही थी कि यहाँ कपड़ा, भोजन तो मिलेगा, पढ़कर कुछ कर लेगा वरना नक्सलियों के कारण जीवन व्यर्थ होगा। उस कस्तूरबा गांधी बालिका आवासीय विद्यालय की छात्रा के आँसू याद रहेंगे जो डॉक्टर बनना चाहती है क्योंकि उसके पिता, जिन्हें नक्सलियों ने मार दिया था, उनका यही सपना था।

मैंने हमेशा हर चैलेंज को स्वीकार किया। जब नयी शिक्षा नीति लॉन्च हुई तो मुझे कहा कि आधे घण्टे में के कस्तूरीरंगन, चेयरपर्सन, नेशनल एजुकेशन पॉलिसी ड्राफ्ट कमेटी का इंटरव्यू करना है।

जब इंटरव्यू शुरू हुआ तो पता चला कि अंग्रेज़ी में ही होगा। तो मैंने तुरन्त इंग्लिश में किया। कई इंटरव्यूज़, प्रोग्राम दोनों भाषाओं में करती हूँ।

राष्ट्रीय फ़िल्म पुरस्कार समारोह भी होस्ट किये। पहली बार तो एक दिन के शॉर्ट नोटिस पर बुलाया गया। अधिकतर क्षेत्रीय भाषाओं के नाम होते हैं। लेकिन सभी 120 पुरस्कार बिना किसी ग़लती के, परफ़ेक्ट प्रोननसियेशंस के साथ किये। कई अवार्ड लेने वाले सम्मानित कलाकारों ने कहा कि पहली बार हमारा नाम सही बोला गया है। यही मेरा पुरस्कार है।

और जब नेटफिलक्स के लिए अन्तरराष्ट्रीय महिला दिवस पर विशेष कार्यक्रम रिकॉर्ड करने के लिए चयन हुआ तो अच्छा लगा।

जब 2019 में मोदी सरकार के शपथ ग्रहण समारोह के दौरान राष्ट्रपति भवन में लाइव एंकरिंग करने के लिए बुलाया गया तो वो भी यादगार रहा।

कई ऐतिहासिक कार्यक्रमों का संचालन किया जैसे माननीय प्रधानमन्त्री श्री नरेन्द्र मोदी जी द्वारा नये संसद भवन की आधारशिला रखने का कार्यक्रम, आयुष्मान भारत डिजिटल हेल्थ मिशन, लॉजिस्टिक पॉलिसी का लॉन्च, आदि।

पुरस्कार तो मुझे समझ नहीं आते। हालाँकि 'स्त्री गौरव पुरस्कार', 'आधी आबादी पुरस्कार', 'एनसीसी एचीवर्स अवार्ड' मिला है।

मेरी डॉक्यूमेंट्री पीरियड : 'चुप्पी की गूँज' को भी फ़िल्म फ़ेस्टिवल में पुरस्कार हासिल हुआ।

एक नयी श्रृंखला 'हमारे पद्म' की ज़िम्मेदारी दी गयी तो असम्भव लग रहा था। छप्पन पद्म पुरस्कार प्राप्त कर रही हस्तियों पर सीमित समय में कार्यक्रम बनाना, वो भी क्षेत्रीय केन्द्रों पर निर्भर होकर। स्ट्रिंगर से सर्वश्रेष्ठ कार्य करवाना। सब असम्भव लग रहा था। पर फिर दिन-रात लगकर एक-एक कैमरापर्सन, रिपोर्टर से स्वयं बात करती थी। क्या शॉट्स लेने हैं, कैसे सवाल पूछने हैं, सारे आइडिया देती थी। फिर भी सही शूट नहीं हो पाता था। दोबारा करवाती थी। फिर समय पर गुणवत्तापूर्ण कार्यक्रम तैयार करवाना। गेस्ट बाइट्स के साथ। लेकिन सारी टीम ने बेहतरीन कार्य कर दिखाया। दूरदर्शन न्यूज़ के RNUs ने भी करके दिखाया।

प्रधानमन्त्री द्वारा नये संसद भवन की आधारशिला रखने का कार्यक्रम, भारत मण्डपम्, यशोभूमि का उद्घाटन, विश्वकर्मा योजना का लॉन्च, जी-20-यूनिवर्सिटी कनेक्ट, पी-20 शिखर सम्मेलन लम्बी फ़ेहरिस्त है। मैं कार्यक्रम का संचालन हिन्दी, अंग्रेज़ी, दोनों भाषाओं में करती हूँ। अच्छा लगता है, जब कार्यक्रम से पहले आयोजक कहते हैं कि ममता चोपड़ा हैं, फिर चिन्ता की कोई बात नहीं है। और यही शब्द हमारी डीजी प्रिया कुमार के होते हैं। इतने वर्षों में ये विश्वास ही मेरी उपलब्धि है।

उन्होंने बताया कि भारत में जी-20 का आयोजन और उस विशेष कार्यक्रम के लिए काम करना मेरे पत्रकारिता के करियर के लिए हमेशा यादगार लम्हा रहेगा। मैंने जी-20 शिखर सम्मेलन की ओपनिंग सेरेमनी की लाइव कमेंट्री की। भारत मण्डपम् में डीडी न्यूज़ का विशेष स्टूडियो बना था। वहीं से विशेष साक्षात्कार, कार्यक्रम करने का मौक़ा मिला। और शाम को जब स्वयं प्रधानमन्त्री जी मिलने आये तो बहुत

अच्छा लगा। सुबह चार बजे से निकले हुए थे, दिन भर काम करने के बाद रात साढ़े आठ बजे आख़िरी लाइव दिया। लेकिन थकान महसूस नहीं हो रही थी। शायद दिल से, ख़ुशी से काम करो तो ऐसा ही होता है। सब कहते हैं कि डीडी में क्या है।

लेकिन जो डीडी न्यूज़ में है, वो कहीं नहीं है। दर्शक भी ये जानते हैं और मानते हैं।

ज्योत्सना महापात्रा

पूर्व डीडी न्यूज़ एंकर

बड़ी-बड़ी जीवन्त आँखें, मीठी सी मुस्कान, गहरी खनखनाती सी आवाज़। जी हाँ हम बात कर रहे हैं 80 के दशक की मशहूर एंकर ज्योत्सना महापात्रा जी की। भारत उस समय सालों की गुलामी की ज़ंजीरों को तोड़कर आज़ाद हुआ था। देश को हर क्षेत्र में योग्य बनाना और नये भारत के निर्माण के लिए पुरज़ोर काम हो रहा था। ऐसे में देश में हर वर्ग को शिक्षित करने और देश एवं दुनिया की ख़बरों से रू-ब-रू कराने की ज़िम्मेदारी थी दूरदर्शन पर। एक लोक प्रसारक और देश का एकमात्र मीडिया संस्थान होने के नाते हम सब की जवाबदेही और काम के प्रति गम्भीरता बढ़ जाती है। यह कहना है ज्योत्सना जी का जिन्होंने एक लम्बे समय तक दूरदर्शन में बतौर एंकर काम किया। वो बताती हैं कि लोग समाचार और मनोरंजन के लिए दूरदर्शन का सहारा लेते थे। दर्शक सटीक जानकारी के लिए रेडियो और दूरदर्शन पर ही निर्भर थे।

वो कहती हैं कि टेलीविज़न दर्शक घरों में बैठकर देखते हैं, इसलिए हमारी ज़िम्मेदारी बहुत संवेदनशील थी। उस समय ना नेट था और ना ही यूट्यूब एवं ना ही गूगल जो आपको जानकारी मुहैया करवा दे। हमें अपने कार्यक्रमों, समाचारों और टेलीविज़न पर आने वाले सभी कार्यक्रमों की स्क्रिप्ट ख़ुद तैयार करनी पड़ती थी। उस समय ना टेलीप्राम्प्टर थे, जहाँ आपको सब कुछ लिखा हुआ मिला और आपने वैसा ही पढ़ दिया। हम लोग अपने कार्यक्रमों के विषय में ख़ुद शोध करके उसकी प्रस्तुति के लिए स्वयं लेखन कार्य करते थे।

हम अपनी भाषा को इतना सरल और सटीक रखते थे कि वो हर वर्ग के दर्शक को आसानी से समझ में आ सके। फिर चाहे हमारी दर्शक एक साहित्यकार हो, एक

गृहिणी हो या फिर एक मज़दूर महिला हो।

जब मैंने उनसे जानना चाहा कि कैसे आपकी रुचि इस एकदम अलग और कठिन प्रोफ़ेशन में हुई, तो उन्होंने मुस्कुराते हुए कहा कि शायद इसकी नींव जाने-अनजाने मेरे बचपन में ही पड़ गयी थी। उन्होंने बताया कि मेरा जन्म ओड़िशा के मयूरभंज ज़िले के बारीपदा में हुआ है। महानदी के किनारे बसे सम्बलपुर का नाम 'समलेश्वरी देवी' के नाम पर पड़ा है जो शक्तिरूपा हैं और इस क्षेत्र में देवी की पूजा की जाती है।

आप कह सकते हैं कि प्राकृतिक और सांस्कृतिक भूमि का असर मेरे जीवन पर भी पड़ा। मेरे पिता देव महापात्रा और माता नीरू महापात्रा मुम्बई में हाथ से लिखकर एक ओड़िया पत्रिका 'कुमकुम' निकालते थे, जिसमें चित्रकारी और किसी भी तरह की ड्राइंग का काम मेरी माँ करती थी। तो आप कह सकते हैं कि उस समय एक कठिन पत्रिका को निकालने में अपने पति का साथ कन्धे से कन्धा मिलाकर मेरी माँ देती थी, इस बात से जीवनपर्यन्त मुझे बहुत कुछ सीखने को मिला। ओडिशा से जब मेरा परिवार दिल्ली आया, तो मेरी ज़िन्दगी ही बदल गयी। उस समय माँ को दूरदर्शन के लिए 'घर-परिवार' नामक एक कार्यक्रम करने के लिए बुलाया जाता था। दिल्ली के प्रसिद्ध गार्गी कॉलेज से मुझे अपनी कॉलेज की पढ़ाई करने का मौक़ा मिला। इस कॉलेज में मुझे पढ़ाई के साथ-साथ हर क्षेत्र में आगे बढ़ने का मौक़ा मिला। एनसीसी ने जहाँ मुझे अनुशासन और आत्मसंयम की शिक्षा दी वहीं कॉलेज में कहानी और कविता लेखन ने मुझे एंकरिंग के दौरान सफल लेखन के योग्य बनाया। हिन्दी में एमए ने मुझे भाषा में पकड़ बनाने में महारत दिलवायी।

आप जानकर हैरान होंगे कि ज्योत्सना जी की हिन्दी इतनी अच्छी है कि आप कह नहीं सकते कि उनकी मातृभाषा हिन्दी नहीं बल्कि ओड़िया है। दूरदर्शन में अपने सफर के बारे में वो बताती हैं कि यह बात होगी क़रीब साल 1978 की जब एक सुबह अख़बार को पढ़ते हुए मानो मेरी पूरी दुनिया और सपने को ही बदल दिया। अख़बार में दूरदर्शन में महिला एंकर की नौकरी के लिए विज्ञापन था। नौकरी के लिए आवेदन के बाद हुए साक्षात्कार में पास होने पर मैं भी दूरदर्शन का हिस्सा बन गयी। उस दिन से जो सफ़र शुरू हुआ, उसके बाद मैंने आज तक कभी पीछे मुड़कर नहीं देखा।

साल 1980 में 'मेघा मुक्ति' ओड़िया फ़िल्म में डबल रोल किया था जिसके लिए आपको ओड़िशा के बेस्ट फ़िल्म अभिनेत्री का पुरस्कार मिला था। ओड़िशा के सम्बलपुर में जब दूरदर्शन के रीजनल ऑफ़िस की शुरुआत हुई तब मुझे वहाँ

जाकर काम करने का मौक़ा मिला। उस कार्यालय के उद्घाटन कार्यक्रम में देश की पहली महिला प्रधानमन्त्री इन्दिरा गांधी जी आयी थीं। पहली बार मिली इन्दिरा जी ने मुझसे पूछा कि आपकी साड़ी बहुत अच्छी है, यह आपने कहाँ से ली है। मुझे ओड़िशा की हैण्डलूम की साड़ियाँ बहुत पसन्द हैं और उस दिन भी मैंने वैसी ही साड़ी पहनी थी। देश की हस्तशिल्पियों और बुनकरों को प्रोत्साहन देने के लिए इन्दिरा गांधी ने बहुत काम किया है।

ज्योत्सना जी बताती हैं कि मेरे समय में ही चार बड़े महानगरों के लिए डीडी मेट्रो की शुरुआत हुई। दरअसल डीडी मेट्रो जिसे डीडी-2 के नाम से भी जाना जाता है, एक भारतीय फ्री-टू-एयर टेलीविज़न चैनल था। इसे 1984 में डीडी नेशनल के विकल्प के रूप में दिल्ली में डीडी-2 के रूप में लॉन्च किया गया था। बाद में, इसने मुम्बई, कोलकाता और चेन्नई तक विस्तार करके अपने कवरेज क्षेत्र को बढ़ाया। साल 1993 में चैनल को डीडी-2 मेट्रो के रूप में पुनः ब्रांडेड किया गया था। 3 नवम्बर 2003 को प्रसार भारती ने डीडी मेट्रो को अपने नये समाचार चैनल, डीडी न्यूज़ के रूप में परिवर्तित कर दिया था।

डीडी मेट्रो प्रोग्रामिंग में टेलीविज़न कार्यक्रमों की कई शैलियों को शामिल किया गया था, जिसमें परिवार के नाटकों में महिलाओं को मुख्य पात्रों, कॉमेडी, रियलिटी टीवी शो और अन्य के रूप में दिखाया गया था। चैनल का प्राइम-टाइम शिफ्ट मेट्रो गोल्ड भारतीय टेलीविज़न इतिहास में एक मील का पत्थर था, और इसने स्टार प्लस को 2000 और 2001 में शीर्ष हिन्दी भाषा के मनोरंजन चैनल के रूप में बदल दिया। डीडी मेट्रो भी अपने सहयोगी चैनल डीडी नेशनल से कुछ टीवी श्रृंखला प्रसारित करता था। इसके अलावा, डीडी मेट्रो को अंग्रेज़ी और अन्य भाषा की फ़िल्मों को हिन्दी में डब करने के लिए भी जाना जाता था। इस दौरान मेरा भी पहला लाइव शो जो 2 घण्टे का हुआ करता था उसकी शुरुआत हुई। शनिवार को प्रसारित होने वाले इस कार्यक्रम का नाम था 'एक मुलाक़ात'।

ज्योत्सना जी कहती हैं कि उस समय साथ काम करने वाले और समाज के लोगों का नज़रिया आज के मुक़ाबले काफ़ी सकारात्मक और बेहतर था। हमें एंकरों को फ़िल्मी दुनिया की हस्तियों से भी ज़्यादा प्यार और सम्मान मिलता था। कई बड़े कलाकार कहते थे कि मैडम आप लोग ख़ुद अपनी स्क्रिप्ट लिखते हैं और बिना किसी टेक के लाइव शो करते हैं। जबकि हम लोगों को लिखी-लिखाई स्क्रिप्ट मिलती है और कई टेक के बाद भी सीन में ग़लती हो जाती है। किसी का काम के प्रति इतनी सच्चाई से आकलन करके किसी को सम्मान देना बहुत बड़ी बात है।

प्रसिद्ध हास्य फ़िल्मी कलाकार राजेन्द्र नाथ सहित कई बड़ी हस्तियों ने लाइव शो करने से मना कर दिया था।

उस समय काम कठिन था पर हर व्यक्ति में समन्वय की भावना थी, सब एक टीम के रूप में काम करते थे, इसलिए मुश्किल से मुश्किल काम भी आसानी से हो जाता था। आज जैसे ब्रेकिंग न्यूज़ और समाचार चैनलों में ऑनलाइन ग्राफ़िक्स कुछ सेकेंड में तैयार हो जाते हैं। उस समय ऐसा नहीं था। फ़ाइन आर्ट से प्रशिक्षित प्रोफ़ेशनल ही समाचारों और प्रसारित कार्यक्रमों के लिए ग्राफ़िक्स बनाते थे। वहीं एक छोटे से स्टूडियो में एक साथ कई कार्यक्रम बन रहे होते थे, आप सोचिये कि कैसे लोग शान्त रहकर अपना-अपना काम कर लेते थे। क्योंकि अगर आपने ज़रा भी शोर मचाया तो आपके साथ उसी स्टूडियो में काम कर रहे दूसरों साथियों का काम प्रभावित होगा।

दूरदर्शन का अपना एक स्वर्णिम इतिहास रहा है। आज हमारे पास सब कुछ बस थोड़ी शालीनता और समन्वय की भावना को और मज़बूत करना होगा। यहाँ ऐसी गणमान्य हस्ती का वाक़या आप से साझा करना चाहूँगी कि आपको लगेगा कि शायद हमें अपने अन्दर भी इतनी सरलता और सहजता लानी चाहिए। उस्ताद बिस्मिल्ला ख़ाँ एक प्रख्यात शहनाई वादक थे, जिन्हें शहनाई को लोकप्रिय बनाने का श्रेय दिया जाता है। उस्ताद बिस्मिल्लाह ख़ाँ जी को संगीत के क्षेत्र में उनके महत्त्वपूर्ण योगदान के लिए साल 2001 में भारत के सर्वोच्च नागरिक पुरस्कार भारत रत्न से सम्मानित किया गया था। जब ख़ाँ साहब 26 जनवरी, 15 अगस्त और अन्य महत्त्वपूर्ण कार्यक्रमों के लिए शहनाई बजाने आते थे तो एक दिन ऐसे ही उनसे मुलाक़ात में उन्होंने कहा कि मैं शहनाई सही बजा रहा हूँ ना मेरे घर में तो टेलीविज़न भी नहीं है, जहाँ मैं या मेरे परिवार के लोग मेरा कार्यक्रम देख सकें। इतनी बड़ी हस्ती और इतने बड़े कलाकार लेकिन शालीनता जो सबका मन मोह ले।

हमारे समय में केन्द्रीय सूचना एवं प्रसारण मन्त्री लालकृष्ण आडवाणी रहे, उनकी ख़ासियत यह थी वो अपने साथ काम करने वाले साथियों के साथ पारदर्शी सम्बन्ध बनाकर रखते थे। मुझे याद है कि वो मन्त्री होते हुए भी दूरदर्शन आते और हम सब से मिलकर संस्थान और कार्यक्रमों को और बेहतर बनाने के लिए सलाह-मशविरा करते। सभी एंकरों को आडवाणी जी नाम से जानते थे। दिलचस्प बात यह है कि उनकी बेटी प्रतिभा आडवाणी भी कभी-कभी उनके साथ दूरदर्शन आया करती थी। ऐसे ही एक दिन का वाक़या है कि उन्होंने प्रतिभा जी को मुझे मिलवाते हुए बोला कि ओड़िया लड़की है पर कितनी अच्छी हिन्दी बोलती है।

प्रसिद्ध फ़िल्म कलाकार एवं निर्देशक गुरुदत्त कैमरामैन वी. के. मूर्ति कला और तकनीक के अद्‌भुत सम्मिश्रण और हिन्दी सिनेमा में प्रकाश और छाया के अतुलनीय प्रयोगों का नाम है। 'प्यासा', 'काग़ज़ के फूल', 'चौदहवीं का चाँद' और 'साहब बीबी और ग़ुलाम' जैसी गुरुदत्त की ब्लैक एंड वाइट फ़िल्मों में उन्होंने लाइट और कैमरे से चमत्कार उत्पन्न करके दर्शकों का मन मोह लिया था। उन्हें साल 2008 में देश के सबसे बड़े सम्मान 'दादा साहब फाल्के पुरस्कार' के लिए भी चुना गया था। उनका भी साक्षात्कार करने का मुझे मौक़ा मिला।

अमिताभ बच्चन को फ़िल्म 'पा' में उनके अभिनय के लिए सर्वश्रेष्ठ अभिनेता का पुरस्कार मिला था। अमिताभ बच्चन ने यह पुरस्कार तीसरी बार जीता था। ऐसे में मैंने उनका साक्षात्कार किया। उनकी तारीफ़ के लिए तो मेरे पास शब्द ही नहीं हैं। सिनेमा जगत को नयी दिशा देने वाले कलाकार का साक्षात्कार अपने आप में एक सुनहरे अनुभव से कम नहीं।

फाल्गुनी हिरेन

क्षेत्रीय समाचार वाचक, गुजरात

जब हम 'दूरदर्शन : आधी आबादी की महिला सशक्त गाथा' की बात करते हैं तो देश के अलग-अलग हिस्सों में कार्यरत उन महिलाओं को नज़रअन्दाज़ नहीं कर सकते जो अपने कार्यों से दूरदर्शन संस्थान को मज़बूत बना रही हैं। इसी कड़ी में मैंने साक्षात्कार किया डीडी गिरनार की एक गुजराती एंकर फाल्गुनी हिरेन का, जो गुजरात में डीडी की क्षेत्रीय समाचार वाचक हैं। दरअसल डीडी गिरनार भारतीय सार्वजनिक टेलीविज़न प्रसारक दूरदर्शन का गुजराती भाषा का चैनल है। इसे 1994 में डीडी-11 के रूप में लॉन्च किया गया था और 2000 में इसका नाम बदल कर डीडी गिरनार कर दिया गया। इसका नाम गुजरात राज्य में गिरनार पहाड़ियों के नाम पर रखा गया है, जहाँ गुजराती बोली जाती है।

जब मैंने फाल्गुनी हिरेन से पत्रकारिता में उनके सफ़र के विषय में जानना चाहा तो उन्होंने बताया कि कभी सोचा नहीं था कि मैं समाचार वाचक बनूँगी, पर शायद मेरी क़िस्मत में एंकर बनना ही लिखा था। दरअसल हुआ यूँ कि साल 1987 की बात है। अहमदाबाद की सेंट जेवियर्स कॉलेज से बीए (साइकोलॉजी) करने के बाद, मैंने गुजरात यूनिवर्सिटी से एमए करना तय किया। उन्हीं दिनों दूरदर्शन पर समाचार वाचक के लिए विज्ञापन प्रकाशित हुआ। उसमें उल्लिखित पद के लिए न्यूनतम आवश्यकता थी, स्नातक की डिग्री। क्योंकि हमारे पास स्नातक की उपाधि थी, मात्र उस कारण से मेरी एक सहेली और मैंने दूरदर्शन केन्द्र में आवेदन करने का निर्णय किया। एक सुन्दर सी फ़ोटो के साथ हमने आवेदन किया। सच कहूँ, तो इस अर्ज़ी के लिए मैं बिल्कुल भी गम्भीर नहीं थी। जैसे कि गुजराती में कहा जाता है लगा तो तीर, नहीं तो तिकड़म।

जनवरी 1988 में एप्लीकेशन देने के बाद, मार्च में बड़ी बहन की शादी के लिए पूरा परिवार अमेरिका गया। बहन ने अहमदाबाद के बीजे मेडिकल कॉलेज से डॉक्टरी पूर्ण की थी। अमेरिका में डॉक्टर के रूप में काम करने के लिए वहाँ की परीक्षा में उत्तीर्ण होना आवश्यक था। इसलिए बहन की मदद के लिए मैं उसके साथ पाँच महीने अमेरिका में ही रही। इस दौरान मेरी एमए पार्ट-2 की अन्तिम परीक्षा तो छूट गयी, साथ ही दूरदर्शन का ऑडिशन का मौक़ा भी छूट गया। मम्मी ने हमें लिखे हुए ख़त में बताया कि समाचार वाचक की अर्ज़ी के पहले चरण में ही मुझे ऑडिशन के लिए बुलाया गया था और उसमें शामिल ना होने पर माँ ने पत्र में लिखा था कि टीवी समाचार वाचक बनने का मौक़ा तुम्हारे हाथ से निकल गया है। मैं तो वैसे भी उस आवेदन के लिए अधिक महत्त्वाकांक्षी नहीं थी। इसलिए मेरे भाग्य में कुछ और ही लिखा होगा, यह सोचकर मैंने अपना मन दैनिक ज़िम्मेदारियों में लगा दिया। किन्तु सच यह भी था, कि मन के किसी कोने में वह ohhh! वाली फीलिंग, दबी हुई, परन्तु ज़िन्दा थी।

अगस्त में स्वदेश लौटने के बाद सबसे पहला काम मैंने दूरदर्शन केन्द्र जाकर जिन अधिकारी यानी श्रीमान उर्वीश दवे ने मुझे ऑडिशन के लिए पत्र भेजा था, उनसे जाकर मिली। मैंने उन्हें अपना बुलावा पत्र दिखाया और ऑडिशन के लिए मेरी अनुपस्थिति के कारण बताया। मैं देखना चाहती थी कि क्या मुझे अभी भी मौक़ा मिल सकता है। उर्वीश जी ने कहा,"आप बिल्कुल समय पर ही आयी हैं। हमने समाचार वाचक और उद्घोषक के पद के लिए नया विज्ञापन प्रकाशित किया है। इसके आवेदन की अन्तिम तिथि दो दिन बाद ही है। आप नये सिरे से आवेदन कर सकती हैं, यह सुनकर आशाएँ फिर जाग उठीं। मैंने नयी अर्ज़ी जमा कर दी। हालाँकि तब तो कतई नहीं सोचा था, कि दूरदर्शन से मेरा नाता बनेगा और वह इतना मज़बूत होगा।

सितम्बर के अन्त में मेरे नवजात भतीजे के जन्म पर हम सपरिवार हैदराबाद गये थे। दो दिन की यात्रा के बाद हैदराबाद पहुँचने पर, हमारे पड़ोसी ने लैंडलाइन पर फ़ोन सन्देश दिया कि फाल्गुनी के लिए डीडी का पत्र आया है, और तीन दिन बाद सुबह 11:00 बजे उसे ऑडिशन के लिए पहुँचना है। भाभी के घरवालों ने दो दिवसीय कार्यक्रमों का आयोजन किया हुआ था। भतीजे की बुआ होने के नाते, रिवाज़ के अनुसार मुझे उन सभी रीतियों में शामिल होना था। तो दूसरी ओर इस बार भी ऑडिशन में अनुपस्थित होने का अर्थ था, डीडी के साथ जुड़ने की, समाचार वाचक बनने की सारी सम्भावनाएँ सदा के लिए ख़त्म। अब क्या किया जाये? दिल

तो कह रहा था कि यहीं परिवार के साथ रहूँ, और दिमाग़ कह रहा था कि मैं वापस अहमदाबाद चली जाऊँ। इस कशमकश के बीच कहानी में एक रोचक मोड़ आया। मेरी मम्मी ने ऐलान किया कि, "फाल्गुनी कल सुबह ही अहमदाबाद के लिए रवाना हो जायेगी। उसके लिए टिकट की व्यवस्था करो।" यह सुनकर सब हैरान रह गये। इस विषय पर सब की बहस शुरू हो गयी। उस वक़्त फ्लाइट से यात्रा, सोच और पहुँच से बाहर थी। सबने अपनी-अपनी चिन्ता और अपने-अपने विचार रखे। किन्तु मम्मी अपने निर्णय पर दृढ़ता से अटल रही। उनका मुद्दा यही था, कि जीवन में हर किसी को दूसरा मौक़ा नहीं मिलता। भाग्य ने फाल्गुनी की झोली में दूसरा मौक़ा डाला है, अब केवल उस मौक़े को अमल में लाने की ज़रूरत है। माँ का कहना था कि क्या पता यही उसके जीवन का और करियर का निर्णायक मोड़ हो!

आपको बता दूँ कि कच्छ के एक छोटे से गाँव की निवासी होने के कारण मेरी माँ को तेजस्वी होने के बावजूद भी पढ़ाई या अन्य प्रवृत्ति में आगे बढ़ने के अवसर नहीं मिले थे। फिर शादी और तीन बच्चों के बाद, पति के प्रगतिशील विचार और प्रोत्साहन से, उन्होंने अर्थशास्त्र विषय में स्नातक की उपाधि हासिल की थी। अब वह अपनी बेटी के करियर में कोई समझौता करना नहीं चाहती थी। अन्त में मम्मी के प्रयासों की जीत हुई। मैं पारिवारिक कार्यक्रम को छोड़कर वापस अहमदाबाद चली गयी। ऑडिशन दिया और सफल भी हो गयी। अगर मम्मी ने अपना निर्णय इतनी दृढ़ता से नहीं लिया होता, तो शायद मैं कभी भी डीडी से नहीं जुड़ पाती।

उस समय समाचार वाचक एवं उद्घोषक बनने के लिए पत्रकारिता का अभ्यास आवश्यक नहीं था। कोई भी विषय में स्नातक की डिग्री पर्याप्त थी। ऑडिशन में शुद्ध उच्चारण, भाषा पर प्रभुत्व, आवाज़, बोलने का लहजा इत्यादि पर ज़ोर दिया गया। व्यक्ति की सुन्दरता और परदे पर उनका समग्रतः प्रस्तुतीकरण श्रेष्ठ होना तो निस्सन्देह अनिवार्य था, और आज भी है। इन मापदण्डों के आधार पर उम्मीदवारों को चुना गया था। हम लगभग 50 लोग सिलेक्ट हुए थे। फिर हमें 4 दिन की तालीम दी गयी। चयन समिति में जो चयनकर्ता बैठे थे, उन्होंने ही हमें तालीम दी। गुजराती भाषाविद् व्यास सर, आकाशवाणी से जुड़ी प्रख्यात हस्ती आदरणीय वसुबेन भट्ट एवं कवि तुषार शुक्ला जैसे विद्वानों ने हमें टीवी स्क्रीन के विविध पहलू से अवगत किया। टीवी प्रस्तुतकर्ता होने के लिए बहुमूल्य सुझाव भी दिये। सौभाग्य से मेरी प्रारम्भिक शिक्षा, शहर के सबसे बड़े और गुजरात के श्रेष्ठ विद्यालय, सीएन विद्या बिहार में गुजराती माध्यम में हुई थी। इसलिए गुजराती भाषा पर प्रभुत्व तो था ही, साथ ही हिन्दी एवं अंग्रेज़ी भाषा पर भी अच्छी पकड़ थी।

माता-पिता के असीम सहयोग और अपने आत्मविश्वास के कारण दूरदर्शन का ऑडिशन पास करने में सफल रही।

ऑडिशन के आधार पर हमें तीन समूह में विभाजित किया गया–समाचार वाचक, उद्घोषक एवं इंटरव्यूअर यानी कि साक्षात्कारकर्ता। जिसमें मेरा चयन बतौर न्यूज़ रीडर हुआ। फिर शुरू हुई एक नयी यात्रा 21 दिसम्बर 1988 के दिन दूरदर्शन केन्द्र अहमदाबाद से मेरा प्रथम न्यूज़ बुलेटिन प्रसारित हुआ। उस समय सिर्फ़ शाम का एक ही बुलेटिन प्रसारित होता था।

आज भी यह बात एक सपने जैसी लगती है कि इस बात को 35 साल से ज़्यादा का समय हो गया है। वो कालखण्ड ही अलग था। तब टीवी यानी मात्र दूरदर्शन था। निजी चैनल का ख़याल भी नहीं था। दिल्ली और मुम्बई के कार्यक्रम समग्र देश में देखे जाते थे। डीडी नेशनल के सभी समाचार वाचक, कोई सेलिब्रिटी से कम नहीं थे। सलमा सुल्तान का बालों में फूल लगाना, शमी नारंग जी का पेन पॉकेट में रखना, शोभना जगदीश जी का विशेष रूप से जूड़ा बनाना, सरला माहेश्वरी का सीधे पल्लू से–गुजराती तरीक़े से साड़ी पहनने का अन्दाज़, यह सब दर्शकों को बड़ा भाता था। उन्हें देखकर-सुनकर ही हमारी पीढ़ी बड़ी हुई थी। उन्हें अपना आदर्श मानकर ही, हमने न्यूज़ रीडिंग शुरू की। तकनीकी उन्नति के आज के दौर में जब पीछे मुड़ के देखती हूँ, तो बीते कल की बहुत सी यादें और बातें चलचित्र की तरह मन:पटल पर दौड़ने लगती हैं।

शुरू के दिनों में मात्र एक ही बुलेटिन प्रसारित होता था। और वह भी मात्र 15 मिनट का। उस समय कम्प्यूटर, पश्चिमी देशों में भी नयी उपलब्धि था। इसलिए भारत में ज़्यादातर फ़ीसदी जनसंख्या में उसका उपयोग अभी शुरू हुआ नहीं था। सरकारी दफ़्तरों की प्रणाली में भी कम्प्यूटर का प्रवेश नहीं हुआ था। समाचार की सारी स्क्रिप्ट, टाइपराइटर पर लिखी जाती थी। जिसकी छोटी-छोटी ग़लतियाँ तो हम सुधार लेते थे, लेकिन बड़े सुधार के लिए स्क्रिप्ट दोबारा टाइप की जाती थी। नयी स्क्रिप्ट में नयी त्रुटियाँ सम्मिलित हो जाती थीं और हमें नये सिरे से उसमें सुधार करना पड़ता था।

ब्रेकिंग न्यूज़ आज का फ़ैशन हो गया है। या यूँ कहो कि आज की ज़रूरत बन गया है। आज के समय में यह एक सामान्य बात है। किन्तु उस वक़्त समाचार पढ़ते समय अगर फ्लोर मैनेजर ने मेज़ पर एक नया काग़ज़ सरकाया, तो मन पर तनाव सा छा जाता था, कि ताज़ा ख़बर क्या होगी? वाक्य सही से लिखे तो होंगे ना! और सबसे बड़ी प्रार्थना तो यह होती थी कि हे भगवान! हस्तलिखित समाचार ना हो।

यद्यपि कभी-कभी ही सही, पर ऐसे हस्तलिखित पेपर पढ़ने की चुनौती का भी हमने सामना किया है। और तब ये सोचते थे कि क्या ख़राब लिखावट को पढ़ने के लिए, हमें विशेष प्रशिक्षण लेना चाहिए था?

तब टेलीप्रॉम्पटर का आविष्कार नहीं हुआ था, तो काग़ज़ से ही समाचार पढ़े जाते थे। इसलिए बुलेटिन के दौरान ज़्यादातर हमारी दृष्टि कैमरा पर नहीं, नीचे मेज़ पर रखे काग़ज़ पर होती थी। बुलेटिन की शुरुआत मुख्य समाचारों से होती थी। तो हम पहली हेडलाइन को रट्टा मारने की कोशिश किया करते थे, ताकि महत्त्वपूर्ण समय हम कैमरा के सामने, यानी कि दर्शकों को सामने देख पायें। 1988 में जब मेरी फर्स्ट न्यूज़ ड्यूटी थी, तब कुछ दोस्तों और रिश्तेदारों को दूरदर्शन देखने के लिए कहा था। दूसरे दिन प्रतिक्रिया माँगी, तो ज़्यादातर लोगों ने कहा, "हम तो राह देख रहे थे, कि तुम कब हँस पड़ोगी...। तुमने 15 मिनट तक ऐसा गम्भीर चेहरा कैसे बनाये रखा?" आपको बता दूँ कि गुजरात के एक मुख्य अख़बार के समीक्षक सलील दलाल ने अपने लेख में समाचार वाचकों पर टिप्पणी लिखी थी। जिसमें मेरे लिए लिखा गया था, कि समाचार वाचन के दौरान फाल्गुनी की मुख मुद्रा इतनी गम्भीर होती है, मानो किसी ने उसके माथे पर बन्दूक़ तान दी हो! क्या वह गुजरात की सलमा सुल्तान बनने की कोशिश कर रही है?

दरअसल दूरदर्शन से मेरा नाता समाचार वाचन से पहले से था। ग्रेजुएशन के तुरन्त बाद एक भवाई एपिसोड के शूट के लिए मैंने पहली बार दूरदर्शन केन्द्र में प्रवेश किया था। भवाई गुजरात का एक विशेष लोकनाट्य प्रकार है, जिसमें तीखे हास्य के साथ सूक्ष्म सामाजिक आलोचना होती है और मनोरंजन के साथ जागरूकता का सन्देश दिया जाता है।

जब मैंने अपना पहला समाचार बुलेटिन पढ़ा, तब थोड़ी घबराहट ज़रूर थी। लेकिन धीरे-धीरे अनुभव बढ़ता गया और काम आसान होता गया। दूरदर्शन के मापदण्ड के अनुसार शालीनता और गरिमा के साथ समाचार प्रसारित हुआ करते थे। यह प्रथा, आज के शोरगुल के समय में भी दूरदर्शन में क़ायम है। समय बहता चला गया, और साथ में बहुत कुछ बदलता रहा। जब मैं डीडी के साथ जुड़ी, तब मेरा नाम था फाल्गुनी देढिया। यह विवाह के पहले का उपनाम था। 7 महीने में मेरी शादी हो गयी। तब मैंने अपने पति के नाम को अपना उपनाम बना लिया। अब पर्दे पर मेरा नाम होता था–फाल्गुनी हिरेन। भाग्यवश शादी के बाद और दो सन्तान होने के बाद भी, मेरी सारी गतिविधियाँ ना सिर्फ़ जारी रहीं, पर वास्तव में बढ़ गयीं।

1991 में तत्कालीन प्रधानमन्त्री पी.वी. नरसिम्हा राव की सरकार ने आर्थिक और सामाजिक सुधारों की एक श्रृंखला शुरू की। जिसने विश्व भर के उद्योग एवं निवेशकों के लिए भारत के द्वार खोल दिये थे। नयी नीतियों के तहत सरकार ने निजी और विदेशी प्रसारकों को भारत में सीमित परिचालन में शामिल होने की अनुमति दे दी। जिसके चलते 1992 में देश के सर्वप्रथम निजी टीवी चैनल, ज़ी का आगाज़ हुआ। फिर तो ईटीवी, सन टीवी, और एशिया नेट जैसे निजी घरेलू प्रसारकों के साथ, सीएनएन, बीबीसी और डिज़नी स्टार जैसे विदेशी प्रसारकों ने उपग्रह प्रसारण शुरू किया। हिन्दी और अंग्रेज़ी से शुरुआत होने के बाद, कई प्रसारकों ने क्षेत्रीय भाषा में भी प्रसारण शुरू किया। वर्ष 2000 में गुजरात में आल्फा टीवी शुरू हुआ। जो कि बाद में ज़ी गुजराती के नाम से जाना गया। बाद में ईटीवी, ज़ी टीवी, टीवी9 गुजराती (जो कि प्रथम गुजराती न्यूज़ चैनल है, जो कि 7 दिन और 24 घण्टे प्रसारित होता है), जीएसटीवी, एबीपी अस्मिता, सन्देश न्यूज़ इत्यादि अनेक गुजराती निजी चैनल शुरू हो गये।

लेकिन अपने शुरुआती दौर से लेकर आज तक दूरदर्शन ने टीआरपी की होड़ के बजाय जनहित एवं सटीक ख़बरों को प्रसारित करने का अपना दायित्व हमेशा निभाया है।

मैं बताना चाहती हूँ कि जब दूरदर्शन में मैंने पहली बार क़दम रखा, उस समय ज़्यादातर लोगों का मानना था, कि अच्छे घर की लड़कियाँ टीवी में काम नहीं करतीं। मान्यता थी कि इस क्षेत्र में सफलता पाने के लिए, ख़ास करके लड़कियों को या महिलाओं को, अपने विचारों एवं नैतिक मूल्यों के साथ समझौता करना पड़ता है। उस वक़्त मेरे मम्मी-पापा ने मेरा सहयोग किया। वेटरनरी डॉक्टर और सरकारी अधिकारी होने के नाते पापा ने समझाया कि दुर्भाग्यवश कुछ लड़कियाँ, जल्दी सफल होने की महत्त्वाकांक्षा में, शॉर्टकट ले लेती हैं, और ज़्यादातर बाद में पछताती भी हैं। किन्तु निष्ठावान प्रयत्नों से, धीरे-धीरे ही सही, सफलता मिलती ज़रूर है। हर एक व्यक्ति को अपना रास्ता और उसके परिणाम चुनने होते हैं। यह बात मैंने गाँठ बाँध ली। तब से मैंने सबसे खुलकर मिलने, और हँस-हँस के बात करने की मेरी स्वाभाविक आदत पर जानबूझकर रोक लगा दी। दूरदर्शन में मैं सिर्फ़ अपने काम से ही काम रखती थी। डीडी परिसर में प्रवेश के बाद न्यूज़ रूम, मेकअप रूम, स्टूडियो, और ड्यूटी रूम, यही मेरा रास्ता हुआ करता था। आज मैं गौरव से कह सकती हूँ कि अपने काम में 100% देने की वजह से दर्शकों का अपार स्नेह मैंने पाया है, और ख़ुद के आसपास एक अभेद आवरण रखने के फलस्वरूप, समस्त दूरदर्शन परिवार का आदर एवं सम्मान भी कमाया है।

सालों तक समाचार के लिए मैं ज़्यादातर सीधे पल्लू की साड़ी पहनती थी। जब दूरदर्शन में मॉर्निंग न्यूज़ बुलेटिन की शुरुआत हुई, तब कुछ बदलाव लाने के लिए, मैंने सलवार-कमीज पहनना शुरू किया। वैसे मेरी कोशिश यही रहती थी कि मैं अवसर के अनुरूप पोशाक पहनूँ। कोई त्योहार हो कोई ख़ास दिन हो, तो उसके हिसाब से कपड़ा, रंग, और गहने पसन्द करती हूँ। उदाहरण के रूप में गुजरात में उत्तरायण का बड़ा महत्त्व है। तो एक उत्तरायण के दिन ड्यूटी के लिए मैंने छोटी पतंग और फिरकी के गहने बनाकर पहने थे। रंगों के पर्व होली में, मैं रंगबिरंगी साड़ी पहनती थी। एक बार मैंने केसुदा के फूल की माला और इयररिंग्स बनाकर पहने थे। मुझे ख़ुशी इस बात की है, कि मेरी ड्रेसिंग सेंस की आज भी सब सराहना करते हैं।

समय के साथ दूरदर्शन में भी बहुत बदलाव आये। टाइपराइटर की जगह कम्प्यूटर आये। बाद में टेलीप्रॉन्पटर, ऑटो स्क्रिप्ट, क्रोमा, इंटरएक्टिव स्क्रीन, एलईडी स्क्रीन, एचडी कैमरा, इत्यादि हर प्रगति के साक्षी होने का सौभाग्य मुझे मिला है। दुनिया के किसी भी कोने में, समाचार अधिकतर लाइव होते हैं। लाइव प्रसारण के कारण हमारे पास रीटेक का विकल्प नहीं होता।

साथ ही कुछ ख़ास घटनाओं के बारे में समाचार दर्शकों को बताने का भी मौक़ा मिला है। वर्ष 2000 की 26 जनवरी को गुजरात में भयानक भूकम्प आया था। जिसने पूरे गुजरात को तहस-नहस कर दिया था। उस दिन मेरी शाम की ड्यूटी थी। (तब डीडी में सुबह के समाचार बुलेटिन भी शुरू हो गये थे।) उस दीन सुबह 8.42 बजे लगभग दो मिनट तक भूकम्प के ज़ोरदार झटके हमें महसूस हुए थे। क्या हो रहा है, और क्या करना है, कुछ भी समझ नहीं आ रहा था। वे दो मिनट बहुत ही कठिन थे, दिमाग़ जैसे सुन्न सा हो गया था। चारों ओर अफरातफरी मची हुई थी। सुनने को मिल रहा था कि अहमदाबाद में ही कई ऊँची इमारत मलबा बन चुकी थीं। चारों ओर अफरातफरी थी। कम्युनिकेशन सिस्टम भी ठप था। बच्चे अभी भी सहमे हुए थे। फिर भी उन्हें पति हिरेन के हवाले सुरक्षित छोड़कर, मैं ड्यूटी पर पहुँची। दूरदर्शन पहुँचने पर पता चला कि भूकम्प कितना तीव्र था। साथ ही पता चला कि भूकम्प का केन्द्र बिन्दु कच्छ में था, और कच्छ बुरी तरह से, पूरी तरह से प्रभावित हुआ था। मैं बता दूँ कि मेरा वतन कच्छ है। हमारे पुरखों के घर कच्छ में हैं, और कई रिश्तेदार भी कच्छ में रहते हैं। न्यूज़ रूम में हर जगह से तबाही की बुरी ख़बरें आ रही थीं। ख़ास कर कच्छ से। मेरे अपनों का हाल क्या होगा इस चिन्ता के बीच, पूरे 30 मिनट तक भूकम्प की ख़बरें पढ़ती रही।

दो-तीन साल पहले ही मार्च महीने में मेरी सुबह की शिफ्ट में ड्यूटी थी। 8:30 बजे की मॉर्निंग न्यूज़ ख़त्म हुई थी, तभी न्यूज़ रूम में सफ़ाई कामदार ने आकर जानकारी दी कि स्टूडियो में साँप देखा है, और वह न्यूज़ रीडर के प्लेटफार्म के नीचे घुस गया है। दूरदर्शन अहमदाबाद के परिसर में अच्छी हरियाली है। शायद इसी वजह से कई बार साँप रूम में आ जाते हैं। तुरन्त ही साँप पकड़ने वालों को बुलाया गया। उन्होंने आकर अपना काम तो शुरू किया। पर तब तक तो 10:00 बज चुके थे। हमारे पास समय कम था। क्योंकि 11:00 बजे दूसरा बुलेटिन प्रसारित होना था। हर जगह तनाव धीरे-धीरे बढ़ रहा था। कुछ लोगों ने मुझे कहा कि, "आज तो आपकी कसौटी होने वाली है।" और कुछ लोगों ने यह कहकर मेरे मज़े लिए कि "आज समाचार वाचन के दौरान आप कितनी स्वस्थ रह सकती हैं, ये हम देखेंगे! आपकी मुख मुद्रा कैसी रहती है, हम यह देखना चाहते हैं।" मैं समाचार बुलेटिन कैसे पढ़ूँगी, वो उस दिन गपशप का सबसे गर्म विषय था। हमारे मेकअप मैन गौतम भाई मेरे लिए बहुत ही चिन्तित थे। उन्होंने कहा कि, "आप चिन्ता ना करो। समाचार के दौरान मैं दूरदर्शन स्टूडियो में आपकी कुर्सी के बिल्कुल पास ही नीचे बैठ जाऊँगा। अगर कहीं से भी साँप निकला दिखा, तो मैं तुरन्त ही आपको बता दूँगा।" उन्होंने एक और सुझाव भी दिया कि मुझे आज पालथी मारकर बैठना चा हिए। ताकि साँप मुझ तक पहुँच ना पाये। अब आगे क्या होगा इसके बारे में बहुत सारे प्रश्नार्थ लेकर मैं स्टूडियो पहुँच गयी।

सुबह के 11:00 बजने ही वाले थे। धड़कनें बढ़ी हुई थीं। अब सिर्फ़ तीन ही मिनट बाक़ी थीं। तब साँप पकड़ा गया। लगभग 11 फ़ीट लम्बा धामन कहा जाने वाला वह साँप था। अगर पता भी हो कि यह साँप ज़हरीला नहीं है, फिर भी उसको देखकर किसी के भी होश उड़ जाते। नसीब से साँप पहले ही पकड़ा गया। और अगर बुलेटिन के दौरान वह बाहर आता तो क्या होता, वह तो सिर्फ़ भगवान जाने।

हमारे दूरदर्शन की एक ख़ासियत है। हम समाचार की टीआरपी के पीछे नहीं भागते हैं। हम समाचार की सच्चाई को, उसकी सटीकता को ज़्यादा महत्त्व देते हैं। साथ ही भाषा की शुद्धता पर भी हम पूरा ध्यान देते हैं। अहमदाबाद दूरदर्शन भी इन्हीं सब चीज़ों का ध्यान रखता था और आज भी पूरी जागरूकता से हम यह कोशिश करते हैं, कि हम दूरदर्शन के सभी उसूलों में खरा उतरें। हमारा समाचार वाचन उस तीर की तरह होता है, जो एक बार छूट गया, तो फिर उसे वापस नहीं लाया जा सकता। हमारे बोले गये वाक्य भी उस तीर की तरह हैं। एक बार हमारे मुँह से कोई वाक्य निकल गया, फिर उसमें सुधार करना ज़्यादातर सम्भव नहीं होता। ऐसे में कई

बार ग़लतियाँ भी हो जाती हैं। पर ज़्यादातर हमारी कोशिश रहती है, कि हम 100% शुद्धता के साथ, अपने समाचार प्रसारित करें।

जैसा कि पहले बताया था कि समाचार हमेशा लाइव प्रसारण ही होता है। उसमें रिकॉर्डिंग की गुंजाइश कम ही होती है। या यूँ कहें कि होती ही नहीं है। शुरू में कुछ समय ऐसा हुआ करता था, कि लेट नाइट वाला बुलेटिन, रिकॉर्ड करके प्रसारित किया जाता था। हालाँकि अब दिन में 6 न्यूज़ बुलेटिन प्रसारित होते हैं। वह सारे के सारे लाइव होते हैं। अब तो समाचार अनुभाग में कई कार्यक्रम जोड़े गये हैं। जैसे कि 'अपना मुद्दा अपनी बात', 'ज़िन्दगी काफे', 'चुनाव के समय में इलेक्शन स्पेशल', और कभी-कभी 26 जनवरी या 15 अगस्त की पूर्व संध्या पर, राष्ट्रपति जी, या प्रधानमन्त्री जी के सन्देश का गुजराती अनुवाद पठन जैसे ख़ास प्रोग्राम्स भी होते हैं।

वर्ष 2020 में जब पूरी दुनिया कोविड में घिरी हुई थी, तब अहमदाबाद दूरदर्शन के लिए भी वह बहुत ही मुश्किल समय था। उस वक़्त लॉकडाउन होने की वजह से, दूरदर्शन के समाचार प्रसारण में भी काफ़ी बाधाएँ आयीं। कोरोना में अपने घर से ऑफ़िस आना भी चुनौतियों से भरा था क्योंकि उस समय देशभर में लॉकडाउन लगा हुआ था। तकनीकी स्टाफ, टाइपिस्ट, कैमरा पर्सन, एडिटर, न्यूज़ रीडर, सबके लिए यह दिक़्क़त थी।

कोरोना में सभी सावधानियों का ध्यान रखते हुए हम सभी ने अपने काम को पूरी निष्ठा एवं ईमानदारी से किया। वो दौर ऐसा था कि जब शाम की न्यूज़ ड्यूटी करने के लिए जब दूरदर्शन पहुँचते, तो पता चलता था कि सुबह जो ड्यूटी करने आये थे, उस समाचार वाचक का कोविड परीक्षण सकारात्मक पाया गया है।

और हमें तो वही पीसी, वही टेबल और वही कुर्सी का उपयोग करना है, वहीं पर बैठना है। स्टूडियो एक ही है, स्टूडियो में न्यूज़ रीडर की चेयर भी वही है, माइक्रोफ़ोन भी वही लगाना है, और ऑटो स्क्रिप्ट का कंट्रोल भी वही है, जिसे सुबह न्यूज़ रीडर ने उपयोग में लिया था, छुआ था। जब भी हम ड्यूटी पर पहुँचते थे, तो पता चलता था कि कोई न कोई पॉजिटिव निकला है। और ये हर रोज़ की कहानी थी। चारों ओर से ऐसी ख़बरें हर रोज़ मिलती थीं कि आप न्यूज़ रूम में, या स्टूडियो में, या ड्यूटी रूम में जितने सम्पर्क में आये हैं, उनमें से कोई ना कोई कोविड पॉजिटिव होता था। फिर भी ऐसी चुनौतियों में भी हमने न्यूज़ रीडिंग चालू रखी। पूर्ण समर्पण के साथ अपनी ड्यूटी निभायी। और बहुत ही ख़ुशी और गौरव के साथ मैं कहना चाहूँगी कि दूरदर्शन अहमदाबाद केन्द्र-न्यूज़ ने, हमें एक अधिकृत

पत्र देकर हमारा अभिनन्दन किया। हमें 'कोविड योद्धा' के रूप में सम्बोधित करके सम्मानित किया।

मानवीय भूल की गुंजाइश तो हर जगह होती है। एंकर को हर क़िस्म की चुनौती के लिए हमेशा तैयार रहना पड़ता है। ख़ासकर समाचार वाचक को। क्योंकि समाचार हमेशा लाइव होते हैं। अगर टाइपिंग मिस्टेक हुई है, या लिखावट की ग़लती रह गयी है, तो भी अगर वह ग़लती आपके मुँह से निकल जाये, जब आप ऑनस्क्रीन हैं, तो दर्शकों के लिए वह सारी ग़लतियाँ, सिर्फ़ न्यूज़ रीडर की होती है। दर्शकों को परदे के पीछे क्या चल रहा है, सब कैसे हो रहा है, किस हालत में न्यूज़ एंकर न्यूज़ पढ़ रही है, इससे कोई लेना-देना नहीं होता। इसकी कोई जानकारी भी नहीं होती है। तो ऑनस्क्रीन जो भी ग़लती जाती है, वह सारी ग़लतियाँ न्यूज़ रीडर के सर ही आती हैं। बिकॉज वी आर द फेसेस ऑफ़ द स्क्रीन।

एक समाचार वाचक को हमेशा किसी भी प्रकार की चुनौतियों के लिए तैयार रहना पड़ता है। एक उदाहरण देना चाहूँगी। प्रधानमन्त्री नरेन्द्र मोदी के रेडियो कार्यक्रम 'मन की बात' की 100 कड़ियाँ समाप्त हो रही थीं, और उस विशेष अवसर पर दूरदर्शन पर एक ख़ास कार्यक्रम में मुझे हिस्सा लेना था। वैसे तो हमने कार्यक्रम के लिए विशेष अतिथि को बुलाया था, पर किन्हीं तकनीकी कारणों की वजह से वो ऑनलाइन नहीं जुड़ पाये। प्रोड्यूसर ने मुझे बोला कि आप चार-पाँच मिनट इस कार्यक्रम के बारे में बोलते रहिए, तब तक मेहमान हमसे जुड़ जायेंगे। सौभाग्य से मैंने अपना होमवर्क ठीक से किया था। 'मन की बात' कार्यक्रम के बारे में काफ़ी जानकारी अर्जित कर रखी थी, जो मुझे उसे वक़्त काम आयी, और मैं बच गयी।

एक ताज़ा उदाहरण भी देना चाहूँगी। हाल ही की बात है। 16 मार्च को ही लोकसभा के सामान्य चुनाव की घोषणा की गयी। और उसी दिन से अहमदाबाद दूरदर्शन ने चुनाव विशेष कार्यक्रम जनादेश की शुरुआत कर दी। बिल्कुल दूसरे ही दिन 17 तारीख़ को ही मेरी जनादेश के लिए ड्यूटी लगी थी। उस कार्यक्रम में शुरू में किसी न किसी विशेषज्ञ को बुलाया जाना निश्चित था जो कि चुनाव पर चर्चा करे और जानकारी दे। हमारा काम पूरे कार्यक्रम को एक सूत्र में पिरोने का था। कार्यक्रम शुरू होने से 5 मिनट पहले ही प्रोड्यूसर ने मुझे बताया कि किसी वजह से हमारे विशेषज्ञ हमारे साथ नहीं जुड़ेंगे। तो अब बाक़ी का काम आपको ही करना होगा। मुझे थोड़ी घबराहट तो ज़रूर हो गयी थी, क्योंकि चुनाव की चर्चा के लिए मैं विशेषज्ञ तो बिल्कुल नहीं हूँ। पर क्योंकि इस कार्यक्रम के लिए पहले से थोड़ी

बहुत तैयारी कर ली थी, थोड़ी बहुत जानकारी ले ली थी, तो उस दिन एक्सपर्ट की ग़ैर-हाज़िरी में भी, हमारा कार्यक्रम बिना किसी झिझक के मैं कर पायी। इसलिए कहते हैं कि जब आप ऑन स्क्रीन लाइव प्रोग्राम करते हैं, चाहे वह समाचार वाचन हो, चाहे वह घोषणा, आपको अपने काम के लिए पूर्व तैयारी करना तो बहुत ही आवश्यक होता है।

आजकल करते-करते दूरदर्शन में बतौर समाचार वाचक मैंने 35 साल पूरे किये हैं, जो कि मेरे लिए बहुत ही गौरव की बात है। लिम्का बुक ऑफ़ रिकॉर्ड्स में मेरा नाम दर्ज होगा, यह मैंने कभी नहीं सोचा था। हाल ही में, साल 2024 1 मई को ही, इंडिया बुक ऑफ़ रिकॉर्ड्स से मुझे एक सर्टिफ़िकेट मिला है। दूरदर्शन में 35 वर्षों से ज़्यादा समय की समाचार वाचन की सेवा के लिए मुझे ये सम्मान पत्र मिला है। दूरदर्शन देश का ऐसा संस्थान है जहाँ ना केवल महिलाओं को सम्मान दिया जाता है बल्कि उन्हें उनकी प्रतिभा के आधार पर काम करने और प्रगति करने के अवसर प्रदान किये जाते हैं। एक संस्थान के साथ 35 साल का सफ़र इस बात का सबूत है कि अगर यहाँ इतना प्यार और सम्मान नहीं मिला होता तो मैं कभी इतनी लम्बी पारी नहीं खेल पाती।

सुचित्रा भारद्वाज

वरिष्ठ खेल पत्रकार

खेलों की अपनी एक अलग ही दुनिया है, जिसमें खिलाड़ियों को लोग अपने भगवान की तरह पूजते हैं। हमारे देश में सबसे ज़्यादा पसन्द किया जाता है क्रिकेट और उसके बाद तो कई खेल हैं जिन्हें जनता खूब सराहती है। लेकिन क्या आपने कभी सोचा है कि खेलों की ख़बरें आप तक पहुँचाने के लिए मीडियाकर्मियों को कितनी मेहनत और कितनी कठिनाइयों से दो-चार होना पड़ता है। इस कड़ी में ज़िस महिला खेल पत्रकार से मैं आपका साक्षात्कार करवा रही हूँ उनका नाम है सुचित्रा भारद्वाज, जो दो दशकों से डीडी न्यूज़ से जुड़ी हैं और खेल की ख़बरें लिखने पर उन्हें विशेष महारत हासिल है।

दिल्ली की रहने वाली सुचित्रा बताती हैं कि मेरा जन्म और पढ़ाई-लिखाई सब दिल्ली में ही हुई। दिल्ली विश्वविद्यालय से ही हिन्दी में एमए और हिन्दी पत्रकारिता में डिग्री हासिल की। माता-पिता दोनों ही शिक्षक हैं, इसी के चलते घर में शुरू से ही पढ़ने-लिखने का माहौल मिला। कह सकती हूँ कि खेलों में रुचि मुझे विरासत में मिली। बचपन से ही घर पर पूरे परिवार के साथ क्रिकेट और हॉकी के मैच देखने शुरू कर दिये थे। पिताजी की खेलों में बेहद दिलचस्पी है। दूरदर्शन पर क्रिकेट या हॉकी के मैच देखते वक़्त हमेशा खेल के बारे में, खिलाड़ियों के बारे में समझाते रहते थे। नानाजी राज्य स्तर पर हॉकी खेल चुके थे। हॉकी के खेल से जुड़े उनके क़िस्से बार-बार सुनना मेरे बचपन की सबसे प्यारी यादों में से एक है। हॉकी के जादूगर ध्यानचन्द को मैंने तो कभी खेलते हुए नहीं देखा लेकिन नानाजी से कई बार उनके खेल के क़िस्से सुने। इस तरह हॉकी के खेल को सिर्फ़ देखा ही नहीं बल्कि

उसका इतिहास भी जाना और खेल की बारीकियाँ भी सीखीं। 1996 का साल खेलों से मेरे जुड़ाव के लिहाज़ से मेरे लिए बेहद यादगार रहा। स्कूल की फाइनल परीक्षाएँ होने के बावजूद 1996 का क्रिकेट विश्व कप देखने की अनुमति मिल गयी क्योंकि पूरे परिवार के साथ भारत के क्रिकेट मैच देखना एक आदत सी बन गयी थी। पिता जी के साफ़ निर्देश थे कि परीक्षा के लिए एक दिन नहीं बल्कि पूरे साल भर की पढ़ाई काम आती है। अच्छे से रिवीज़न कर लो और फिर लगे कि सिलेबस पूरा आता है तो मैच देख सकते हो। परीक्षा में कम नम्बर आने का बहाना एक दिन की कम पढ़ाई नहीं हो सकती। उस विश्व कप का हर मैच आज भी अच्छी तरह याद है। दूरदर्शन ने खेलों से जोड़ने में और खेलों में दिलचस्पी बढ़ाने में बेहद अहम भूमिका निभायी। दूरदर्शन पर ग्रैंड स्लैम के फाइनल मुक़ाबले आया करते थे जिन्हें देखकर टेनिस के खेल से जुड़ना हुआ। 1996 के ही अटलाण्टा ओलम्पिक में लिएण्डर पेस को कांस्य पदक जीते हुए देखना सुनहरी यादों में से एक है। 1998 का फुटबॉल विश्व कप भी दूरदर्शन पर देखा और पहली बार किसी फुटबॉल विश्व कप को शुरू से अन्त तक पूरा देखा। घर में समाचार पत्र पढ़ना भी दिनचर्या का एक हिस्सा था। समाचार पत्रों में खेल से जुड़े पन्ने हमेशा से मेरे पसन्दीदा रहे। किसी मैच को देखने के बाद उसके बारे में पढ़ना मानो उसी मैच के रोचक लम्हों को दोबारा जीने जैसा होता है। घण्टों खेल के पन्नों पर छपी हर छोटी-बड़ी ख़बर को तल्लीनता से पढ़ना मुझे बेहद पसन्द था। इस तरह खेलों से और दूरदर्शन से मेरा नाता बहुत गहरा और बहुत पुराना है। दूरदर्शन में खेल पत्रकार के रूप में कार्य करना शायद मेरी नियति थी जिसकी नींव बहुत पहले ही पड़ गयी थी।

दूरदर्शन में मेरी लगभग 2 दशक की यात्रा में महिला सहयोगियों तथा वरिष्ठ महिला अधिकारियों का अहम योगदान रहा। हर क़दम पर किसी ना किसी महिला ने मेरे करियर को एक नया मोड़ या मज़बूती प्रदान की। दिसम्बर 2004 में मैं एक इन्टर्न के रूप में डीडी न्यूज़ में आयी थी, उस समय नानू भसीन मैडम न्यूज़रूम की इंचार्ज थीं। दिसम्बर के अन्त में सुनामी का आना एक बहुत बड़ी ख़बर रही। उस वक़्त सुनामी से जुड़ी तमाम तरह की ख़बरों का भारी भरकम न्यूज़ फॉल पूरे दिन बना रहता। एक इन्टर्न के तौर पर शुरुआती दिनों में मैंने सुनामी से जुड़ी हुई कई ह्यूमन इंटरेस्ट स्टोरीज़ लिखी। हिन्दी और इंग्लिश दोनों भाषाओं पर पकड़ होने के कारण मैं दोनों ही भाषाओं में स्क्रिप्टिंग करती थी। न्यूज़रूम में मेरी वरिष्ठ महिला सहयोगियों सौदामिनी रैना और अंशुला श्रीवास्तव ने शुरू से ही मेरी स्क्रिप्टिंग की प्रशंसा की और जल्दी ही मुझे महत्त्वपूर्ण स्टोरी की स्क्रिप्ट भी लिखने के लिए दी

जाने लगी। इन्टर्नशिप के दौरान मेरी दोनों भाषाओं पर पकड़ ने जल्दी ही मुझे सबकी नज़रों में ला दिया। 3 जनवरी 2005 को राष्ट्रीय सुरक्षा सलाहकार जे एन दीक्षित का आकस्मिक निधन हो गया। उस दिन उनका प्रोफ़ाइल वॉइस ओवर मैंने लिखा और मैंने ही वॉइस ओवर भी किया। समय की माँग के अनुसार लिखी गयी वो हेडलाइन स्टोरी मेरे लिए एक टर्निंग प्वाइंट रही। कुछ ही दिन बाद इलेक्शन सेल के लिए नयी भर्ती की गयी और 24 जनवरी 2005 में मैं दूरदर्शन समाचार के साथ इलेक्शन सेल में जुड़ी। इलेक्शन सेल में वरिष्ठ महिला सहयोगी सृष्टि शंकर मैडम के साथ काम करने का मौक़ा मिला। जनादेश और वोट गणित जैसे कार्यक्रमों के साथ चुनाव की कवरेज को बेहतर तरीक़े से जाना। चुनाव से जुड़े कार्यक्रमों का अपना अलग मज़ा और दबाव रहता है। सृष्टि मैडम का रवैया काम को लेकर काफ़ी प्रोफ़ेशनल था और इलेक्शन सेल के 1 महीने में उनसे बहुत कुछ सीखने को मिला। इसी दौरान पहली बार आधे घण्टे के कार्यक्रम की स्क्रिप्टिंग करने का भी मौक़ा मिला। सृष्टि मैडम ने हमेशा मुझ पर भरोसा जताया और अहम ज़िम्मेदारियाँ दीं जिससे मेरा आत्मविश्वास काफ़ी बढ़ा।

मार्च 2005 में पाकिस्तान क्रिकेट टीम का ऐतिहासिक भारतीय दौरा था। लम्बे समय बाद पाकिस्तान की टीम भारत आ रही थी और नानू भसीन मैडम के मार्गदर्शन में उस सीरीज़ को बेहतरीन तरीक़े से कवर करने के लिए विशेष योजना बनायी गयी। उस सीरीज़ की विशेष प्रोग्रामिंग के दौरान काम करने के लिए चुने गये लोगों में मैं भी शामिल थी। लगभग 2 महीने तक उस सीरीज़ पर काम करने के साथ नानू मैडम के ही मार्गदर्शन में स्पोर्ट्स डेस्क से जुड़ने का मौक़ा मिला। खेलों में मेरी शुरू से ही रुचि थी। बचपन से ही खेलों को देखने और खेलों के बारे में पढ़ने का शौक़ रहा। स्पोर्ट्स डेस्क से जुड़ने के साथ ही एक खेल पत्रकार के रूप में नया सफ़र शुरू हुआ। नानू मैडम के मार्गदर्शन में स्पोर्ट्स डेस्क को नया विस्तार मिला। डीडी न्यूज़ में हर खेल से जुड़ी ख़बरों को दिखाया जाने लगा। एक समय ऐसा भी था जब दिन में स्पोर्ट्स के हिन्दी और अंग्रेज़ी को मिलाकर चार बुलेटिन जाते थे। जल्दी ही डेस्क वर्क के अलावा मैंने रिपोर्टिंग करना भी शुरू कर दिया। नानू मैडम के ही कार्यकाल में मैं पहली बार दिल्ली के बाहर कवरेज के लिए गयी। रिपोर्टिंग के लिए बाहर जाना मेरे लिए एक नया और रोचक अनुभव रहा और उससे भी बहुत कुछ सीखने को मिला। क्रिकेट, मुक्केबाज़ी, बैडमिंटन, हॉकी हर तरह के खेल की रिपोर्टिंग की और खेल की बारीकियों को जानने का मौक़ा मिला। रिपोर्टिंग के लिए बाहर जाने के मामले में भी महिला रिपोर्टर्स के सामने कुछ अलग तरह की

चुनौतियाँ रहती हैं। फ़रवरी 2007 में मैं एक क्रिकेट मैच कवर करने के लिए गोवा गयी। मड़गाँव के क्रिकेट स्टेडियम में उस समय प्रेस बॉक्स के पास महिलाओं के वॉशरूम भी नहीं थे। तब शायद ही किसी ने कल्पना की होगी कि एक समय ऐसा आयेगा जब क्रिकेट मैच कवर करने के लिए आने वाले पत्रकारों में पुरुष और महिला पत्रकारों की समान संख्या हो सकती है। अलग-अलग शहरों में जाकर रिपोर्टिंग करने के खट्टे-मीठे अनुभव रहे। एक बार एक ब्यूरो चीफ़ मेरे आने से कुछ ज़्यादा ही भड़क गये। पता नहीं उन्हें मेरे मैच कवर करने से परेशानी थी या मेरे महिला रिपोर्टर होने से। उन्होंने ताना मारते हुए कहा था कि जब यहाँ कवरेज हम भी कर सकते हैं तो क्रिकेट मैच कवर करने के लिए दिल्ली से सुन्दर लड़कियों को भेजने की क्या ज़रूरत है। ख़ुशक़िस्मती से उस समय असाइनमेंट की डायरेक्टर एक महिला अधिकारी ही थी। मट्टू मैम को फ़ोन करके मैंने इस आपत्तिजनक टिप्पणी के बारे में बताया और उन्होंने तुरन्त एक्शन लेते हुए उन महाशय को अपनी भाषा का सोच समझकर उपयोग करने और फिर टूर के दौरान मुझे उचित सुविधाएँ प्रदान करने का आदेश दिया। जब आप किसी परेशानी का सामना कर रहे हो और आपको पता हो कि आप उस परेशानी के बारे में अपनी किसी वरिष्ठ महिला अधिकारी को बता सकते हैं और वह उस शिकायत पर तुरन्त एक्शन भी ले सकती हैं, यह किसी भी युवा लड़की का आत्मविश्वास बढ़ाने के लिए बेहद महत्त्वपूर्ण है।

सितम्बर 2007 में मैंने स्पोर्ट्स एंकर के रूप में अपनी नयी पारी का आगाज़ किया। 2007 का टी-20 विश्व कप बेहद ऐतिहासिक रहा। उस टी-20 विश्व कप के विशेष कार्यक्रम से मेरा एंकर के तौर पर स्क्रीन पर आना हुआ और फिर महेन्द्र सिंह धोनी की युवा टीम ने भी उस विश्व कप को जीतकर बेहद यादगार बना दिया। इसके बाद कई महत्त्वपूर्ण सीरीज़ ओलम्पिक खेल, कॉमनवेल्थ खेल, एशियन गेम्स, विश्व चैम्पियनशिप कई विशेष कार्यक्रम एंकर किये। दैनिक स्पोर्ट्स बुलेटिन और रिपोर्टिंग का सिलसिला भी जारी रहा।

खेल पत्रकारिता में अक्सर माना जाता है कि पुरुष खेलों के बारे में ज़्यादा जानकारी रखते हैं। मैं रिपोर्टिंग तो कर रही थी लेकिन कई बार ऐसा हुआ कि महत्त्वपूर्ण कवरेज के लिए पुरुष सहयोगियों को ज़्यादा प्राथमिकता दी जा रही थी। 2013 में हमारे स्पोर्ट्स डेस्क की डायरेक्टर देवप्रीत मैडम थी। एक बार फिर एक महिला अधिकारी ने ही मेरे करियर को एक नया मोड़ दिया। सचिन तेंदुलकर का आख़िरी टेस्ट एक महत्त्वपूर्ण इवेंट था। उस साल मैंने कुछ क्रिकेट मैच कवर किये

थे जिसके बाद देवप्रीत मैडम ने मुझे सचिन तेंदुलकर का आख़िरी टेस्ट कवर करने का मौक़ा दिया जो मेरे लिए एक ऐतिहासिक और यादगार कवरेज रही।

2017 में मैंने एबीसी (ऑस्ट्रेलियन ब्रॉडकास्टिंग कॉरपोरेशन) द्वारा दिल्ली में भारत की चुनिन्दा महिला खेल पत्रकारों के लिए आयोजित एक वर्कशॉप में डीडी न्यूज़ का प्रतिनिधित्व करते हुए हिस्सा लिया। उस वर्कशॉप में हिस्सा लेने वाली 50 में से दो महिला खेल पत्रकारों को ऑस्ट्रेलिया जाकर स्पोर्ट्स कमेंट्री में कोर्स करने और फिर एबीसी के साथ जुड़कर 2018 के कॉमनवेल्थ गेम्स कवर करने के लिए चुना गया। खेल पत्रकार के तौर पर यह एक बहुत बड़ा मौक़ा था। स्पोर्ट्स कमेंट्री में मेरी हमेशा से ही रुचि रही थी और मैं इसकी बारीक़ियाँ हमेशा से ही सीखना चाहती थी। एबीसी जैसे प्रतिष्ठित संस्थान के साथ कमेंट्री सीखना और फिर कॉमनवेल्थ गेम्स कवर करने का मौक़ा सबको नहीं मिलता। हालाँकि तब मेरी बेटी सिर्फ़ 2 साल की थी और मैं उसे ब्रेस्टफीडिंग भी करा रही थी। ख़ासतौर से रात का हमारा ब्रेस्टफीडिंग का रुटीन बना हुआ था ऐसे में उसे एक महीने के लिए छोड़ कर जाना बेहद मुश्किल था। हालाँकि उस प्रोजेक्ट की महिला प्रोजेक्ट मैनेजर कैरेन की तरफ़ से मुझे पूरा सहयोग मिला। कैरेन की अपनी बेटी भी 2 साल की ही थी ऐसे में वह मेरी दुविधा को अच्छी तरह समझ पा रही थी। एक कामकाजी माँ के तौर पर कई बार आपको कुछ मुश्किल फ़ैसले लेने पड़ते हैं जिसमें कई बार आप कुछ मौक़े गँवा देते हैं वहीं कई बार परिवार से दूर रहना पड़ता है। आख़िरकार एबीसी ने मुझे मेरी बेटी के साथ ही यात्रा करने का अवसर उपलब्ध करवाया। वहीं दिन में मेरी ट्रेनिंग और कवरेज के समय मेरी बेटी की देखभाल के लिए मेरे छोटे भाई को भी साथ ले जाने की अनुमति दी। यह एक ऐसा अनुभव था जो ज़िन्दगी भर मुझे याद रहेगा। ऑस्ट्रेलिया में ट्रेनिंग और फिर कॉमनवेल्थ खेलों की कवरेज के दौरान मैं अलग-अलग देशों की महिला पत्रकारों से मिली। मैंने जाना कि किस तरह हर देश में हर जगह महिला पत्रकारों की चुनौतियाँ एक जैसी ही हैं। परिवार और काम के बीच तालमेल बिठाना सबके लिए एक चुनौतीपूर्ण और सतत प्रक्रिया है। दिन भर ट्रेनिंग और कवरेज की थकान के बाद रात को जब मैं अपने होटल वापस लौटती थी तो अपनी बेटी से मिलकर दिन भर की थकान दूर हो जाती थी। इस तरह मैंने करियर में मिले एक बड़े मौक़े को व्यर्थ नहीं जाने दिया वहीं एक माँ के तौर पर बेटी को भी नज़रअन्दाज़ नहीं किया।

दूरदर्शन समाचार के साथ अपनी लगभग 2 दशक की पारी के दौरान ही मैं वैवाहिक बन्धन में बँधी और फिर एक बेटी की माँ भी बनी। विवाह और मातृत्व

किसी भी महिला के लिए जीवन के दो अहम पड़ाव हैं जिसके बाद हमारे जीवन में कई परिवर्तन होते हैं। दूरदर्शन समाचार में सहयोगियों एवं अधिकारियों के सहयोग एवं मदद के चलते ही अपने काम तथा पारिवारिक जीवन के बीच तालमेल बनाना सम्भव हो पाया। किसी भी महिला को अपने काम में अपना 100% देने तथा पारिवारिक ज़िम्मेदारियों को निभाते हुए करियर में आगे बढ़ने के लिए कार्यालय में उचित सहयोग की अपेक्षा होती है। महिला सहयोगियों और महिला अधिकारियों के होने से सहयोग मिलना थोड़ा आसान हो जाता है क्योंकि आप अपनी बात सही से समझा पाते हैं।

2023 में लन्दन में आयोजित विश्व टेस्ट चैम्पियनशिप फाइनल कवर करने के लिए ऑफ़िस ने मुझे चुना। विश्व टेस्ट चैम्पियनशिप फाइनल की कवरेज के लिए वरिष्ठ महिला सहयोगी अंजना उन्नीकृष्णन ने पूरी योजना बनायी। अंजना जी ने हर क़दम पर विशेष सहयोग दिया। एक बार फिर एक महिला सहयोगी ने एक कवरेज को और सफ़र को आसान बनाया। दूरदर्शन समाचार की डायरेक्टर जनरल के रूप में प्रिया कुमार मैडम ने भी महिला कर्मचारियों को हमेशा उचित सहयोग प्रदान किया है। कुल मिलाकर दूरदर्शन न्यूज़ में लगभग 2 दशक की यह यात्रा यादगार और रोचक रही और विभिन्न महिला सहयोगियों और एवं अधिकारियों का क़दम-क़दम पर साथ मिला जिसके लिए मैं तहे दिल से सबकी आभारी हूँ।

मुनमुन भट्टाचार्य

एंकर एवं संवाददाता, डीडी इंडिया

उत्तर प्रदेश का ऐतिहासिक शहर झाँसी जो अपनी रानी लक्ष्मीबाई की वीरता के कारण आज भी देश-विदेश में जाना जाता है। इस छोटे से शहर में एक मध्यम वर्ग में एक लड़की जन्म लेती है, मुनमुन। रेलवे में काम करने वाले उसके माता-पिता (राधा और प्रमोद कुमार भट्टाचार्य) की केवल दो बेटियाँ। पर उन्होंने कभी भी अपनी बेटियों की शिक्षा के साथ समझौता नहीं किया। माँ अगर कभी मुनमुन को रसोई में काम करने के लिए कह भी देती तो उसके पिता कहते कि यह काम तो कोई भी कर सकता है। पर करियर बनाना हर किसी के लिए सम्भव नहीं, इसलिए तुम दोनों बहनें केवल और केवल अपनी पढ़ाई पर ध्यान दो।

मुनमुन बताती हैं कि हमारे लिए उन दिनों में दूरदर्शन के अलावा मनोरंजन का कोई साधन नहीं था। पिता जी रात को समाचार सुनते थे तो हम भी साथ बैठ जाते समाचार देखने। एक ज़माना था जब हिन्दी या अंग्रेज़ी सीखने के लिए रेडियो और दूरदर्शन को सबसे बढ़िया माध्यम माना जाता था। उस समय की समाचार वाचक अपनी योग्यता के साथ-साथ अपनी आकर्षक उपस्थिति से सभी दर्शकों की पहली पसन्द थी। हिन्दी में सलमा सुल्तान, सरला माहेश्वरी और शम्मी नारंग और अंग्रेज़ी में गीताजंलि अय्यर, नीति रवीन्द्रन, रिनी साइमन एवं उषा अल्बुकर्क बहुत ज़्यादा लोकप्रिय थीं। इन सभी एंकरों को देखना और सुनना ना केवल मुनमुन के लिए रोचक था बल्कि एक पत्रकार बनने की नींव यहीं से पड़ी।

माता-पिता रेलवे में थे, तो हमें हर साल चिल्ड्रन कैम्प स्कीम के तहत रेलवे कर्मचारियों के परिवारजनों के लिए विशेष तौर पर बच्चों के लिए रेल में एक विशेष

डिब्बे का इन्तज़ाम होता था। इस व्यवस्था की बदौलत मुझे कम उम्र में ही देश के अलग-अलग राज्यों और धरोहरों को जानने का मौक़ा मिला। दूसरा यह कि आप खेल-खेल में सामान्य ज्ञान की पढ़ाई कर रहे हैं और इसमें आपका ज्ञान वर्धन रोचकता के साथ हो रहा है। मुझे ऐसे ही एक चिल्ड्रन कैम्प में 14 साल की उम्र में ही कैम्प गर्ल का पुरस्कार भी मिला। आप कह सकते हैं कि एक पत्रकार बनने के लिए आप को जिस ज्ञान और जानकारी की ज़रूरत होती है, उसमें इस कैम्प ने महत्त्वपूर्ण योगदान दिया।

उस समय मनोरंजन के साधन बहुत कम थे और ऐसे में देवकीनन्दन खत्री के चन्द्रकान्ता उपन्यास पर आधारित चन्द्रकान्ता एक ऐसा धारावाहिक था, जो 90 के दशक में दिखाये जाने वाली पहली प्रेम कहानी थी, जिसे सबसे ज़्यादा पसन्द किया जाता था। दिलचस्प बात यह थी कि एक महिला ने ही इस धारावाहिक को निर्मित, लिखित, और निर्देशित किया था।

आज डीडी इंडिया की एंकर एवं संवाददाता मुनमुन भट्टाचार्य एक ऐसी ही पत्रकार हैं, जिन्होंने देश के सबसे बड़े लोक प्रसारक चैनल से अपने करियर की शुरुआत की। मुनमुन बताती हैं कि 2 फ़रवरी 2013 को एक पत्रकार के रूप में मेरे करियर में एक महत्त्वपूर्ण मोड़ आया।

मैं अंग्रेज़ी प्राइम टाइम एंकर के रूप में दूरदर्शन समाचार से ज़ुड़ी। यह चैनल में मेरा दूसरा कार्यकाल था, जहाँ मैंने पहले 2006 से 2007 तक एक समाचार एंकर के रूप में फ्रीलांस किया था, और उससे पहले 2005 से 2006 तक एक मौसम प्रस्तुतकर्ता के रूप में फ्रीलांस किया था।

डीडी न्यूज़ के बाद मैंने 5 साल तक 'लोकसभा टेलीविज़न' और 'टाइम्स नाउ' में काम किया। 2013 से मैं दूरदर्शन में एक संविदा कर्मचारी के रूप में कार्यरत रही हूँ। डीडी न्यूज़ ने मुझे पत्रकारिता में कई बड़ी स्टोरी और कार्यक्रम बनाने का मौक़ा दिया। जैसे कि भारतीय प्रधानमन्त्री की विदेश यात्राओं पर रिपोर्टिंग, प्राइम टाइम शो की एंकरिंग, दुनिया भर के राज्य और सरकार के प्रमुखों का साक्षात्कार लेना, दुनिया भर से आये प्रसिद्ध हस्तियों का साक्षात्कार लेना, व्यापक स्तर पर शो की एंकरिंग करना। इस तरह मुझे पत्रकारिता में राजनीति से अर्थशास्त्र तक, कूटनीति से रक्षा और फ़िल्मों तक सभी विषयों पर काम करने का मौक़ा मिला, जो आज भी किसी महिला पत्रकार के लिए एक बहुत बड़ी बात है।

न्यूज़ नाइट में एंकरिंग का मौक़ा...

मैं 2013 में डीडी न्यूज़ में शामिल होने के बाद से प्राइम टाइम अंग्रेज़ी समाचार 'न्यूज़नाइट' की एंकरिंग कर रही हूँ। शो का विषय और शो में हर पहलू पर बारीकी से काम करना, राजनीतिक बहस की मेज़बानी करना, दिन की ख़बरों या दिन के ज्वलन्त मुद्दे पर चर्चा को शो में सन्तुलित ढंग से प्रस्तुत करना। दिन के विषय पर समाचार हस्तियों का साक्षात्कार लेना, शोध करना, ख़बरें लिखना, सुर्ख़ियाँ लिखना, और विषय के सूक्ष्मतम विवरणों से अवगत रहना। इन विषयों पर काम करना ना केवल चुनौती पूर्ण है बल्कि इसके लिए आपको कठिन परिश्रम भी करना पड़ता है। किसी भी शो की सफलता इस बात पर भी निर्भर करती है, आपका एंकर शो के लिए कितनी पढ़ाई (तैयारी) करता है, कितनी मेहनत और कितना अपने साथियों के साथ समन्वय के साथ काम करता है।

कैंडिड कन्वर्सेशन

2015 में, मैंने 'कैंडिड कन्वर्सेशन' की मेज़बानी शुरू की–यह शो समाचार निर्माताओं और प्रतिष्ठित हस्तियों के साथ एक साक्षात्कार-आधारित था। मैंने देश में सत्ता के पदों पर बैठे लोगों का साक्षात्कार लिया, जैसे कि केन्द्रीय मन्त्री, केन्द्रीय सचिव, देश के वैधानिक निकायों के अध्यक्ष जैसे कि विधि आयोग, चुनाव आयोग, रेलवे बोर्ड का भी साक्षात्कार किया।

साक्षात्कारों के ज़रिये हमारा प्रयास जनता में जागरूकता पैदा करना था। उद्देश्य था सरकारी नीतियों के विषय में दर्शकों को विस्तार से जानकारी मुहैया करवाना, सरकारी निर्णयों के फ़ायदे और नुक़सान की समीक्षा करना और जवाबदेही तय करना। मुनमुन बताती हैं कि एक पत्रकार होने की बदौलत उन्हें देशवासियों के प्रति अपनी जवाबदेही का एहसास था और कैंडिड कन्वर्सेशन वो ज़िम्मेदारी निभाने की ओर एक क़दम था।

2019 के बाद, 'कैंडिड कन्वर्सेशन' एक नये शो, 'इन कन्वर्सेशन विद' में बदल गया। इस बार फोकस अधिक वैश्विक था। उदाहरण के लिए, मैंने बिल गेट्स का तीन बार साक्षात्कार लिया, पहली बार मुख्य रूप से बिल एण्ड मेलिण्डा गेट्स फ़ाउंडेशन द्वारा भारत में किये जा रहे कार्यों पर, जिसके बिल गेट्स सह-संस्थापक हैं। जब भी कारोबार, दान और टेक्नोलॉजी के ज़रिये दुनिया को बदलने वाले लोगों का नाम लिया जाता है, तो अमेरिकी अरबपति और माइक्रोसॉफ्ट के संस्थापक बिल गेट्स का नाम सबसे ऊपर आता है। अपने असाधारण कारोबारी स्किल्स और

टेक्नोलॉजी की समझ के बल पर गेट्स दुनिया के अरबपतियों की लिस्ट में शीर्ष पर कई दशकों तक बने रहे। मुनमुन बताती हैं कि पहला साक्षात्कार उनके ज़हन में आज भी ताज़ा है क्योंकि उसमें फ़ाउंडेशन के भारत में हो रहे कामों के अलावा, उन्हें बिल गेट्स के जीवन के बारे में भी रोचक बातें जानने का मौक़ा मिला। मसलन उनके जीवन के प्रेरणा स्रोत, और उनकी परोपकार की दुनिया इत्यादि।

दूसरी बार कोविड-19 टीकों पर, और तीसरी बार गोलकीपर्स रिपोर्ट पर, जो हर साल फ़ाउंडेशन द्वारा जारी की जाती है और संयुक्त राष्ट्र सतत विकास लक्ष्यों को प्राप्त करने की दिशा में दुनिया भर में हो रही प्रगति पर नज़र रखता है। मैंने संयुक्त राष्ट्र के महासचिव एंटोनियो गुटेरेस का साक्षात्कार किया, तो मेरे काम को काफ़ी सराहा गया।

कुछ सालों बाद संयुक्त राष्ट्र की उप महासचिव अमीना जे. मोहम्मद का जलवायु परिवर्तन से लेकर आतंकवाद का मुक़ाबला करने और सतत विकास तक, संयुक्त राष्ट्र से सम्बन्धित सभी प्रासंगिक मुद्दों पर साक्षात्कार लिया। मैंने संयुक्त राष्ट्र के शान्ति रक्षा अभियानों पर उसके अपर महासचिव जीन-पियरे लैक्रोइक्स, कोविड-19 और अन्य स्वास्थ्य से सम्बन्धित विषयों पर विश्व स्वास्थ्य संगठन के महानिदेशक डॉ. टेड्रोस एडनॉम घेबियस, नेटफ्लिक्स में ग्लोबल टीवी की प्रमुख बेला बजारिया और भारतीय लेखिका गीतांजलि श्री का उनकी पुस्तक 'रेत समाधि' पर भी साक्षात्कार लिया। 'रेत समाधि' जिसके लिए उन्हें 2022 में अन्तरराष्ट्रीय बुकर पुरस्कार से सम्मानित किया गया।

मुनमुन बताती हैं कि 'रेत समाधि' पर लेखिका गीतांजलि से उनकी मुलाक़ात शानदार रही क्योंकि साक्षात्कार के बाद उन्होंने अपने परिवार से मिलवाया, जिसमें उनकी माँ भी शामिल थीं। लेखिका ने साक्षात्कार में बताया था कि लेखिका बनने में उनकी माँ की महत्त्वपूर्ण भूमिका रही। दरअसल गीतांजलि ने बताया कि जब मैं पढ़ाई के दौरान होस्टल में रह रही थी तो उस समय मेरी माँ मुझे हिन्दी में पत्र लिखती थी और मैं उन पत्रों का जवाब हिन्दी में ही लिख कर देती थी। हिन्दी में लेखन का यह मेरा पहला अभ्यास था। मुझे ऐसे कई गण्यमान्य हस्तियों का साक्षात्कार करने का मौक़ा मिला।

मैंने पद्म पुरस्कार विजेताओं, नारी शक्ति सम्मान पुरस्कार विजेताओं, विदेश मन्त्रियों और राजदूतों का साक्षात्कार लिया और सूची बढ़ती चली गयी।

2020 में, भारत में पुर्तगाल के प्रधानमन्त्री का साक्षात्कार लेने के कुछ महीनों बाद, मुझे पुर्तगाल के राष्ट्रपति के भारत दौरे से पहले उनका साक्षात्कार लेने के लिए

पुर्तगाल के राष्ट्रपति भवन द्वारा आमन्त्रित किया गया था। यह किसी भी पत्रकार के लिए बहुत ही गौरव का क्षण होता है जब उसे किसी दूसरे देश के राष्ट्रपति पद पर आसीन व्यक्ति का साक्षात्कार करने के लिए चुना जाये। इसके लिए मेरे संस्थान डीडी न्यूज़ ने भी मेरा पूरा-पूरा साथ दिया, सभी अधिकारियों को यह भरोसा था कि मैं यह साक्षात्कार बहुत अच्छे से करूँगी। साथ ही इस काम में मेरी सबसे ज़्यादा ममद की उस समय पुर्तगाल में भारतीय राजदूत नन्दिनी सिंगला ने। मुझे याद है कि साक्षात्कार करने से पहले मुझे तेज़ बुख़ार हो गया था। जब मैंने अपनी तबीयत के बारे में उन्हें बताया तो उन्होंने तुरन्त मुझे एक दवाई दी और कहा कि यह दवा खा लो, देखना तुम एकदम ठीक हो जाओगी। मैंने जब दवा ली तो उसके बाद मुझे लगा ही नहीं कि कभी मुझे बुख़ार था।

नन्दिनी जी के साथ भी मैंने उनके आधिकारिक निवास पर भारत-पुर्तगाल के रिश्तों पर साक्षात्कार किया।

अपने पुर्तगाल के कुल 3 दिन के दौरे के दौरान मैंने राजधानी लिस्बन में भारत-पुर्तगाल के रिश्तों के अलग-अलग पहलुओं पर 9 स्टोरी की। जैसे दोनों देशों के रिश्तों की समानता पर, भारत के सांस्कृतिक-संगीत, नृत्य और सिनेमा की लोकप्रियता पर, और भी कई पहलुओं पर। मेरी सभी स्टोरीज़ को दर्शकों ने ख़ूब सराहा।

बायोक्वेस्ट और 'कहाँ से आया कोरोना' सीरीज़

मुनमुन का कहना है कि पत्रकारिता में मेरी सबसे चुनौतीपूर्ण परियोजनाओं में से एक बायोक्वेस्ट वृत्तचित्र श्रृंखला थी। इसके लिए असाधारण परिश्रम की आवश्यकता थी, अनुसन्धान के रूप में, सही लोगों को शामिल करना, और भी बहुत कुछ। मैंने आज तक विश्व में हुई सभी महामारियों का इतिहास, भारत में कोविड-19 टीकाकरण अभियान, भारत के स्वदेशी कोविड-19 टीके, दुनिया में सबसे पहले विकसित हुए कोविड-19 टीके, भारत में टीकाकरण अभियान कैसे चलता है, जैसे विषयों पर शो की एक श्रृंखला बनायी। कोविड-19 की उत्पत्ति, भारत में 1 अरब कोविड-19 वैक्सीन खुराक पूरे होने का सफ़र, कोविड-19 के बिना जीवन, जैसा कोरोना और बाक़ी महामारियों से सम्बन्धित विषयों पर सीरीज़ बनायी।

इसके प्रत्येक कार्यक्रम को एक विशिष्ट प्रारूप में प्रसारित किया गया। शो की एंकर, लेखक, रिपोर्टर और निर्माता के रूप में, सभी ज़िम्मेदारियों को मैंने अपनी मेहनत से पूरा करने की कोशिश की।

वहीं भारत की जी-20 सम्मेलन की मेज़बानी के दौरान India@G20 कार्यक्रम भी बनाने और प्रस्तुत करने का मौक़ा मिला। आपको बता दूँ कि जी-20 दुनिया के 20 देशों का समूह है, इसका नेतृत्व सरकारों और राज्यों के प्रमुख करते हैं। जिसमें 19 देश और यूरोपीय संघ शामिल हैं। भारत इस समय इस संगठन का अध्यक्ष है।

तो दिसम्बर 2022 में भारत द्वारा पहली बार जी-20 की अध्यक्षता सँभालने के कुछ ही दिनों के भीतर, मुझे भारत में जी-20 बैठकों और इसमें शामिल विभिन्न क्षेत्रों जैसे सतत विकास, स्वास्थ्य, शिक्षा, और पर्यावरण पर सप्ताह के दिनों में दैनिक शाम के शो को प्रस्तुत, निर्मित और संचालित करने का काम सौंपा गया था। जी-20 के तहत आने वाले अलग-अलग सेक्टर जैसे जल, शहरी विकास, अन्तरराष्ट्रीय व्यापार, संस्कृति, पर्यटन, विज्ञान, अन्तरिक्ष, और अन्य विषयों को मैंने कार्यक्रम में शामिल किया। 'India@G20' शीर्षक से मैंने भारत में जी-20 बैठकों में चर्चा किये जाने वाले मुद्दों को दर्शकों के सामने प्रस्तुत किया, जिससे दर्शकों को जी-20 के विषय में जानने और समझने का अवसर मिला।

उसी दौरान भारत और संयुक्त अरब अमीरात (यूएई) के बीच व्यापक आर्थिक साझेदारी समझौते (सीईपीए) को हुए एक साल हुआ था। इस पर मैंने विशेष कार्यक्रम 'इंडिया-यूएई पार्टनरशिप : न्यू फ्रंटियर्स, न्यू माइलस्टोन' बनाया।

ये प्रसार भारती और संयुक्त अरब अमीरात में स्थित अमीरात समाचार एजेंसी का पहला संयुक्त उत्पादन था, जिसने संचालनात्मक रूप से नेतृत्व किया था। संयुक्त अरब अमीरात के सबसे प्रमुख अख़बार 'खलीज टाइम्स' ने हमारे वृत्तचित्र पर अपने पहले पन्ने पर प्रसारण के दूसरे ही दिन एक कहानी की। ये हमारी डॉक्यूमेंट्री के प्रभाव और वैश्विक पहुँच का प्रतिबिम्ब है।

प्रधानमन्त्री के दौरे पर रिपोर्टिंग करना किसी भी पत्रकार के लिए एक बड़ा सपना होता है। डीडी न्यूज़ ने इस काम के लिए मुझे अवसर दिया, यह मेरे लिए बहुत ही गौरव का क्षण था। तो इस तरह मैंने प्रधानमन्त्री नरेन्द्र मोदी की स्विट्ज़रलैंड, इंडोनेशिया और संयुक्त राज्य अमेरिका की यात्राओं पर रिपोर्टिंग की।

जब मैंने मुनमुन से पूछा कि देश से दूर रहकर देश के सबसे बड़े पद पर आसीन व्यक्ति के विदेश दौरे की रिपोर्टिंग करते हुए किन बातों का ध्यान होता है?

तो मुनमुन ने कहा कि अनुशासन, कवरेज के लिए निकलने से कुछ दिन पहले से ही योजना बनाना, यात्रा की तैयारी और ज़मीनी स्तर पर आपको जानकारी होनी चाहिए। इस तरह मेरे कुछ सबसे यादगार कवरेज थे स्विट्ज़रलैंड और इंडोनेशिया में योग, और संयुक्त राष्ट्र में भारत के तत्कालीन स्थायी प्रतिनिधि सैयद अकबरुद्दीन

का साक्षात्कार। वहीं पीएम मोदी की यूएसए यात्रा का हमारा कवरेज यूएसए से किये गये विभिन्न कार्यक्रमों के कारण सबसे ज़्यादा पसन्द किया गया।

मैंने 2022 में दुबई एक्सपो को कवर करने के लिए दुबई की यात्रा की। वहाँ मैंने इंडिया पवेलियन को कवर किया, इसके अलावा संयुक्त अरब अमीरात, सऊदी अरब, संयुक्त राज्य अमेरिका और स्विट्ज़रलैंड जैसे कुछ अन्य मण्डपों का दौरा किया। मैंने उन पर अंग्रेज़ी और हिन्दी दोनों में डॉक्यूमेंट्री भी बनायी।

साल 2022 में मुझे नियन्त्रण रेखा पर डॉक्यूमेंट्री बनाने के लिए नियन्त्रण रेखा पर 24 घण्टे जवानों के साथ रहने का मौक़ा मिला। मुझे 'ए डे इन द लाइफ़ ऑफ़ ए सोल्ज़र ऑन एलओसी' पर अंग्रेज़ी और हिन्दी में डॉक्यूमेंट्री बनाने के लिए वहाँ भेजा गया था।

मैंने नियन्त्रण रेखा से सटे उत्तरी कश्मीर के कुपवाड़ा ज़िले में ऑपरेशन सद्भावना के प्रभाव पर एक घण्टे की डॉक्यूमेंट्री बनायी, जहाँ मैंने ज़मीनी सच्चाई जानने के लिए वहाँ के स्थानीय लोगों और भारतीय सेना के सैनिकों से बात की।

हमने ज़मीनी स्तर पर योजना के लाभार्थियों से विशेष साक्षात्कार भी किये, जिससे हमें सरकार और सेना के कार्यों की सच्चाई का पता लगाने में मदद मिली। उस अंग्रेज़ी में बनी डॉक्यूमेंट्री का शीर्षक 'द सोल्ज़र एंड द पीपल' था।

मुझे याद है कि जब मैं कुपवाड़ा ज़िले में डॉक्यूमेंट्री के लिए शूट कर रही थी, तो सेना के एक अधिकारी ने कहा कि मैडम आप बहुत ही संवेदनशील इलाक़े में हैं, थोड़ा सँभल कर काम करें, अगर आपको कुछ हो गया, तो हम क्या जवाब देंगे?

नियन्त्रण रेखा के पार दुश्मन के सामने की गयी कवरेज के लिए मुझे दूरदर्शन के तत्कालीन प्रधान महानिदेशक मयंक अग्रवाल से एक प्रशंसा-पत्र भी मिला।

कान फ़िल्म फ़ेस्टिवल

क़रीबन 10 दिनों तक चलने वाला कान फ़िल्म फ़ेस्टिवल हर साल फ्रांस के कान शहर में आयोजित होता है। इस फ़िल्म फ़ेस्टिवल को 'फ़ेस्टिवल डे कान' के नाम से भी जाना जाता है। यह दुनिया के सबसे बड़े और ग्लैमर से भरपूर फ़िल्म फ़ेस्टिवल्स में से एक है। जहाँ दुनियाभर की फ़िल्मों, फ़ीचर फ़िल्मों, डॉक्यूमेंट्री, और शॉर्ट फ़िल्मों को प्रदर्शित किया जाता है। कान न केवल अपनी फ़िल्म स्क्रीनिंग के लिए जाना जाता है, बल्कि अपने ग्लैमरस रेड कार्पेट इवेंट्स के लिए भी जाना जाता है। जहाँ दुनियाभर की मशहूर हस्तियाँ, फ़िल्मों से जुड़े अभिनेता और अभिनेत्रियाँ अपने फ़ैशन और स्टाइल का प्रदर्शन करते हैं।

दुनिया के फ़िल्म जगत के इस महत्त्वपूर्ण कार्यक्रम को भी मुझे कवर करने का मौक़ा मिला। मैंने 2022 और 2023 में एक एंकर और रिपोर्टर के रूप में कान्स फ़िल्म महोत्सव को कवर किया। ये दोनों कवरेज दूरदर्शन के लिए पहली बार हुई थी।

मैंने नवाजुद्दीन सिद्दीक़ी, सारा अली ख़ान, आर. माधवन, मानुषी छिल्लर, ईशा गुप्ता, एआर रहमान, तमन्ना भाटिया, पान नलिन, श्रुति हासन, ख़ुशबू, नरगिस फाख़री, हिना ख़ान जैसे भारतीय पवेलियन में आने वाले सभी सितारों और फ़िल्मी हस्तियों का साक्षात्कार लिया। भारत के दक्षिण फ़िल्म निर्माता, भारत की उभरती हुई फ़िल्म हस्तियाँ, मीडिया और मनोरंजन की दुनिया के स्टार्ट-अप उद्यमी, फ्रांस में भारतीय राजदूत और सूचना और प्रसारण मन्त्री और राज्य मन्त्री, साइरस पूनावाला जैसे कॉर्पोरेट दिग्गज, भारत सरकार में सूचना एवं प्रसारण अधिकारी सभी का साक्षात्कार करने का मुझे मौक़ा मिला।

साल 2019 में मुझे गोवा में भारतीय अन्तरराष्ट्रीय फ़िल्म महोत्सव के 50वें संस्करण में प्रसिद्ध भारतीय अभिनेता रजनीकान्त का अंग्रेज़ी में साक्षात्कार करने का मौक़ा मिला। फ़िल्म जगत में रजनीकान्त...एक ऐसा नाम है, जिससे आज शायद ही कोई अनभिज्ञ हो। कहने को तो रजनीकान्त दक्षिण फ़िल्मों के सुपर स्टार हैं, लेकिन इनकी प्रसिद्धि केवल भारत में ही नहीं अपितु पूरे विश्व में विख्यात है। रजनीकान्त अपने आप में ही एक पहचान हैं, ये किसी परिचय के मोहताज नहीं हैं। पूरे विश्व में रजनीकान्त के नाम से मशहूर इस सुपर स्टार का पूरा नाम 'शिवाजी राव गायकवाड़' हैं।

यह एक यादगार साक्षात्कार था जहाँ उन्होंने अपनी फ़िल्मी यात्रा के बारे में बात की। उन्होंने बताया कि वो आज भी अमिताभ बच्चन को अपना आइडियल मानते हैं। आज भी इस साक्षात्कार के विषय में सोचती हूँ तो रजनीकान्त को लेकर गौरवान्वित हो जाती हूँ, इतना बड़ा कलाकार और इतना विनम्र। ईश्वर का धन्यवाद है कि उन्होंने मेरे हर प्रश्न का बड़े ही सरलता से जवाब दिया और व्यक्तिगत अनुभवों को साझा किया। उस वर्ष उन्हें आईएफएफआई में स्पेशल आइकॉन ऑफ़ गोल्डन जुबली अवार्ड से नवाज़ा गया था।

रजनीकान्त के इस साक्षात्कार का ज़िक्र 'अवर स्टुपिड रिएक्शंस' (दरअसल ये अमेरिका के एक प्रसिद्ध यूट्यूबर हैं जो भारत-अमेरिका दोनों देशों के बीच की दूरी को पाटने में मदद करने के लिए भारत की फ़िल्म सामग्री और सूचनात्मक वीडियो पर प्रतिक्रिया देते हैं और उनकी समीक्षा करते हैं।) में भी किया गया है।

उन्होंने मेरे साक्षात्कार की तारीफ़ करते हुए कहा कि आज तक दुनिया में किसी भी पत्रकार को रजनीकान्त जी ने अंग्रेज़ी में इतना बड़ा और रोचक साक्षात्कार नहीं दिया है। जल्द ही, मैंने गोवा में उनकी पत्नी लता रजनीकान्त से उनकी जीवन यात्रा के बारे में साक्षात्कार किया, कि वह रजनीकान्त से कैसे मिलीं, उनके व्यक्तिगत अनुभव और उनके जीवन के अन्य पहलू क्या थे।

मैं आभारी हूँ अपने संस्थान और साथियों का जिन्होंने मुझे निर्भीक होकर काम करने का मौक़ा दिया और मेरे काम को सराहा। फिर क्या था मुझे दूरदर्शन समाचार, दिल्ली द्वारा वर्ष 2018 के लिए 'सर्वश्रेष्ठ समाचार एंकर' पुरस्कार से सम्मानित किया गया।

ख़ूब लड़ी मर्दानी वह तो झाँसी वाली रानी थी॥
लावारिस का वारिस बनकर ब्रिटिश राज्य झाँसी आया।
ख़ूब लड़ी मर्दानी वह तो झाँसी वाली रानी थी॥

झाँसी की रानी लक्ष्मीबाई के लिए हमें बचपन में ही स्कूलों में पढ़ाया जाता है। लेकिन दिलचस्प बात यह है कि कौन बच्चा इस सीख को जीवन में आगे लेकर अपनी ज़िन्दगी को ना केवल नया आयाम देता है बल्कि देश के लिए एक नया कीर्तिमान स्थापित करता है। जैसे झाँसी की रानी लक्ष्मीबाई ने अपनी वीरता से महिलाओं को सशक्तीकरण के लिए प्रेरित किया वैसे ही पत्रकारिता में मुनमुन ने अपनी मेहनत से नया कीर्तिमान स्थापित करके महिला सशक्तीकरण में अपना महत्त्वपूर्ण योगदान दिया है।

मेघना देव

संवाददाता, डीडी न्यूज़

मीडिया में एक समय था जब प्रधानमन्त्री की कवरेज करने के लिए पत्रकारों का पूरा जीवन बीत जाता था क्योंकि दुनिया के सबसे बड़े लोकतान्त्रिक देश में सर्वोच्च व्यक्ति पर ख़बर जनता तक पहुँचाना काफ़ी चुनौतीपूर्ण काम था। अपने पत्रकारिता के सफ़र में किसी भी पत्रकार का यह सपना होता है कि उसे प्रधानमन्त्री की कवरेज के लिए चुना जाये।

आज मीडिया में समय बदल गया है अब किसी भी पत्रकार को उसकी उम्र और अनुभव से ही नहीं बल्कि उसकी योग्यता से काम दिया जाता है। दुनिया के सबसे बड़े लोकतान्त्रिक देश भारत और उसके मुखिया प्रधानमन्त्री की कवरेज करना हर किसी के बस की बात नहीं। गुजरात की सरज़मीं से अपने मीडिया करियर की शुरुआत करने वाली मेघना देव एक ऐसी ही युवा पत्रकार हैं, जिन्होंने बहुत ही कम उम्र में देश और विदेश में प्रधानमन्त्री नरेन्द्र मोदी की तमाम कवरेज की हैं और उनका यह सफ़र अभी भी जारी है। जब 'दूरदर्शन : आधी आबादी की महिला सशक्त गाथा' किताब में मैंने इस युवा साथी को शामिल करना चाहा, तो यह हम सबके लिए बहुत ही गौरव की बात है।

मेघना अपने पत्रकारिता के सफ़र के विषय में बताती हैं कि मुझे मीडिया में आने से पहले ही पता था कि यह कितना कठिन और चुनौतीपूर्ण क्षेत्र है। यहाँ परिस्थिति कैसी भी हो पर आपको बिना रुके और बिना कोई ग़लती किये बस काम करते रहना है।

मेघना बताती हैं कि मानसून के मौसम में अक्सर टीवी पर समाचार लगाते ही आपको हर चैनल पर मूसलाधार बारिश, बाढ़ और मौसम के क़हर पर रिपोर्टिंग करते संवाददाता नज़र आयेंगे। बारिश में भीगते हुए, कैमरामैन और रिपोर्टर, मुश्किल में भी बस काम करते रहते हैं, क्योंकि यही तो वो मुश्किल है जिसके बारे में वो रिपोर्ट कर रहे हैं। जब सोचा था रिपोर्टर बनूँगी तो मुझे पता था कि मीडिया में इन चुनौतियों का सामना करना होगा।

हालाँकि पढ़ाई-लिखाई में पहले से रुचि थी, लिखना, भाषण देना काफ़ी पसन्द था। झारखण्ड की राजधानी राँची के बिशप वेस्टकॉट स्कूल जहाँ मैंने पढ़ाई की उसके बाद हज़ारीबाग़ में माउंट कर्मेल स्कूल में मुझे स्टेज पर डिबेट, स्पीच और कविता पाठ के कई मौक़े मिले। स्टेज फियर क्या होता है ये मैंने कभी जाना ही नहीं।

परिवार अहमदाबाद शिफ्ट हो गया। अहमदाबाद में आये सात दिन भी नहीं हुए थे कि स्कूल की मैगज़ीन में भी लिखने का मौक़ा मिला। बारहवीं पास करने के बाद मन था कि जर्नलिज़्म करूँ, लेकिन फिर समझ नहीं आया की इसमें करियर कैसे बनाया जायेगा। उसके बाद इस शौक़ को बैकसीट देकर मैंने फार्मेसी की पढ़ाई की। लेकिन 2 साल के डिप्लोमा के बाद, डिग्री में आगे बढ़ते समय मैंने पिता जी के सामने फिर जर्नलिज़्म करने की इच्छा ज़ाहिर की। हालाँकि फार्मेसी की पढ़ाई के दौरान भी मैंने कई इवेंटस में एंकरिंग करने का काम किया था, पिता जी को मेरी रुचि का पूरा अन्दाज़ा था। उन्होंने हामी भर दी और मैंने अपनी पत्रकारिता के सफ़र में पहला क़दम बढ़ाया। पढ़ाई तो जारी थी लेकिन समस्या थी कि प्रैक्टिकल नॉलेज कैसे हासिल किया जाये। हमारे घर पर रोज़ राजस्थान पत्रिका आती थी, मेरी मम्मी ने कहा यही से शुरू करो। अब लगता है शायद यही क़िस्मत में भी था, मैंने राजस्थान पत्रिका के अहमदाबाद ऑफ़िस का ऐड्रेस गूगल किया और दूसरे ही दिन राजस्थान पत्रिका के ऑफ़िस पहुँच गयी। ना किसी का नाम पता, ना काम, बस ये पता था कि मौक़ा मिल जाये तो कुछ सीख लूँगी।

ऑफ़िस में घुसते ही मुझसे पूछा गया कि क्या काम है। मैंने कहा कि इन्टर्नशिप करना चाहती हूँ। मुझे ठीक सामने बैठे सम्पादक के पास भेजा गया। रेसिडेंट एडिटर थे प्रदीप जोशी। पत्रकारिता के छात्रों के मन में अमूमन सम्पादक का चेहरा बड़ा गम्भीर और बड़ा कड़क होता है, ऐसा कुछ मेरे भी मन में भी था। लेकिन हुआ इसका पूरा विपरीत, प्रदीप सर ने बिल्कुल अपनेपन से बात की, मेरी रुचि के बारे में पूछा और कहा कि कल से आ जाओ। वहाँ से बाहर निकली, और पास के एक कैफ़े में बैठ कर थोड़ी देर तक ख़ुद को भरोसा दिलाती रही कि ऐसा हो गया है।

फिर दूसरे दिन से सिंगल कॉलम की ख़बरें लिखने लगी, रेमिंगटन कीबोर्ड सीखा, हालाँकि प्रदीप सर इतनी ग़लतियाँ निकालते थे कि पूरी कॉपी को लाल पेन से रंग देते थे। लेकिन धीरे-धीरे मेरी कॉपी की लाली कम होती गयी।

फिर लगभग 6 महीने बाद मैंने प्रिंट से टीवी का रुख़ करना चाहा। डिग्री ख़त्म होते ही पता चला कि दूरदर्शन इन्टर्नशिप करने का मौक़ा देता है। मैं सीधा अहमदाबाद के दूरदर्शन ऑफ़िस चली गयी। वहाँ मिले इंजीनियरिंग विभाग के मुखर्जी सर। उन्होंने कहा कि न्यूज़ में रुचि है तो न्यूज़ के निदेशक धर्मेन्द्र तिवारी से मिलो। उनसे मिली तो उन्होंने पढ़ाई-लिखाई, बैकग्राउंड, पुराना काम देखा और दूसरे दिन से आने को कहा। एक महीने की इन्टर्नशिप थी, उसी समय योग दिवस था। मुझे पहली बार हाथ में माइक पकड़ने का मौक़ा तब मिला। एक महीने जम कर मेहनत की, जिसके ख़त्म होते ही तिवारी सर ने पूछा कि ये काम जारी रखना चाहती हो तो जॉइन कर लो। फिर इन्टर्नशिप ख़त्म होने के बाद मैंने कैजुअल रिपोर्टर के तौर पर जॉइन किया। जॉइन करते ही मानसून का मौसम आया, मुझे अपना पहला लाइव इसी मानसून में करने का मौक़ा मिला, ठीक अहमदाबाद रिवर फ्रंट के पास। उस समय पहली बार गुजरात के तत्कालीन मुख्यमन्त्री विजय रूपानी से पहली प्रतिक्रिया ली थी। अधिकारियों ने भी हौसलाअफ़जाई में कभी कमी नहीं छोड़ी। सरिता दलाल, जगदीश पाटडिया जैसे पत्रकारिता में जीवन बिता देने वाले अधिकारियों से सीखने के मौक़े मानो मेरी झोली में आ गिरे।

मैंने ख़ुद अपना सपना साकार किया, और मेरे आसपास के लोगों ने हमेशा मुझे सही सलाह दी। शायद इसी चीज़ ने मुझे आगे बढ़ते रहने का हौसला दिया। लगातार रिपोर्टिंग के कई असाइनमेंट मिलते गये। डीडी के रीजनल चैनल गिरनार और डीडी न्यूज़ क़े लिए काम करने के मौक़े मिलते रहे। और कुछ ही महीनों में गुजरात में राज्यसभा के चुनाव हुए। मेरा पहला राज्यसभा चुनाव कवर करने का मौक़ा, लेकिन उसी चुनाव में नतीजे देर रात 1 से 2 बजे के लगभग आये। क्रॉस वोटिंग हुई और मामला जो शाम तक ख़त्म हो जाना चाहिए था वो आधी रात को भी ख़त्म होने का नाम नहीं ले रहा था। यूँ तो इस चुनाव में अहमद पटेल के सामने बीजेपी से कांग्रेस के ही पुराने सहयोगी बलवन्त राजपूत थे लेकिन यह चुनाव अहमद पटेल बनाम अमित शाह हो गया था।

लगातार सुबह से शाम तक लाइव रिपोर्टिंग जारी थी, बीजेपी और कांग्रेस के बीच तीसरी सीट को लेकर काँटे की टक्कर हुई। दोनों दल आधी रात को चुनाव आयोग पहुँचे थे। मेरे साथ मैदान में कई बड़े रिपोर्टर मौजूद थे, मेरा पहला ऐसा

अनुभव था, जब काम पर आने का समय तो पता था लेकिन घर कब जाना है, ये मालूम नहीं था। आज पलट कर देखती हूँ तो एक बेहतरीन अनुभव मुझे मेरे करियर की काफ़ी शुरुआत में ही मिला जिसके कारण मैं आगे आने वाली चुनौतियों के लिए तैयार रह सकी।

2017 में ही गुजरात में विधानसभा के चुनाव थे। दूरदर्शन के लिए विधानसभा चुनाव पर रिपोर्टिंग करने का भी अवसर मिला जिसमें कई लोगों के साक्षात्कार किये, राजनीतिक स्टोरीज़ की। चुनाव के पहले प्रधानमन्त्री की, विपक्षी नेताओं की कई रैलियों को कवर किया। राजनीतिक दुनिया को पहली बार इतने क़रीब से देखा, समझा और जाना। गुजरात के सभी ज़िलों के बारे में उनकी ख़ासियत उनके पोलिटिकल मूड के बारे में जानने का मौक़ा मिला। सियासी समीकरण क्या होते हैं, 1960 से अब तक की गुजरात की सियासत को पढ़ा। गुजराती बोलना ठीक से आता नहीं था क्योंकि परिवार बिहार से था और 2009 में ही हम गुजरात आये थे। लेकिन गुजराती भाषा को अच्छे से सीखा, जिससे चुनाव के दौरान भी काफ़ी मदद मिली।

2014 के बाद ये उस समय की शुरुआत थी जब प्रधानमन्त्री अपने विदेशी समकक्षों को दिल्ली से बाहर का भारत दिखाने ले जाने लगे। 2017 में जब मैंने दूरदर्शन जॉइन किया था, मुझे जापान के पूर्व प्रधानमन्त्री स्वर्गीय शिंजो आबे की ऐतिहासिक भारत यात्रा, अहमदाबाद का रोड शो कवर करने का मौक़ा मिला। ये भी मेरा पहला मौक़ा था जब मैंने किसी अन्य देश के नेता को कवर किया।

इज़राइल के प्रधानमन्त्री बेंजामिन नेतन्याहु की भी गुजरात यात्रा कवर की।

दूरदर्शन न्यूज़ के प्रसिद्ध शो गुड न्यूज़ इंडिया के लिए भी कई गुमनाम लोगों की प्रेरणादायी कहानियों को जनता तक पहुँचाया। नये अवसर नये अनुभवों का सुनहरा सफ़र शुरू हुआ। हर रोज़ काम पर जाना एक नया अनुभव था, एक नया जोश, और कभी ख़त्म ना होने वाली दिलचस्पी। बोरियत क्या होती है ये मैंने अब तक नहीं जाना।

गुजरात के नरोदा पाटिया मामले पर जिस दिन हाईकोर्ट का फ़ैसला आना था उस दिन हाईकोर्ट गयी। दूरदर्शन पर हर ख़बर सटीक और स्पष्ट होनी चाहिए, इसलिए मैंने पूरी केस स्टडी पहले ही कर ली थी, नतीजा आते ही कोर्टरूम से बाहर दौड़े और रोड पर लगे कैमरे के सामने एक-एक बात रखी। मेरी पहली कोर्ट रिपोर्टिंग और इतना बड़ा मामला। दूरदर्शन के वरिष्ठ एंकर लालचन्द्र सिंह, सवाल पूछ रहे थे। उनके सवाल इतने स्पष्ट, सीधे और सरल भाषा में थे, कि मेरा आत्मविश्वास ख़ुद ही बढ़ गया और मैंने फ़ैसले के बारे में लाइव रिपोर्ट किया।

ग्राउंड पर मेरे असली शिक्षक कैमरामैन रहे हैं। माइक पकड़ने से लेकर, कैसे खड़े रहना है, कहाँ देख कर सवाल पूछते हैं, किस तरह लोगों से उनकी राय लेनी है। हर चीज़ जो मैं आज कर पाती हूँ, उसका एक बहुत बड़ा श्रेय कैमरामैन को जाता है। धूप, बारिश, ठण्ड, हर मौसम में उन्होंने ही ग्राउंड में साथ दिया।

गुजरात में लगातार काम किये जा रही थी, इसी बीच दूरदर्शन न्यूज़ दिल्ली में वैकेंसी आयी। मैंने फॉर्म भरा और मेरे बचपन के एक दोस्त के साथ दिल्ली इंटरव्यू के लिए आयी, आज मेरे वही दोस्त मेरे जीवनसाथी हैं। उन्होंने उस वक़्त कहा था कि दिल खोल कर इंटरव्यू देना और बिल्कुल मत घबराना।

दूरदर्शन दिल्ली के दफ़्तर 4 जनवरी 2019 को जब मैं सुबह अपने इंटरव्यू के लिए पहुँची, तो लम्बी सी लाइन देखकर ही घबरा गयी। देश भर से 1-2 हज़ार लोग उस walkin इंटरव्यू में आ गये थे। सुबह से गये शाम 6 बजे मेरा इंटरव्यू हुआ। पूरा दिन घबराहट में बीता। इंटरव्यू बेहद अच्छा गया। मेरे गुजरात के काम से काफ़ी लोग पहले से प्रभावित थे। मैंने सभी सवालों के भी उत्तर दिये। कुल मिलाकर इंटरव्यू के बाद दिल्ली दूरदर्शन आने की राह मज़बूत होती नज़र आयी। तक़रीबन एक महीने बाद अचानक से कॉल आया कि आप जल्द जॉइन कर लीजिए आपका सिलेक्शन हो गया है।

वो ख़ुशी का दिन आज भी याद आते ही आँखें भर आती है। ऐसा लग रहा था की धीरे-धीरे जीवन में एक-एक पड़ाव पार होता जा रहा है। फिर क्या था, मैंने माँ और पिता जी का आशीर्वाद लिया और आ गयी दिल्ली।

यहाँ आते ही मुझे प्रधानमन्त्री को देश की अलग-अलग जगहों पर कवर करने के मौक़े मिले।

अमेरिका के पूर्व राष्ट्रपति डोनाल्ड ट्रम्प की गुजरात यात्रा कवर करने की टीम का हिस्सा बनी तो मैंने जी-जान से कवर करने के लिए भी भेजा।

मुझे एक और बात का हमेशा फ़ख्र रहता है, कि दूरदर्शन में रहते हुए मेरे साथ कभी भेदभाव नहीं हुआ कि मैं एक महिला रिपोर्टर हूँ तो मैं नहीं कर पाऊँगी। मुझे दिल्ली में उस समय असाइनमेंट के डायरेक्टर सेंथिल राजन के मार्गदर्शन में काम करने का मौक़ा मिला। उन्हें सब ऑफ़िस में हार्डकोर न्यूज़मैन के नाम से जानते थे। उन्होंने मुझे साइक्लोन कवर के लिए भेजा।

5 अगस्त 2019 को जम्मू-कश्मीर में अनुच्छेद 370 ख़त्म होने के बाद पहले स्वतन्त्रता दिवस पर मुझे जम्मू भेजा गया। मुझे हमेशा सभी पुरुष संवाददाताओं के बराबर का दर्जा दिया गया।

प्रधानमन्त्री के अहम कवरेज करने के कई मौक़े मिले। कई कवरेज अलग-अलग क़िस्म से चुनौतीपूर्ण होते हैं। स्टोरी ढूँढ़ना, लोगों की प्रतिक्रिया, काफ़ी चीज़ें एक साथ करनी पड़ती हैं।

भाजपा की वरिष्ठ नेता सुषमा स्वराज जी की अन्तिम यात्रा, शीला दीक्षित जी की अन्तिम यात्रा, प्रणब मुखर्जी जी की अन्तिम यात्रा। ये सब हमेशा याद रहेंगी।

दिल्ली में रह कर काफ़ी कुछ सीखने को मिला। हिन्दी-अंग्रेज़ी दोनों में रिपोर्टिंग की। कोविड के दौरान, मेरी फार्मेसी की पढ़ाई भी काम आयी। कोविड में लगातार काम किया, लगातार फील्ड रिपोर्टिंग की। कई बार बुलेटिन भी बनाये। कोविड में हर चीज़ सीखने का और करने का स्वाद चख लिया।

कोरोना काल में टीकाकरण, उन्नाव रेप केस, बिज़नेस बुलेटिन, अनगिनत चीज़ों पर हाथ आज़माया।

जब विदेश मामलों की रिपोर्टिंग करने का ज़िम्मा सौंपा गया तो अफ़ग़ानिस्तान से भारत आये सिखों के हृदयविदारक अनुभवों को जाना, दिन-रात एयरफ़ोर्स स्टेशन पर तैनात रहते थे क्योंकि जिन लोगों को वहाँ से बचा कर लाया जा रहा था उन लोगों से वहाँ के हाल और प्रतिक्रियाएँ जाननी थीं, ऑपरेशन देवी शक्ति पर रिपोर्टिंग की। कभी-कभी गाड़ी में ही आते जाते सो लिया करती थी क्योंकि नींद पूरा करने का समय नहीं मिलता था। यूक्रेन के युद्ध के दौरान भी ऑपरेशन गंगा और भारत आ रहे छात्रों पर लगातार रिपोर्टिंग की। दूरदर्शन में रहते हुए कई स्टार्टअप्स को भी कवर करने का मौक़ा मिला जो मेनस्ट्रीम मीडिया के टीआरपी को सूट नहीं करता। इस बात का गर्व होता है कि मेहनत कर रहे युवाओं की कहानी, उद्यमियों की कहानी दूरदर्शन द्वारा देश-दुनिया तक पहुँचाने में एक कड़ी मैं भी हूँ।

प्रधानमन्त्री के विदेश दौरों को भी कवर करने का मौक़ा मिला, जिससे नये देश, नये कल्चर और किस तरह से रिपोर्टिंग की जाती है वो भी जाना। प्रधानमन्त्री के लिए किस तरह से भारतवंशी इन्तज़ार करते हैं, ये क़रीब से देखा। समय अलग-अलग होने के बावजूद कई बार पूरी रात जागकर लाइव रिपोर्टिंग जारी रखनी पड़ती है।

हालाँकि मेरा अनुभव मात्र 7 साल का ही है। लेकिन जितने प्रकार के अनुभव, काम और एक्सपोज़र मुझे दूरदर्शन ने दिया, मेरी क़ाबिलियत पर विश्वास किया, उसके लिए अपने आप को बेहद भाग्यशाली महसूस करती हूँ।

लेकिन अब भी बस यही कहूँगी कि आगे अभी कई और पड़ाव बाक़ी हैं, और सफ़र तो सिर्फ़ अभी शुरू हुआ है।

श्वेता सिंह

विशेष संवाददाता, प्रसार भारती, नेपाल

दूरदर्शन देश का ऐसा लोकप्रसारक है, जहाँ सदैव ज्ञान और सत्यमेव जयते को ही अपना मूल मन्त्र माना जाता है। यहाँ अनुबन्ध पर काम करने वाले पत्रकारों के साथ-साथ भारतीय सूचना सेवा के अधिकारी भी अलग-अलग पदों पर कार्य करते हैं। इनका काम सूचना का प्रसार और विभिन्न सरकारी नीतियों और योजनाओं को जनता तक पहुँचाने के माध्यम से सरकार और लोगों के बीच एक महत्त्वपूर्ण संचार कड़ी के रूप में कार्य करना है। इसके साथ-साथ ये अधिकारी नीति निर्माण के लिए सरकार को फीडबैक एकत्र करने का काम भी करते हैं। अधिकांश आईआईएस अधिकारी विभिन्न मीडिया इकाइयों में काम करते हैं जो सूचना और प्रसारण मन्त्रालय के अधीन हैं जैसे डीडी न्यूज़, ऑल इंडिया रेडियो, प्रेस सूचना ब्यूरो, डीएवीपी इत्यादि।

श्वेता सिंह भारतीय सूचना सेवा की एक ऐसी ही अधिकारी हैं। जो इस समय प्रसार भारती की नेपाल में विशेष संवाददाता के तौर पर कार्यरत हैं। उनसे साक्षात्कार करना एक सुखद अनुभव रहा, आपको जिज्ञासा होगी, कैसे भारत में बैठी एक पत्रकार ने नेपाल में कार्यरत एक महिला अधिकारी का साक्षात्कार कैसे किया। तो शायद आप भूल रहे हैं कि आज तकनीक के माध्यम से सब सम्भव है। पहले मैंने उनसे फ़ोन पर साक्षात्कार किया और बाक़ी जो रह गया, उसका उन्होंने लिखित में जवाब दे दिया।

श्वेता दूरदर्शन के लिए काम करना अपना सौभाग्य मानती हैं और उनका कहना है कि किताब का शीर्षक 'दूरदर्शन : आधी आबादी की महिला सशक्त

गाथा' एकदम सही है। वो कहती हैं कि अपने मानकों पर आज भी दूरदर्शन पूरी तरह से खरा उतरता है।

चाहे बात दूरदर्शन, रेडियो और डीडी न्यूज़ पर प्रसारित कार्यक्रमों की हो या फिर महिलाओं को ऑफ़िस में सकारात्मक माहौल मुहैया करवाने की। यहाँ महिलाओं की सुरक्षा और सम्मान सबसे बड़ी प्राथमिकता है।

श्वेता बताती हैं कि बिहार के भागलपुर ज़िले के मध्यम वर्गीय परिवार में मेरा जन्म हुआ। मेरे माता-पिता पेशे से सरकारी शिक्षक थे। मेरी बड़ी बहन मुझसे एक साल बड़ी है और सौभाग्य से भारत के स्वतन्त्रता दिवस के दिन जन्म लेने के कारण माता-पिता की असीम दुलारी रही। उसकी तुलना में माता-पिता को मुझसे उम्मीदें भी बहुत कम रही थीं। वो पढ़ाई में अव्वल, सामाजिक और व्यवहार कुशल रह कर माँ-पापा की आँखों का तारा थी और मैं उसकी विपरीत।

माँ हमेशा से फ़र्राटेदार अंग्रेज़ी बोलने वाली लड़कियों को देखकर बड़ी ख़ुश हुआ करती थी कि मेरी बेटियाँ भी बड़ी होकर मुँह खोलें तो लोग सुनते रह जायें। हर किसान परिवार में जन्मे लोग अपने बच्चों के ज़रिये अपने अनकहे अधूरे सपने पूरा करना चाहते हैं। भागलपुर के ही लड़कियों के लिए सबसे बेहतर स्कूल माउंट कारमेल में माँ-पापा ने हमारा नामांकन करवाया था। जब भी दोनों बहनों को अंग्रेज़ी में लड़ते देखती तो मम्मी ख़ुश हुआ करती थी कि मेरी बेटियाँ कितनी बढ़िया अंग्रेज़ी बोलती हैं।

ससुराल और समाज के दबाव में मेरे माता-पिता ने भी बेटे की आशा में तीसरी सन्तान की कोशिश की और मेरे जन्म के दस साल बाद मेरी छोटी बहन नेहा का जन्म हुआ। जन्म लेते ही दादी ने माँ को प्रस्ताव दिया कि "तीन बेटियों का क्या करोगी...अभी अपनी बेटी को बद्री की दुलहिन को दे दो और उनके एक साल के छोटे बेटे को गोद ले लो।" बद्री मेरे छोटे चाचा हैं जिनको तीन बेटे हुए। अस्पताल के बिस्तर से ही मेरी माँ गरजी कि "जो है मेरी सन्तान है। मुझे अदला-बदली नहीं करना। मैं अपने बच्चे को पाल सकती हूँ। उसे अच्छा जीवन दे सकती हूँ। जो मेरे भाग्य में है, हम देख लेंगे।"

बिहार के पुरुष प्रधान समाज में ऐसी मान्यता है कि श्राद्ध-काम-क्रिया से लेकर बूढ़े माँ-बाप की ज़िम्मेदारी स्वत: बेटों की होती है, बेटियाँ पराया धन है जहाँ मायके में बेटियों का हस्तक्षेप असहनीय होता है। समाज के मध्यम वर्ग में बेटियों को डॉक्टर-इंजीनियर या अच्छी पढ़ाई इसलिए दी जाती है ताकि अच्छे परिवार में वे स्वीकार्य हो, अच्छा पति मिल जाये जो जीवन भर इनकी ज़िम्मेदारी उठा सके या यूँ

कहें कि अपनी आइडेंटिटी बनायें, नाम रौशन करें पर उन पर माँ-बाप हक़ मानकर बेटियों से ये उम्मीद नहीं करते कि बुढ़ापे में वे माता-पिता को किसी भी प्रकार से सहयोग देंगी या ज़िम्मेदारी उठायेंगी। क़ानून होने के बावजूद ये मान लिया जाता है कि लड़कियाँ विवाह के बाद मायके की सम्पत्ति पर हक़ नहीं जतातीं क्योंकि उनके ससुराल वालों को दहेज दिया गया है। हमारी दादी और बुआ पापा को अक्सर कहा करती थी कितना भी अंग्रेज़ी मीडियम में पढ़ा लो, आख़िर एक दिन बेटी को विदा तो करना ही पड़ेगा। बेटी कितना भी कलेक्टर बन जाये, दहेज तो दोगे ना? सारा ख़र्चा पढ़ाई पर कर दोगे तो तीन बेटियाँ हैं शादी के समय ख़र्च कैसे करोगे? हमारे समाज में पुरुषों का इतना महत्त्व था कि सिर्फ़ बेटी वालों को समाज दया की दृष्टि से देखता था। सिर्फ़ तीन बेटियाँ होने पर माँ-पापा को लोग सांत्वना देते थे–"कोई बात नहीं सच्चिदा बाबू! आजकल लड़कियाँ भी लड़कों से पीछे नहीं हैं।"

ऐसा सुनना हम बेटियों को कभी अच्छा तो नहीं लगा।

मेरे माता-पिता क्योंकि शिक्षक थे, उनको पता था कि बेटा हो या बेटी डीएनए-जीन उनका ही है, आप जैसी परवरिश देंगे बच्चे वैसे बनते हैं। पर समाज और ख़ुद के परिवार से रोज़-रोज़ भिड़ना, ऐसी सहन शक्ति की भी सीमा होती है। ख़ुद के शौक़, परिवार की ज़िम्मेदारी और आर्थिक लिमिटेशंस के बीच में मध्यम वर्गीय परिवार का ताना-बाना सिमटा हुआ रहता है। पापा कई बार बीपीएससी की परीक्षा में बैठे, पर नौकरी और परिवार के बीच कभी इतना वक़्त नहीं मिला कि उच्च पद पर आसीन होने के सपने को पूरा कर पाते। पर हाँ, उनकी तीनों बेटियों ने बीपीएससी (बिहार पब्लिक सर्विस कमीशन) और मैंने यूपीएससी (संघ लोक सेवा आयोग) ज़रूर क्वालीफ़ाई किया।

हमारे पापा ने घर पर वेस्टन टीवी लाया हुआ था, ताकि हम समाचार देख सकें, यह अलग बात है कि बच्चों का कार्यक्रम अलादीन और स्टोन ब्वॉय भी देखने से हम बांज़ नहीं आते थे। हमारे घर के टीवी पर केवल दूरदर्शन आता था। क्योंकि ये बात स्पष्ट थी कि दूरदर्शन पर वही दिखाया जाता है जो सपरिवार लोग साथ बैठ कर देख सकें। प्राइवेट चैनल ज़ी, सोनी, स्टार जैसे अन्य चैनल पर हमारे अभिभावक को भरोसा नहीं था जहाँ धारावाहिकों में इश्क़ या परिवार तोड़ू रिश्ते परोसे जाते थे। अपने बच्चों को दुष्प्रभाव से बचाने के लिए, हमारा सिर्फ़ दूरदर्शन देखना हमारी मजबूरी थी।

रात्रि के 8 बजे हिन्दी समाचार और रात्रि 9 बजे के अंग्रेज़ी समाचार को देखना हमारी बाध्यता थी। पापा हमें ज़िम्मेदार नागरिक और सामान्य ज्ञान में दुरुस्त रखना

चाहते थे। हम कुछ भी कर रहे हों, समाचार देखने हमें आना होता था। पर उस समय ये नहीं पता था कि टाइमलाइन में कुछ 20 साल बाद मैं ख़ुद दूरदर्शन में समाचार बना रही होऊँगी।

सलमा सुल्तान को बालों में गुलाब लगा कर समाचार पढ़ते देख बड़ा अच्छा लगता था, मेरे पापा-मम्मी को भी वो बेहद पसन्द थीं। छोटे बाल मुझे सिर्फ़ अंग्रेज़ी की समाचार वाचिका मीनू तलवार पर ही पसन्द थे, ऐसे मैं हमेशा से लम्बे बालों की शौक़ीन रही हूँ। सरला माहेश्वरी साड़ी पहनकर सौम्यता और जिस कॉन्फिडेन्स के साथ समाचार वाचन करती थीं, सच में समाचार सुनना एक अच्छा एक्सपीरियन्स होता था। जब सुनीत टण्डन को हम न्यूज़ डिलीवर करते देखते थे तो लगता था कि वाह! इस आदमी की याददाश्त कितनी तेज़ है कि बिना अटके ये 30 मिनट सीधे समाचार ज़ुबानी पढ़ते हैं। यह अलग बात है बाद में ज्ञान चक्षु खुले कि सारे न्यूज़ एंकर टेली प्रॉम्पटर देख कर पढ़ते हैं। फिर जब हम दिल्ली के भारतीय जनसंचार संस्थान में भारतीय सूचना सेवा के लिए ट्रेनिंग ले रहे थे तब सुनीत टण्डन आईआईएमसी के महानिदेशक के रूप में कार्यरत थे। बचपन में टीवी पर जिन्हें हम रोज़ देखा करते थे, सामने देखकर अच्छा लगता था।

दूरदर्शन पर प्रसारित 'रामायण' को ही बचपन में हमने असली रामायण मान लिया था, जिसके दायें-बायें कुछ और तथ्य नहीं थे। धारावाहिक 'महाभारत' में शस्त्रों को ऐनिमेट किया हुआ देखना बचकाना तो लगता था, पर कल्पना उड़ान मारती थी कि तकनीकी तौर से कैसे ऐसा किया जा सकता है। वही हाल 'चन्द्रकान्ता' देखकर होता था जब तिलिस्म की बातें थोड़ी अटपटी लगती थीं।

अलग बात है की 'जंगल बुक्स' (जिसे मोगली कह कर याद करना ज़्यादा आसान था), 'डक टेल्स', 'ऐलिस इन वंडरलैंड, 'टॉम एंड जेरी', 'पोटली बाबा की' और 'शक्तिमान' हमें बाकी सभी एंगेजमेंट्स से मुक्त रख कर टीवी में फ़ेविकल की तरह चिपका कर रखता था। स्कूल के सारे रविवार की शुरुआत 'रंगोली' के पुराने गाने सुन कर होती थी और माँ की डाँट से अगर बच गये तो जब तक 12 बजे के बाद बोरिंग सांस्कृतिक कार्यक्रम जिसमें क्लासिकल म्यूज़िक और डांस, सिंगल कैमरा सेट-अप में प्रसारित होना शुरू ना हो जाये तब तक हम टीवी बन्द नहीं करते थे। हम ज़्यादा सिनेमा हॉल भी नहीं जाते थे और, ताकि बिगड़ती दुनिया हमें प्रभावित ना कर सके सो केवल दूरदर्शन को हमारे घर में प्रवेश था, इसलिए बुधवार और शुक्रवार को 'चित्रहार' ही नये गाने सुनने का इकलौता साधन था।

पापा हमेशा 'भारत एक खोज' और 'सुरभि' देखने पर ज़ोर देते थे। सुरभि कार्यक्रम में रेणुका शहाणे और सिद्धार्थ काक को देशभर से चिट्ठियाँ आती थीं। एक हफ़्ता ऐसा भी था जब देशभर से क़रीब 14 लाख चिट्ठियाँ सुरभि कार्यक्रम में प्राप्त हुई थीं, जिसमें एक बार मैंने भी पत्र भेजा था।

जब हम हायर सेकेंडरी सेक्शन में पढ़ते थे तब दोपहर 2.30 बजे हिन्दी धारावाहिक 'शान्ति' दूरदर्शन में प्रसारित हुआ करता था। बस स्टॉप से भागते हुए हम सीरियल देखने आते थे और मेरी छोटी मौसी के डाँटने के बावजूद खाना खाते-खाते सीरियल पूरा किया करते थे कि कैसे एक लड़की ने समाज के भेदभाव को झेलते हुए अपनी माँ को न्याय दिलाया। अलग बात है शाम में पापा-मम्मी की धमकियाँ मिलती थीं कि टीवी देखने से चश्मा चढ़ गया है, फिर भी अपनी सेहत की परवाह नहीं है। टीवी को कूड़े में फेंक दिया जायेगा।

ऐसा नहीं कि दूरदर्शन पर केवल ज्ञान और सामाजिक सरोकार पर आधारित कार्यक्रम और बातें होती थीं। मनोरंजन का भी ध्यान दिया जाता था। 'अलिफ़ लैला' जैसे धारावाहिक में जिन और पिशाचों की कहानियाँ देख कर रात में बिजली कट जाने पर बाथरूम तक जाने में डर लगता था। सुमन सौरभ की 'देख भाई देख' का टाइटिल गीत आज भी याद है 'हर शाम के बाद सवेरा है', 'फ्लॉप शो', 'आम्रपाली', 'चाणक्य', 'सर्कस', 'मालगुड़ी डेज़' जैसे कई कार्यक्रमों ने मस्तिष्क पटल पर छाप छोड़े हैं। 'ब्योमकेश बख्शी' में रजित कपूर और के के रैना की एक्टिंग ने टीवी देखना एक मज़ेदार तजुर्बा बना दिया था।

दसवीं के बाद तो मध्यम वर्गीय परिवार के बच्चों पर जो अपने पैर पर खड़े होकर आर्थिक रूप से सशक्त होने का दबाव होता है वो बस मध्यम वर्गीय ही समझ सकते हैं, ऊपर से जब आप घर में सिर्फ़ बेटियाँ हों और समाज आपके माता-पिता को दया की दृष्टि से देखे कि बुढ़ापे में इनका क्या होगा? तो दबाव और ज़्यादा होता है जब आपके साधन भी बहुत सीमित हों। अपने अन्य सहपाठियों की तरह बाहर जाकर मैं तालीम नहीं ले पायी। सारी शिक्षा-दीक्षा बिहार से ही हुई। मुझे याद है, स्नातक की परीक्षा तक भागलपुर में बिजली की भयंकर समस्या हुआ करती थी जिस कारण रोज़ शाम को कैरोसिन लैम्प में तेल भर कर रखना होता था। पढ़ाई के लिए जनरेटर कनेक्शन भी दस बजे के बाद कट जाता था और बिजली उतनी होती नहीं थी कि बैटरी इन्वर्टर चार्ज हो सके। बिजली की तबाही से परेशान लोगों ने विद्रोह करते हुए 2005 में तंग आकर रेलवे सम्पत्ति को भी नुक़सान पहुँचाया था। 2005 के बाद बिहार में बिजली की स्थिति में सुधार आया है, उम्मीद है कि वर्तमान में छात्रों को हमारी तरह केरोसिन लैम्प में नहीं पढ़ना पड़ रहा होगा।

पटना यूनिवर्सिटी से स्नातकोत्तर परीक्षा के तुरन्त बाद मेरा चयन बिहार औद्योगिक क्षेत्र प्राधिकरण (बियाडा) में परामर्शदात्री (कृषि निर्यात ज़ोन) के रूप में हुआ। जब तक सीएसआईआर के जेआरएफ़ के लिए परीक्षा का रिज़ल्ट आता मैंने सोचा तब तक परामर्शदात्री बने रहने में क्या हर्ज़ है। इस छोटे से अनुबन्ध उपरान्त तो मैं नोबल प्राइज विनिंग रिसर्च तो करूँगी ही। एक विख्यात वैज्ञानिक बनने के रास्ते में मेरे पास कुछ नहीं था।

उस समय बियाडा के प्रबन्ध निदेशक केशव कुमार पाठक थे। के के पाठक के निर्देशन में काम कर के बिहार के सिविल सेवा अधिकारियों की जो पूर्व में धूमिल छवि बनी थी, वो साफ़ हो गयी कि ज़रूरी नहीं कि हर अधिकारी को ग़लत के सामने झुकना ही पड़े, या भ्रष्ट सिस्टम के अनुसार चलना आपकी विवशता है। पहली बार मुझे सिविल सेवा के प्रति सम्मान आया। मुझे बियाडा के सचिव गिरीश कुमार ने कहा था जो आप कहीं 11 साल में नहीं सीखेंगी वो आप के के पाठक के अंडर 11 दिन में सीख जायेंगी। और सच है पाठक सर के काम करने की शैली ने मेरे जीवन की दिशा को ही बदल दिया।

चार महीने बाद उनका तबादला हो गया, और फिर जिस ढर्रे पर कार्यालय चलने लगा, मैं छटपटा गयी। क्योंकि अनुबन्ध अनुसार मुझे कम से कम दो और महीने की सेवा देने की बाध्यता थी, मैं रोज़ मन मार के ऑफ़िस जाया करती। बियाडा से मुक्त होने के बाद मैंने घर पर रहकर ही यूपीएससी की तैयारी शुरू की और प्रथम प्रयास में पीटी निकाल लिया। पापा का सपना था बीपीएससी की परीक्षा में सफल होना और उनकी बेटी ने बिना किसी की सहायता के प्रथम प्रयास में सारे संसाधन सीमित होने के बावजूद पीटी निकाल कर मुख्य परीक्षा लिखने जा रही है।

बिहार में चूँकि अंग्रेज़ी माध्यम की पुस्तकों का अभाव और अंग्रेज़ी अख़बार बासी मिलता था, मेरे पापा ने जीपीएफ़ से लोन लेकर मुझे दिल्ली के मुखर्जी नगर में रहने की व्यवस्था कर दी। यहाँ भी मैं तैयारी ख़ुद से करती थी पर किताबें, अख़बार और ख़ुद के जैसे अभ्यर्थी बहुत मिले। समसामयिकी दुरुस्त रखने के लिए, मैं रोज़ रात को आकाशवाणी समाचार सुनती थी, पब्लिक स्पीक, परिक्रमा, वर्ल्ड न्यूज़ और उम्दा व्यक्तित्व की परिचर्चा सुनकर प्रतियोगिता परीक्षा में सफल होने में मदद मिली। दूसरे प्रयास में जब भारतीय सूचना सेवा मिली, तो ये नहीं पता था की पब्लिक स्पीक के होस्ट मानिकान्त ठाकुर आकाशवाणी में मेरे सहयोगी होंगे।

दूरदर्शन समाचार में अपर महानिदेशक मयंक अग्रवाल सर के सान्निध्य में अपने बैचमेट अंशुमान के साथ स्वच्छ भारत अभियान से विधिवत प्रोफ़ेशनल

करियर की शुरुआत हुई। सोशल मीडिया सेक्शन में सहायक निदेशक के तौर में काम कर के सरकार के सम्प्रेषण को प्रभावित करता सोशल मीडिया के प्लेटफार्म को समझने का मौक़ा मिला। फिर डीडी बिहार के क्षेत्रीय समाचार एकांश में कार्य करते हुए, अपने समाज को समझने और अपनी सेवा से समाज को लाभान्वित करने का मौक़ा मिला।

प्रसार भारती में दशक भर के तज़ुर्बे के बाद मैं काठमाण्डू में कार्यरत हूँ और प्रसार भारती के लिए काम कर रही हूँ।

आतिरा तम्पि

पूर्व डिप्टी डायरेक्टर, समाचार कक्ष, डीडी न्यूज़
वर्तमान में पीआईबी, डिप्टी डायरेक्टर, तिरूवनन्तपुरम

महिला सशक्तीकरण में दूरदर्शन की भूमिका पर काम करते हुए मेरी नज़र अपनी एक ऐसी सरकारी अधिकारी पर गयी, जो उम्र में तो बहुत छोटी थी पर उनके काम, व्यवहार और दुनिया की सबसे बड़ी महामारी कोरोना में समाचार कक्ष में उनके योगदान ने उन्हें काफ़ी महत्त्वपूर्ण बना दिया। अगर इस किताब में उन्हें शामिल ना करती तो यह सादगी और सरलता से काम करने वाली एक नौजवान सरकारी अधिकारी के साथ अन्याय होता। इस सरकारी अधिकारी का नाम है आतिरा तम्पि, जो केरल से हैं और उनकी मातृभाषा मलयालम है। तो कैसे एक एमबीबीएस से भारतीय सूचना सेवा अधिकारी और फिर डीडी न्यूज़ का उनका सफ़र रहा। इसे मैंने जानने की कोशिश की।

आतिरा बताती हैं कि 'महिला सशक्तीकरण में दूरदर्शन की भूमिका' यह केवल किसी सरकार या राज्य, संस्था और समाज की ज़िम्मेदारी नहीं है। इस मामले में मैं शुरू से ही सौभाग्यशाली रही। मेरे घर में हम दो बहनें हैं, पर कभी अगर किसी रिश्तेदार या पड़ोसी ने पूछ लिया कि आपका कोई बेटा नहीं है क्या...तो मेरे माता-पिता दोनों ही नाराज़ हो जाते थे। पिता पी.के. तम्पि भारत पेट्रोलियम में चीफ़ जनरल मैनेजर इंजीनियर थे और माँ पीएम अम्बिका एसबीआई बैंक में काम करती थी। माँ का तो यहाँ तक कहना था कि महिलाओं को हर काम आना चाहिए, ख़ुद हर काम करो, कभी किसी पर निर्भर ना रहो। वहीं पिता जी ने भी दोनों बहनों को जीवन में हमेशा विकास के सारे अवसर दिये। इसलिए सिविल सर्विस परीक्षा की तैयारी करते हुए मैंने एक डॉक्टर के बजाय आईआईएस के क्षेत्र में अपना करियर बनाने का निर्णय लिया, तो उन्होंने मेरा पूरा-पूरा साथ दिया।

भारतीय सूचना सेवा के लिए हमारा प्रशिक्षण भारतीय जनसंचार संस्थान, दिल्ली में हुआ। प्रशिक्षण के दौरान हमें असम राइफ़ल्स के बड़े अधिकारियों के साथ मणिपुर में म्यांमार सीमा पर सेना कैम्प में रहने का अवसर मिला। दरअसल असम राइफ़ल्स भारत का एक अर्धसैनिक बल है जिसे 1835 में कछार लेवी के रूप में स्थापित किया गया था। असम रेजिमेंट भारतीय सेना की एक पैदल सेना रेजिमेंट है। इसका गठन 1941 में द्वितीय विश्व युद्ध के दौरान हुआ था। मणिपुर में हुई हिंसा को शान्त करने में असम राइफ़ल्स और भारतीय सेना का रोल सराहनीय रहा है। सेना के साथ कैम्प में रहने पर हमें उनके कठिन जीवन और सैनिकों के त्याग के बारे में नज़दीक से जानने का मौक़ा मिला।

केरल में साल 2018 में आयी बाढ़ से भी बहुत कुछ सीखने को मिला। हमने पाया कि कैसे संकट के समय में सब एकजुट होकर समाज के लिए काम करते हैं। बाढ़ राहत शिविरों में हमने ज़रूरी सामान के साथ-साथ लोगों से कहा कि मैं एक एमबीबीएस डॉक्टर हूँ, अगर किसी को भी मेरी किसी भी तरह से ज़रूरत है तो मैं हर तरह से मदद करने को तैयार हूँ। राहत शिविरों में भी एक सामाजिक मदद की भावना देखने को मिली, जिसमें हर कोई हर तरह से एक-दूसरे की मदद करने को तैयार था।

साल 2019 में फॉरेन अटैचमेंट के तहत हमें लन्दन भेजा गया। जहाँ हमने बीबीसी में पत्रकारिता का प्रशिक्षण लिया। मेरा मानना है कि जैसे ब्रिटेन का लोक प्रसारक बीबीसी है, वैसे ही भारत का लोक प्रसारक प्रसार भारती है। दोनों सरकार के लिए काम करते हैं, हमें वहाँ प्रशिक्षण के दौरान बहुत कुछ सीखने को मिला।

पत्रकारिता के प्रशिक्षण के दौरान हमें राष्ट्रीय फ़िल्म पुरस्कार के आयोजन कार्यक्रम में भाग लेने का मौक़ा मिला।

राष्ट्रीय फ़िल्म पुरस्कार, भारत के सबसे पुराने फ़िल्म पुरस्कारों में से एक है। यह पुरस्कार फ़िल्म निर्देशकों, सम्पादकों, अभिनेताओं और लेखन से जुड़े क्षेत्र में दिया जाने वाला सबसे प्रतिष्ठित पुरस्कार है। इसकी स्थापना साल 1954 में की गयी थी। मुझे इस कार्यक्रम के दौरान मशहूर संगीतकार ए.आर. रहमान, गायक येसुदास और श्रीदेवी के परिवार से मिलने का मौक़ा मिला।

इस तरह यहाँ से शुरुआत हुई मेरे नये जीवन की। साल 2019 सितम्बर में मैंने सहायक निदेशक के पद से अपनी पत्रकारिता की शुरुआत की। उस समय मुझे हिन्दी नहीं आती थी और दिल्ली में मलयालम बोली नहीं जाती। भारतीय जनसंचार संस्थान के होस्टल से मैं रेडियो कॉलोनी के अपने सरकारी आवास में शिफ्ट हो

गयी। यही वो दौर था कोरोना के कहर का। अनजान शहर, ज़िन्दगी की जद्दोजहद के बीच अनजान शहर में कोरोना के कहर से लड़ना भी कम चुनौती भरा नहीं था। चारों तरफ़ डर, आतंक और मौत का साया वहीं पत्रकारिता की 24/7 की नौकरी। ऐसे में भाषा की बाधा ने मेरा काम और मुश्किल कर दिया। पर कहते हैं ना ईश्वर आपकी सहायता के लिए किसी ना किसी को ज़रूर भेजते हैं। मेरे साथ भी कुछ ऐसा ही हुआ। पूरी रेडियो कॉलोनी में सिर्फ़ एक बूढ़े सुरक्षाकर्मी कृष्णा जी ने हमेशा मेरी मदद की। धीरे-धीरे मेरा घर सेट हो गया जिसमें काम वाली बाई के साथ-साथ तमाम छोटे-बड़े कामों में कृष्णा जी ने पूरा सहयोग किया। कोरोना में जहाँ कोई सड़क तक पर नज़र नहीं आता था वहाँ किसी के घर जाकर उसकी मदद करना मेरे लिए बहुत बड़ी बात थी। डीडी न्यूज़ में दिन-रात की नौकरी करते समय जब घर लौटती, तो मेरा हाल-चाल केवल और केवल कृष्णा जी ही पूछते थे। एक रात जब मैं ऑफ़िस से घर लौटी तो ग़लती से अपना फ़ोन गाड़ी में ही भूल गयी। मैं एकदम डर गयी, लगा कि कैसे किसी से सम्पर्क करूँगी कैसे क्या होगा। इतने में देखती हूँ कि रात के क़रीब 1 या 2 बजे होंगे और कृष्णा जी ने मेरे घर की घण्टी बजायी और बोले मैडम आपना फ़ोन गाड़ी में ग़लती से भूल आयी थीं। मुझे एकदम से ऐसा लगा कि सच में कृष्णा जी ही कान्हा के रूप में मेरी हर क़दम पर मदद करने के लिए आये हैं।

पहले दौर में देश में कोरोना से मृत्यु बहुत कम थी पर मैंने देखा कि इस घटना के 2-4 दिन बाद किसी ने मुझे बताया कि सुरक्षाकर्मी कृष्णा जी की कोरोना से मौत हो गयी। मेरे सामने मानो चारों तरफ़ अँधेरा छा गया। मुझे लगा कि कृष्णा जी बीमार रहे होंगे पर कोरोना पर सही जानकारी ना होने के कारण और हम सबकी मदद करते हुए उन्होंने अपनी तबीयत पर ध्यान नहीं दिया। कोरोना की इस मृत्यु ने मुझे अन्दर तक झकझोर दिया, मैंने प्रण लिया कि मैं पत्रकारिता के ज़रिये कोरोना पर जागरूकता और हर स्तर पर लोगों की मदद करूँगी। कृष्णा जी ने मुझे जीवन में यह सिखाया कि मैं अपने काम को पूरी निष्ठा और ईमानदारी से करूँ। क्योंकि वैसे तो पेशे से उनका काम केवल सोसायटी की सुरक्षा करना था, पर इसके बावजूद उन्होंने कोरोना जैसी महामारी की परवाह नहीं की और मेरी हर तरह से मदद की।

कोरोना के समय मुझे याद है कि एक बार मेरे बॉस मनीष शिवा ने फ़ोन करके कहा कि सरकार ने कोरोना को लेकर गाइडलाइन जारी की है, पर वो इतनी ज़्यादा मेडिकल भाषा में है कि उसे जनता तक सरल भाषा में पहुँचाने के लिए आपकी

मदद चाहिए। ऐसे में मैंने पहले उसे ख़ुद समझा और फिर उन दिशा-निर्देशों को दर्शकों तक पहुँचाने के लिए सरलता से समझाने का प्रयास किया।

कोरोना काल में ही हमने भारतीय सूचना सेवा के ऐसे अधिकारियों का एक ग्रुप बनाया, जो चिकित्सा जगत से किसी ना किसी रूप से जुड़े हुए थे। हम लोगों का केवल और केवल एक ही उद्देश्य था कि हम कोरोना में किसी की जो भी और जैसे भी हो मदद कर पाये। सभी जानते हैं कि देश में आबादी अधिक है और संसाधन कम ऐसे में कोरोना महामारी में सबसे ज़्यादा ज़रूरत थी जागरूकता की। जिससे समय रहते बीमारी की पहचान और बचाव हो पाये।

इस काम को आगे बढ़ाते हुए मैंने टीओटी (ट्रेनिग ऑफ़ ट्रेनर्स) का प्रशिक्षण भी लिया। इस प्रशिक्षण ने मेरी एक डॉक्टर, एक पत्रकार और एक ज़िम्मेदार नागरिक की भूमिका को और निखार दिया। इसके बाद मैंने विश्व स्वास्थ्य संगठन (डब्ल्यूएचओ) में हेल्थ जर्नलिज़्म पर एक प्रेज़ेंटेशन भी दिया था। इसके अन्तर्गत 1 महीना का वर्कशॉप का आयोजन किया गया था, जिसका मक़सद था कि एशिया के सभी देशों में कोरोना को लेकर जागरूकता फैलाई जा सके। जिसके बाद मुझे टीओटी (ट्रेनिग ऑफ़ ट्रेनर्स) का सर्टिफ़िकेट भी मिला।

कोरोना की दूसरी लहर में काम करते-करते मैं भी कोरोना की चपेट में आख़िरकार आ ही गयी। अकेले रहकर कोरोना में अपनी देखभाल करना सच में बड़ा तकलीफ़देह था वो समय। महिला सशक्तीकरण में दूरदर्शन की भूमिका पर मैं कहना चाहती हूँ कि हमारे संस्थान में सभी मिलकर काम करते हैं और सबको उनकी प्रतिभा के हिसाब से काम दिया जाता है।

आप ख़ुद ही देख लीजिए हमारे कार्यक्रमों और काम करने के तरीक़े से ही यह बात आपको समझ आ जायेगी। ऐसा ही एक शो जो मैंने सोशल मीडिया पर महिलाओं के ख़िलाफ़ हो रहे शोषण पर बनाया था। 'महिलाओं पर ऑनलाइन हिंसा' (Cyber Crime Against Women) सोशल मीडिया पर महिलाओं के लिए अभिव्यक्ति की स्वतन्त्रता उतनी सहज नहीं जितनी दिखायी पड़ती है। ट्रोलिंग, ऑनलाइन धमकियाँ और भद्दी और अश्लील टिप्पणियाँ उनके प्रति हिंसा का नया रूप है जिससे उनकी अभिव्यक्ति की स्वतन्त्रता पहरे में आती है। एक तरह से महिलाएँ डर के साये में जीने को अभिशप्त हैं।

ख़ास बात यह है कि कई बार ऑनलाइन हिंसा का यह रूप इतना ख़तरनाक हो उठता है कि महिलाएँ इसका शिकार हो जाती हैं। दुनिया में स्त्रियों के प्रति ऑनलाइन हिंसा के ढेरों ऐसे मामले हैं जो एक समय बाद धमकी, हिंसा, पिटाई और यहाँ तक कि जीवन के लिए भी ख़तरा बन जाते हैं।

कार्यक्रम में हमने इन्हीं संवेदनशील विषयों पर बातचीत की और डीसीपी साइबर क्राइम दिल्ली पुलिस, उप कार्यकारी निदेशक UN Women अनिता भाटिया, क़ानूनी विशेषज्ञ और सोशल मीडिया विशेषज्ञ जैसे लोगों से इस समस्या को समझने और इसके निदान पर चर्चा भी की। कार्यक्रम को दर्शकों ने ख़ूब सराहा, जिसमें इतने विस्तार से महिलाओं पर ऑनलाइन हिंसा पर चर्चा की गयी थी।

एक और बात आप सबके साथ साझा करना चाहती हूँ। हुआ यूँ कि 'मन की बात' कार्यक्रम का 100वाँ एपिसोड रविवार को आयोजित होने वाला था। कार्यक्रम की सफलता का जश्न मनाने के लिए दिल्ली में 'नेशनल कॉन्क्लेव : मन की बात@100' कार्यक्रम का आयोजन किया गया था। पीएम मोदी के मन की बात के कार्यक्रम में एक एपिसोड में पीएम मोदी ने यूपी के लखीमपुर खीरी के एक छोटे से गाँव की रहने वाली पूनम देवी का ज़िक्र किया था। कार्यक्रम में आमन्त्रित एक महिला के लिए ये पल बेहद यादगार बन गये। कार्यक्रम के दौरान एक महिला पूनम जो उत्तर प्रदेश के लखीमपुर खीरी के पास एक छोटे से गाँव की रहने वाली हैं उन्हें प्रसव पीड़ा होने लगी। सबको पता था कि मैं एमबीबीएस डॉक्टर भी हूँ, ऐसे में महिला की मदद के लिए मुझे बुलाया गया। मैंने उसे देखा तो उसकी हालत बहुत नाज़ुक थी। प्रसव पीड़ा के बाद मैं उन्हें डॉ. राम मनोहर लोहिया अस्पताल ले गयी जहाँ उन्होंने एक स्वस्थ बच्चे को जन्म दिया। उनके लिए सारा इन्तज़ाम दूरदर्शन परिवार ने किया। यहाँ तक कि हमारी डीजी प्रिया कुमार मैम ना केवल बच्चे और माँ से मिलने आयीं बल्कि उन्होंने पूरे परिवार को सुरक्षित उनके घर वापस भिजवाने तक का पूरा इन्तज़ाम किया।

दरअसल पूनम को कार्यक्रम में शामिल होने वाले 100 विशेष लोगों में शामिल किया गया था। पूनम जिस स्वयं सहायता समूह से जुड़ी है, वह केले के तने से हैंडबैग, मैट और अन्य वस्तुओं का उत्पादन करता है। यह एक अनूठी पहल है जो न केवल गाँव में महिलाओं के लिए आय का एक अतिरिक्त स्रोत प्रदान करती है बल्कि कचरे को कम करने में भी योगदान प्रदान करती है। वहीं पूनम के परिवार ने कहा कि इस तरह के ख़ास कार्यक्रम के मौक़े पर परिवार में नये सदस्य का आगमन हुआ, जो पूरे जीवन के लिए यादगार बन गया।

पेशे से एक डॉक्टर और पत्रकार होने के नाते मेरा प्रयास है कि मैं हेल्थ जर्नलिज़्म के क्षेत्र में अपना योगदान दूँ। हमारे देश में ज़्यादातर गर्भवती महिलाएँ मानसिक तनाव और एनीमिया की बीमारी का सामना करती हैं। महिला के गर्भवती

होने से लेकर बच्चे के जन्म तक कोई भी माँ के मानसिक तनाव और पीड़ा को नहीं समझता। मैं एक महिला होने के नाते चाहती हूँ कि महिलाओं और उनकी समस्याओं से जुड़े विषयों पर अधिक से अधिक कार्यक्रम बनाये जायें। जिससे ना केवल लोगों की मदद हो सके बल्कि महिलाओं को सही जानकारी भी मिल सके।

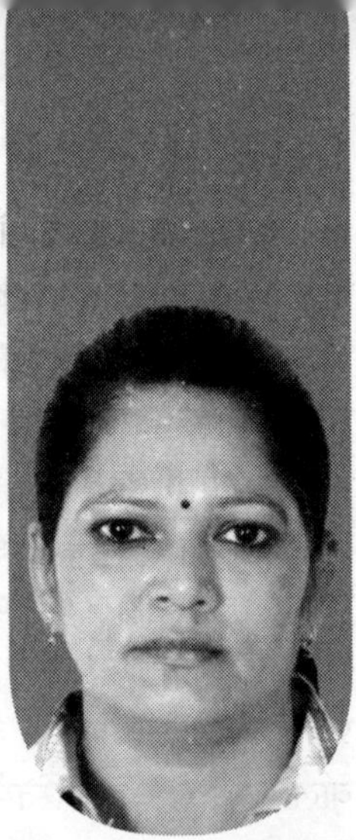

अर्चना श्रीवास्तव

वरिष्ठ असाइनमेंट कोऑर्डिनेटर न्यूज़

मीडिया का नाम आते ही सबसे पहले एंकर, रिपोर्टर और न्यूज़ आपके ज़ेहन में आते होंगे।

मगर इन सबके के पीछे बहुत लोगों की मेहनत होती है तब जाकर आपके सामने ख़बरें आती हैं और फिर उसे क्रमबद्ध करके टेलीविज़न पर दिखाया जाता है। आप सराहना करते हैं, उसे पसन्द करते हैं, कभी-कभी आप सजीव प्रसारण भी देखते हैं। मीडिया के कुछ ऐसे पहलू जो परदे के पीछे रहकर भी आप तक समाचार पहुँचाने में मदद करते हैं, कहीं कोई ग़लती न हो इन सबका ध्यान रखते हैं। ऐसे ही परदे के प़ीछे यानी मीडिया में समन्वय डेस्क पर कार्यरत एक महिला से आपका साक्षात्कार करवा रही हूँ उनका नाम है अर्चना श्रीवास्तव, हृदय से कोमल व्यक्तित्व लेकिन ख़बर के मामले में इनका मुक़ाबला नहीं। कोई न्यूज़ आयी, उदाहरण के तौर पर जैसे की कहीं बादल फट गया...किसी मन्त्री ने कोई बयान दिया, किसी भी तरह का समाचार चाहे वो पोलिटिकल हो, खेल जगत, या सिनेमा जगत सबसे पहले समाचार इनके डेस्क पर आता है, ये उसे कन्फर्म कर हम तक पहुँचाती हैं। सारा समन्वय (यानी कोऑर्डिनेशन) मसलन सबसे पहले विज़ुअल्स हमारे पास आये, रिपोर्टर्स सबसे पहले समाचार पर जुड़े...तब तक समाचार की अहमियत देखकर सजीव प्रसारण करना या एडिट हो कर जायेगा...ये सब देखती हैं।

सिर्फ़ भारत ही नहीं देश-विदेश से जितने भी समाचार आते हैं उन्हें हम तक यानी एडिटोरियल डेस्क तक से लेकर टेलीविज़न के परदे पर सुचारु रूप से समाचार चला जाये इसमें असाइनमेंट डेस्क का अहम रोल होता है, और ये हमारी अर्चना जी बख़ूबी करती हैं, जिन्हें मैं दी कहकर बुलाती हूँ।

हमेशा अपने काम और व्यवहार में दूसरों के लिए प्रेरणा स्रोत अर्चना दी बताती हैं कि मेरा जन्म और शिक्षा बिहार के पटना ज़िले में हुई। मगध विश्वविद्यालय से बी.एससी. ऑनर्स की डिग्री और इग्नू से हिन्दी पत्रकारिता की डिग्री हासिल की। माता जी एक सरल घरेलू महिला और पिता जी सरकारी सेवा (सेल्स टैक्स) में थे। अर्चना जी दो बहन तीन भाई हैं, संयुक्त परिवार में पली-बढ़ी हैं। उस समय जब बिहार में लड़कियों पर कई पाबन्दियाँ थीं, मेरे पढ़ने-लिखने पर कोई रोक न थी, घर में पढ़ाई का माहौल था, पत्रकारिता दादा जी से विरासत में मिली, स्वर्गीय दादा जी 'इंडियन नेशन' में वरिष्ठ सम्पादक थे। बिहार की मिट्टी ने देश को राष्ट्रपति राजेन्द्र प्रसाद, गणितज्ञ आर्यभट्ट और सम्राट अशोक के साथ-साथ हर क्षेत्र में काम करने वाली बड़ी से बड़ी हस्तियाँ दी हैं।

फिर चाहे वो राष्ट्रपति हो, आईएएस, डॉक्टर, शिक्षक हर कार्य क्षेत्र में बिहार ने अपनी पहचान बनायी है। वैसे तो अर्चना श्रीवास्तव जी डॉक्टर बनना चाहती थीं मगर आयीं पत्रकारिता में। पत्रकारिता में आने के पीछे भी कई कारण रहे, जल्दी शादी हो गयी, बच्चे हो गये, ससुराल की ज़िम्मेदारियों में उलझ कर रह गयीं मगर ज़ब भी समय मिलता,...किताबों से अपना रिश्ता नहीं तोड़ा, ससुराल में बहू का मतलब घर का काम-काज होता था। लड़कियों की पढ़ाई पर उतना ध्यान नहीं दिया जाता था, और वो तो एक बहू थीं, उन्होंने घर की ज़िम्मेदारियों के साथ-साथ डिस्टेंस एजुकेशन से इग्नू से पत्रकारिता में दाख़िला ले लिया। लेकिन किसी को बताया नहीं, इस काम में उनकी बहन ने बहुत सहायता की, नोट्स लेकर देती थी, जब सब सो जाते तो अर्चना जी पढ़ाई करती थीं, धीरे-धीरे उन्होंने घर में बताया कि मैंने पत्रकारिता में एडमिशन लिया है। मगर महीने में एक सप्ताह कालेज जाऊँगी, ठान लिया था कि मुझे अपनी शिक्षा को बढ़ाना है और उन्होंने परीक्षा पास कर ली। उन्हें क्या मालूम था कि एक दिन यही पत्रकारिता उनकी रोज़ी-रोटी बनेगी।

अर्चना जी बताती हैं कि जीवन में उनके हर संघर्ष में उनके माता-पिता का बहुत योगदान रहा, कम उम्र में पति का साया सिर से उठ गया। इस दुख ने मानो ज़िन्दगी को अँधेरे में धकेल दिया हो। अँधेरे में भी अर्चना जी ने हमेशा रोशनी के लिए संघर्ष किया, जिसकी बदौलत ना केवल उन्होंने अपनी ज़िन्दगी को औरों के लिए प्रेरणा स्रोत बनाया बल्कि एकल माँ होते हुए भी अपने बेटे को ऊँची तालीम भी दी।

पति के देहान्त के बाद उन्होंने बिहार छोड़ दिया और उनके बड़े भाई उन्हें दिल्ली ले आये। अर्चना जी की आँखें नम हो गयीं अपनी बातें बताते हुए। उनकी

कहानी इतनी मार्मिक थी कि मैं भी एकदम भावुक हो गयी। बिहार से दिल्ली का सफ़र आसान नहीं था। एक कम उम्र की विधवा लड़की और एक छोटा बच्चा, सामने इतना बड़ा जीवन।

अर्चना जी बताती हैं कि जो लड़की कभी घर की दहलीज़ से बाहर ना निकली हो, उसके लिए यकायक दिल्ली आकर पत्रकारिता में नौकरी तलाश करना और मीडिया में अपनी जगह बनाना आसान नहीं था।

अर्चना जी बताती हैं कि कितनी जगह अप्लाई किया मगर नहीं हुआ, उनके साइंस की डिग्री से कहीं नौकरी नहीं मिल रही थी। तब उन्होंने दूरदर्शन में अप्लाई किया। ज़ाहिर है कई प्रक्रिया के बाद उन्हें ज्वाइनिंग लेटर मिला,...यहाँ से उनकी नयी ज़िन्दगी की शुरुआत हुई।

माता-पिता हमेशा पढ़ने पर ज़ोर दिया करते थे और आज भी कहते हैं कोई भी काम ईमानदारी से करो, पैसे के पीछे मत भागना। पिता जी चन्द्रशेखर प्रसाद हमेशा मेरे हर फ़ैसले में साथ रहे।

तो इस तरह साल 2004 में दूरदर्शन के नये 24 घण्टे के हिन्दी चैनल डीडी न्यूज़ से मेरा पत्रकारिता का सफ़र शुरू हुआ।

अर्चना जी बताती हैं कि लगभग दो दशक हो गये 2004 में मैंने पैकेजिंग असिस्टेंट के रूप में ज्वाइन किया। तब छोटी-छोटी स्क्रिप्ट लिखा करती थी, उसके बाद मैंने असाइनमेंट में काम करना शुरू किया।

एडिटर, रिपोर्टर, पैकेजिंग अलग-अलग राज्यों से न्यूज़ मँगाना और कोऑर्डिनेशन करने लगी, इस दौरान कई रिपोर्टिंग भी कीं। दिल्ली विश्वविद्यालय, क्राइम बीट, सामाजिक-राजनैतिक सभी विषयों पर रिपोर्टिंग किया करती थी। वहीं साल 2013 में बिहार में मिड डे मील खाने से कई बच्चों की मौत हो गयी थी। मुझे इस गम्भीर स्टोरी पर लाइव करने का मौक़ा मिला, उसी दौरान गया में भी ब्लास्ट हुआ था, तो इस तरह दिल्ली और दिल्ली के बाहर कई जगह अलग-अलग विषयों पर रिपोर्टिंग की।

अर्चना जी पैकेजिंग से असाइनमेंट में चली गयीं। वो बताती हैं कि धीरे-धीरे असाइनमेंट पर काम करते हुए हमें कोऑर्डिनेशन के लिए भी बाहर भी जाना पड़ता था। मेरे लिए बहुत गौरव का पल था जब पहली बार 2015 में राष्ट्रपति प्रणब मुखर्जी जी के साथ मिजोरम यूनिवर्सिटी कनवोकेशन में रिपोर्टिंग करने का मौक़ा मिला। इसके साथ ही मुझे देश के प्रथम नागरिक यानी राष्ट्रपति जी की रिपोर्टिंग करने का अवसर मिला। उस कवरेज में महामहिम राष्ट्रपति प्रणब मुखर्जी ने सब मीडिया वालों को बुला कर मुलाक़ात की।

मैंने अर्चना जी से रिपोर्टिंग के समय होने वाली परेशानियों के विषय में भी जानना चाहा, तो उन्होंने बताया कि एक महिला के लिए बाहर जाकर फ़ील्ड में कोऑर्डिनेशन करना आसान नहीं...खासकर एक महिला को सबसे ज़्यादा दिक़्क़त शौचालय की होती है? शायद लोगों को नहीं पता कि वीआईपी कवरेजों में आपको समय से पहले ही पहुँचना होता है और वहाँ एक बार सुरक्षा चेक के बाद आप कहीं आ-जा नहीं सकते। प्रधानमन्त्री की रैली, 15 अगस्त, 26 जनवरी, किसी नेता का देश या विदेश का दौरा और तमाम ऐसी ही कवरेज होती हैं, जहाँ आप सुरक्षा चेक के बाद इधर-उधर नहीं जा सकते।

पर परिस्थिति के साथ अपने को ढालकर और परिस्थितियों का सामना करके अर्चना ने साबित किया कि महिला हर क्षेत्र में काम बख़ूबी कर सकती है। वो बताती हैं कि उन्होंने उस समय शरत चन्द्र, सेंथिल राजन सर, विभाकर, दीपक चौरसिआ, मधु सर, कई नाम हैं जिनसे काम सीखा। असाइनमेंट पर मैं अकेली महिला थी मगर कभी ऐसा नहीं लगा कि मैं अकेली हूँ। हमारी एडीजी मंजीत मैम, मट्टू मैम, धारिणी मैम ने मुझे काफ़ी सपोर्ट किया। ऑफ़िस में सकारात्मक माहौल की बदौलत मुझे मीडिया में अपनी पहचान बनाने का मौक़ा मिला।

एक एकल महिला और उस पर एक छोटे बच्चे की परवरिश की ज़िम्मेदारी के साथ मीडिया में अर्चना जी कैसे अपनी जगह बना पायीं, तो इस पर आत्मविश्वास से भरी अर्चना जी बताती हैं कि मैं एकल महिला थी, पति का देहान्त 2003 में हो गया था, मेरा बेटा उस समय केवल 6 साल का था। मेरे पास उस समय कई चुनौतियाँ थीं। बच्चे का पालन-पोषण, घर चलाना कई बार घबरा जाती मगर कहते हैं जिसका कोई नहीं उसका भगवन होता है, वो हमेशा मुझे हिम्मत देते हैं। तब से लेकर आज तक केवल मेहनत से अपने काम और बेटे की परवरिश ही मेरे जीवन का मक़सद बन गया।

इधर डीडी न्यूज़ में भी सभी साथियों और अधिकारियों के साथ रिश्तों को सँजोकर रखने की कोशिश की।

मगर समय कब किसके लिए रुका है, कई बॉस आये...कई गये, कुछ अच्छी, कुछ खट्टी, कुछ मीठी ट्यूनिंग भी रही। कंचन प्रसाद मैम आयीं हमारी डायरेक्टर बन कर बहुत ही बोल्ड और काम की पक्की, सच का साथ हमेशा देती थीं, मुझे उनसे बहुत हिम्मत मिली। मुझे फॉरवर्ड प्लानिंग बनाने की रिस्पांसिबिलिटी मिली। दिन भर काम और घर जाकर आराम ये तो सोच नहीं सकते...घर पर बच्चा इन्तज़ार कर रहा होता उसे देख हम अपनी थकान भूल जाते, कहने को तो वह छोटा है मगर

उसने मुझे बहुत सँभाला, हिम्मत दी। उसका ये पूछना माँ पानी पियोगी? वो एक गिलास पानी मेरी दिन भर की थकान मिटा देता था।

उस समय परिवार ने बहुत सहारा दिया। भाई-बहन ने मुझे कभी अकेले होने का एहसास नहीं होने दिया। समय के साथ-साथ ऑफ़िस और घर की ज़िम्मेदारियाँ बढ़ती रहीं। अच्छी बात ये रही कि इस दौरान हमारी कई अधिकारी महिला मिलीं। हमारी न्यूज़ की डायरेक्टर जनरल प्रिया मैम बहुत क्रिएटिव हैं उनके काम करने के तरीक़े को देखकर हमें बहुत प्रेरणा मिलती है। हर किसी के पीछे कोई महिला या पुरुष होते हैं जिससे उन्हें प्रेरणा मिलती है, मेरे जीवन में पिता जी का महत्त्वपूर्ण स्थान है, जिनसे मुझे बहुत प्रेरणा मिलती है, कुछ दोस्त भी हैं, जिन्होंने हमेशा मुझे हिम्मत दी।

कुछ समय पहले मुझे प्रधानमन्त्री नरेन्द्र मोदी जी के कार्यक्रम में देश में कई जगह कोऑर्डिनेशन के लिए भेजा गया और मेरे काम को सराहा भी गया। हमें कवरेज के दौरान देखना होता है कि सभी चीज़ सही जगह पर हो। इंजीनियर, प्रोड्यूसर, रिपोर्टर सबसे तालमेल बैठाना होता था। कैमरे सही जगह हैं या नहीं लाइट ठीक है या नहीं, अगर नहीं तो उन्हें बोल कर ठीक करना होता है जिससे कवरेज के समय किसी तरह की गड़बड़ी की सम्भावना न हो।

2019 में मुझे प्रधानमन्त्री की 3 देशों की यात्रा के दौरान समन्वय के लिए बहरीन भेजा गया। मेरे लिए यह गौरव का पल था। किसी भी मीडियाकर्मी के लिए यह बहुत बड़ी ज़िम्मेदारी होती है, जब सब कुछ ठीक से हो जाता है, तब आप चैन की साँस लेते हैं। वहाँ पर जब हमारे प्रधानमन्त्री मोदी जी ने भारतीय समुदाय को सम्बोधित किया। सारा हॉल भारत माता की जयकारों से गूँज उठा। पहली बार विदेश में जाकर काम करने का मौक़ा मिला था, डर भी था और चुनौती भी, ख़ुशी तब होती है जब आपके काम को सराहना मिलती है।

इसके बाद मैं देश-विदेश, धूप हो, बरसात हो या सर्दी इनकी परवाह किये बग़ैर काम करते रही। साल 2020 में मुझे अहमदाबाद भेजा गया। जहाँ अमेरिका के राष्ट्रपति डॉनल्ड ट्रम्प के स्वागत की तैयारियाँ चल रही थीं। 'नमस्ते ट्रम्प' ये एक बहुत बड़ा इवेंट था। इसको कवर करना एक बहुत बड़ा चैलेंज था। काम के लिए हमें घण्टों धूप में खड़ा रहना पड़ता था। मगर कभी घण्टों मौसम और परेशानियों की परवाह नहीं की, मेरा मानना है कि केवल और केवल अपने काम की बदौलत ही हम समाज में महिला सशक्तीकरण ला सकते हैं।

दुनिया की सबसे बड़ी महामारी कोरोना ने जब भारत में अपनी दस्तक दी उस समय भी मैं अपने कर्तव्य से पीछे नहीं हटी और कोरोना नियमों का पालन करते हुए अपना काम किया। लोगों को कोरोना और उसके बचाव एवं देश-दुनिया की ख़बरों से रू-ब-रू कराने की ज़िम्मेदारी मीडिया की है। कोरोना में जब पूरी दुनिया अपने घरों में सुरक्षित थी। तब हम बाहर जा रहे थे। मास्क हमारे गहने बन चुके थे, संगीता तुमने भी तो हमारे साथ डट कर काम किया कोविड के दौरान।

साल 2021 में हमें प्रधानमन्त्री की डेनमार्क यात्रा के दौरान समन्वय के लिए भेजा गया। जहाँ प्रधानमन्त्री इंडिया नॉर्डिक समिट में भाग लेने वाले थे। दरअसल स्वीडन, फिनलैंड, डेनमार्क, नॉर्वे और आइसलैंड नॉर्डिक देश कहलाते हैं। यह देश यूरोप की सबसे उन्नत अर्थव्यवस्थाओं का प्रतिनिधित्व करते हैं। इन देशों के साथ भारत के द्विपक्षीय सम्बन्ध नये नहीं हैं, ये सम्बन्ध आज़ादी के तुरन्त बाद ही स्थापित किये गये थे।

यहाँ हमें बहुत कुछ सीखने और देखने का मौक़ा मिला। वहाँ लोगों द्वारा भारत के विषय में जानकर और हमारे प्रति उनके सम्मान को देखकर बहुत गर्व हो रहा था। साल 2008 के वैश्विक शान्ति सूचकांक के अनुसार डेनमार्क, आइसलैंड के बाद विश्व का सबसे शान्त देश है। 2008 के ही भ्रष्टाचार दृष्टिकोण सूचकांक के अनुसार यह विश्व के सबसे कम भ्रष्ट देशों में से है और न्यूज़ीलैंड और स्वीडन के साथ पहले स्थान पर है।

एक बार हमें प्रधानमन्त्री नरेन्द्र मोदी के कार्यक्रम के लिए गुजरात के थराद ज़िले में जाने का मौक़ा मिला। वहाँ कार्यक्रम के बाद मैंने और हमारी टीम ने कुछ विशेष स्टोरी करने की सोची। भारत-पाकिस्तान सीमा पर 'नडाबेट' पर हमने स्टोरी की। दर्शकों को बताया कि वहाँ पर्यटन की क्या विशेषता है। बीएसएफ के लोग यहाँ कैसे काम करते हैं। हमारे लिए बहुत ही गर्व की बात है कि भारत-पाक सीमा पर की गयी हमारी इस स्टोरी को प्रधानमन्त्री नरेन्द्र मोदी से भी प्रशंसा मिली।

साल 2023 में मुझे प्रधानमन्त्री मोदी के असम दौरे के लिए भी समन्वय कार्य के लिए भेजा गया। इस तरह मीडिया का मेरा यह सफ़र अभी भी जारी है।

सब कहना अभी सम्भव नहीं, डीडी न्यूज़ ने हमें जीवन में बहुत कुछ सिखाया। कई बार काम के सिलसिले में नोकझोक हो जाया करती है मगर उससे डरना नहीं, हमें अपना काम समय पर करके देना है। अर्चना जी कहती है कि महिला आगे बढ़ती है तो परिवार आगे बढ़ता है इसी बढ़ते क़दम में एक क़दम और तत्काल यात्रा जुलाई 2023 में अबूधाबी की है। जहाँ प्रधानमन्त्री जी के कई कार्यक्रम थे मुझे

वहाँ भी जाने का मौक़ा मिला। बहुत ही अद्भुत अनुभव रहा हमारा सर गर्व से उठ जाता है जब विदेशो में भारत की जयकार हो। वहाँ एक हिन्दू मन्दिर का निर्माण हो रहा है जिसे देखने का सौभाग्य प्राप्त हुआ।

बुर्ज ख़लीफ़ा दुबई में आठ अरब डॉलर की लागत से छह साल में निर्मित 820 मीटर ऊँची 163 मंज़िला दुनिया की सबसे ऊँची इमारत है। इसका लोकार्पण 4 जनवरी 2009 को भव्य उद्घाटन समारोह के साथ किया गया। इसमें तैराकी का स्थान, ख़रीदारी की व्यवस्था, दफ़्तर, सिनेमा घर सहित सारी सुविधाएँ मौजूद हैं। सबसे दिलचस्प रहा है भारत के प्रधानमन्त्री मोदी की यात्रा के दौरान हमारी तिरंगा लाइट और पीएम मोदी की तस्वीरों की लाइटिंग की गयी।

अर्चना जी कहती हैं कि पत्रकारिता में सफ़र जारी है और जारी रहेगा। अनुभव इकट्ठे होंगे, खट्टे-मीठे, आनन्द लीजिए हारिए मत, शायद आप किसी के लिए प्रेरणा बन जायें। अगर आप में कुछ करने की लगन है, हिम्मत है तो क़दम बढ़ा कर तो देखिये सफलता ख़ुद-ब-ख़ुद आपके क़दम चूमेगी।

अर्चना जी को अब तक साल 2018 में हिन्दी भाषा और साहित्य पुरस्कार मिला। वहीं 13 जून साल 2018 को विश्व पुस्तक मेले में राष्ट्रीय साहित्य भूषण सम्मान, हॉल ऑफ़ फ्रेम (मीडिया) साल 2018 में कंट्री वाइड इम्पैक्ट पुरस्कार के साथ-साथ वाणी प्रकाशन द्वारा प्रकाशित 'मीडिया में महिलाओं की भूमिका' किताब विमोचन के समय दिल्ली विधानसभा अध्यक्ष रामनिवास गोयल द्वारा पत्रकारिता में सराहनीय कार्यों के लिए सम्मानित किया गया।

बीना सिंह राजपूत

सांकेतिक एंकर, डीडी न्यूज़

लोकप्रसारक चैनल होने के नाते दूरदर्शन पर देश का पहला सांकेतिक समाचार बुलेटिन 15 अक्टूबर साल 1987 से प्रारम्भ किया गया। इसके बाद 11 सितम्बर साल 2019 से प्रधानमन्त्री नरेन्द्र मोदी की सरकार ने देश के सभी प्राइवेट न्यूज़ चैनलों को भी सप्ताह में एक दिन सांकेतिक भाषा में समाचार बुलेटिन जारी करने का आदेश जारी कर दिया।

सांकेतिक भाषा (जो कि मूक-बधिरों के लिए उनकी मातृ भाषा है) में समाचारों का प्रसारण करने से मूक-बधिरों को देश और दुनिया के बारे में जानने का मौक़ा मिलता है। डीडी न्यूज़ में जब मैंने सांकेतिक भाषा की एंकर बीना सिंह राजपूत से जानना चाहा कि कैसे उन्होंने एकदम लीक से हटकर इस प्रोफ़ेशन को चुना?

बीना जवाब देते समय में थोड़ा भावुक हो गयीं।

बीना ने कहा ज़रा सोचिए। अगर हम बोल और सुन नहीं पाते। हमारी बात, हमारी भावनाएँ, हमारी सोच, हमारे अपने भी नहीं समझ पाते तो ज़िन्दगी कितनी विकट, कितनी कष्टप्रद हो जाती। हमारे समाज में, हमारे आसपास, हमारे कई रिश्तेदार ऐसी ही परेशानी से जूझते हैं जो मूक-बधिर हैं। अच्छी बात ये है कि हममें से ही कुछ लोग ऐसे भी हैं जो इन लोगों की मदद के लिए आगे आते हैं, उनकी भाषा सीखते हैं, उनकी बातें समझते हैं और उनकी परेशानियों को दूर करने के लिए हर सम्भव कोशिश करते हैं।

बीना बताती हैं कि उनका जन्म उत्तर प्रदेश के देवरिया में हुआ। बीना की शुरुआती पढ़ाई-लिखाई देवरिया के टड़वा गाँव में ही हुई। ग्रेजुएशन और एमए

उन्होंने गोरखपुर के पण्डित दीन दयाल उपाध्याय विश्वविद्यालय से किया। वो उस समय अपने गाँव की पहली लड़की थीं जो पढ़ने के लिए बाहर निकली थीं। इसके पीछे उनके पिता की बड़ी भूमिका थी। बचपन में ही माँ का साया उनके सिर से उठ गया था। पत्नी के गुज़र जाने के बाद पिता ने अकेले ही अपने बच्चों की देखभाल की। बीना बताती हैं कि ऐसे में सबसे कठिन था कि मेरी बड़ी बहन और छोटा भाई दोनों ही बधिर हैं।

बचपन से ही मैंने उनकी परेशानी देखी थी। जब भाई सांकेतिक भाषा सीखने के लिए इन्दौर गया तो मैंने भी उसके साथ जाने का फ़ैसला किया। छोटे शहर से बाहर निकल कर और समाज में मूक-बधिरों की समस्याओं को देखकर बीना को यह महसूस हुआ कि अब तक वो अपने भाई या बहन के साथ जिस सांकेतिक भाषा में बात करती हैं उन्हें उससे भी ज़्यादा सीखने की ज़रूरत है। सांकेतिक भाषा को उन्हें और अधिक गहनता से सीखना होगा, जिससे वो ना केवल अपने परिवार में अपने भाई-बहन की आवाज़ बन सकें बल्कि वो देश और समाज के मूक-बधिरों की आवाज़ को भी सम्बल देने का काम कर सकें।

फिर क्या था साल 2016 की बात है। बीना ने भी मूक-बधिर संस्थान में स्पेशल बीएड के कोर्स में दाख़िला ले लिया। अब वो वहीं, उसी संस्थान में क़रीब आठ सौ मूक-बधिर बच्चों के साथ रहने लगीं। यहाँ रहते हुए बीना इन बच्चों और लोगों के बीच में संवाद का ज़रिया बनीं। जिस भाषा को वो सिर्फ़ अपने भाई की भावनाओं को, उनकी बातों को समझने के लिए सीखना चाहती थीं, वो भाषा अब उनके भाई जैसे सैकड़ों बच्चों के लिए मददगार साबित हो रही थी। बीना कहती हैं कि सांकेतिक भाषा सिर्फ़ अनुवाद नहीं है। इस भाषा का पूरा व्याकरण है। ये भाषा मूक-बधिरों के लिए संजीवनी है।

बीना बताती हैं कि सांकेतिक भाषा सीखने के लिए उन्होंने कई कोर्स किये हैं। लेकिन ये क्षेत्र उनके लिए केवल आमदनी का ज़रिया भर नहीं है। ये काम उनकी आत्मा से जुड़ा है। बीना भावनात्मक रूप से मूक-बधिरों से जुड़ी हैं। हमेशा उनके बारे में सोचती हैं, उनके लिए कुछ नया, कुछ बेहतर करने के बारे में विचार करती हैं और उसे अमल में लाने की कोशिश भी। कोर्स ख़त्म होने के बाद बीना मूक-बधिरों के साथ लगातार काम कर रही हैं। वो अलग-अलग तरह से मूक-बधिरों को सेवा मुहैया कराती हैं। अगर किसी मूक-बधिर को अदालत में, पुलिस स्टेशन में, स्कूल-कॉलेज में काम होता है तो वो बीना को बुलाते हैं। बीना उनके साथ जाती हैं और उनके काम में कम्यूनिकेटर बनकर मदद करती हैं। बीना बताती हैं कि मूक-

बधिर बच्चों पर उनके ही घरवालों को भरोसा नहीं हो पाता कि वो कुछ बेहतर कर सकते हैं। वजह एक ही है–संवादहीनता। ऐसी स्थिति में बीना इन बच्चों और उनके घरवालों के बीच संवाद का ज़रिया बनती हैं। दोनों तरफ़ की बात एक-दूसरे को समझाती हैं और मुश्किलों को आसान बनाती हैं।

बीना बताती हैं कि मूक-बधिर बच्चों के साथ सबसे बड़ी समस्या इसी बात की होती है कि उनके अपने घरवाले उन्हें नहीं समझ पाते हैं। कई बच्चों के साथ बीना का अनुभव बेहद दर्दनाक है। कई बार ऐसे बच्चों ने बीना से भी सम्पर्क किया है। अच्छी बात ये है कि बीना ऐसे बच्चों और उनके माता-पिता की काउंसलिंग करती हैं। उनके बीच संवाद स्थापित करती हैं। बच्चों और उनके माँ-बाप के बीच भरोसा बनाती हैं। वो चाहती हैं कि हर माँ-बाप जिनके बच्चे मूक-बधिर हैं वो सांकेतिक भाषा ज़रूर सीखें ताकि अपने बच्चों से बेहतर संवाद स्थापित कर सकें। उनके मुताबिक़ जिन बच्चों के घरवाले सांकेतिक भाषा जानते-समझते हैं वो बच्चे काफ़ी ख़ुश रहते हैं। इसी तरह का एक वाक़या उनके भाई के साथ भी हुआ था। तब भाई उज्जैन में पढ़ाई कर रहा था और बीना भोपाल में रहती थीं। भाई की तबीयत बिगड़ने पर दोस्तों ने उसे अस्पताल में भर्ती करा दिया लेकिन वहाँ डॉक्टर उसकी बात, उसकी परेशानी नहीं समझ पा रहे थे। जैसे-तैसे इलाज शुरू हुआ और इसमें भाई की हालत बिगड़ती चली गयी। इसके बाद बीना को फ़ोन किया गया। तब बीना की भी तबीयत ठीक नहीं थी लेकिन वो उज्जैन पहुँचीं। अपने भाई को लेकर वो भोपाल आयीं। क़रीब 14 दिनों के इलाज के बाद भाई ठीक हो सका। बीना कहती हैं कि अगर अस्पताल में कोई कम्यूनिकेटर होता तो उनके भाई की तबीयत इतनी नहीं बिगड़ती।

डीडी न्यूज़ सातों दिन और 24 घण्टे का समाचार चैनल है। ऐसे चैनल में जहाँ अब साल 2024 के लोकसभा चुनाव हो रहे हैं, आपको सभी नेताओं की प्रेस वार्ता के समय उनकी बात को मूक-बधिरों तक पहुँचाना एक बड़ी ज़िम्मेदारी होती है। बीना बताती हैं कि सांकेतिक भाषा के साथ-साथ अगर आप एक न्यूज़ चैनल में बतौर एंकर के रूप में काम करना चाहते हैं तो आपको सामान्य ज्ञान के विषय में भी जानकारी होनी चाहिए। इसके साथ-साथ आपको ख़बरों की भी सही जानकारी होनी चाहिए। बीना बताती हैं कि ख़बरों के कुछ तकनीकी शब्दों को वो रोज़ अभ्यास के माध्यम से मूक-बधिरों तक पहुँचाने का प्रयास करती हैं। इसलिए सांकेतिक भाषा कोई ऐसा काम नहीं है कि एक बार आपने सीख लिया और आप पारंगत हो गये।

बल्कि सांकेतिक भाषा में आपको रोज़ नये शब्दों को सीखना और फिर उसे मूक-बधिरों तक पहुँचाना एक बड़ी और संवेदनशील ज़िम्मेदारी है। बीना बताती हैं कि सांकेतिक भाषा को लोग जितना आसान समझते हैं यह भाषा उतनी आसान नहीं है। एक सांकेतिक भाषा की एंकर के सामने सबसे बड़ी चुनौती होती है कि उन्हें विदेशी जगहों, विदेशी नेताओं, खिलाड़ियों और नेताओं के नाम सांकेतिक भाषा में आने चाहिए। इसके साथ ही सांकेतिक भाषा के एंकर को कम से कम दो भाषाओं पर अच्छा ज्ञान हो।

बीना से मुझे पहली बार यह जानने को मिला कि प्रत्येक बोली जाने वाली भाषा की अपनी सांकेतिक भाषा होती है, जैसे अमेरिकी सांकेतिक भाषा (एएसएल), चीनी सांकेतिक भाषा (सीएसएल), जर्मन सांकेतिक भाषा (डीजीएस), इत्यादि। कुल मिलाकर, लगभग 300 विभिन्न सांकेतिक भाषाएँ हैं। ऐसे में भारत जैसे दुनिया के सबसे बड़े लोकतान्त्रिक देश के सबसे बड़े लोकप्रसारक चैनल पर 24 घण्टे और सातों दिन प्रसारित होने वाले समाचारों में सांकेतिक भाषा का एंकर होना अपने आप में एक बड़ी चुनौती है। आशा है कि अपनी मेहनत और लगातार सांकेतिक भाषा का अभ्यास मुझे मूक-बधिरों की आवाज़ बनने का मौक़ा देता रहेगा।

□□